KB260131

맨해튼의 진주만

부시행정부와 9·11에 대한 심각한 의문들

데이비드 레이 그리핀 지음

양준희 옮김

국립중앙도서관 출판시도서목록(CIP)

맨해튼의 진주만 : 부시행정부와 9·11에 대한 심각한 의
문들 / 데이비드 레이 그리핀 지음 ; 양준희 옮김. -- 파
주 : 한울, 2004

   p. ;   cm

원서명: The new Pearl Harbor : disturbing questions
about the Bush administration and 9/11
원저자명: Griffin, David Ray

ISBN　89-460-3334-7　03340

942.08-KDC4
973.931-DDC21　　　　　　　　　　　CIP2004002287

The New Pearl Harbor

Disturbing Questions about the Bush Administration and 9/11

David Ray Griffin

An imprint of Interlink Publishing Group, Inc.
Northampton, Massachusetts

The New Pearl Harbor: Disturbing Questions about the Bush
Administration and 9/11
by David Ray Griffin

역자 서문

　개인적으로 이 책은 역자에게 많은 슬픔을 안겨준 책이다. 우선 역자가 이 책을 통해 느낀 가장 큰 슬픔은, 이 책의 내용이 아무리 폭발적이고 설득력이 있다 하더라도 많은 이들은 '열린 마음'으로 이 책을 읽지 않을 것이고, 결국 9·11사건으로 인해 희생된 수많은 아프가니스탄과 이라크, 미국의 시민들만 불쌍하다는 생각에서 비롯된다. 아주 잠시 동안 9·11사건은 대중과 많은 연구가들의 뜨거운 관심을 모을지 모른다. 하지만 케네디 암살사건이나 일본의 진주만습격 등의 사건에서처럼 역사의 진실은 곧 난무하는 추측과 가설 속에 파묻힐 것이고, 어느 정도 시간이 지나면 그 사건에 대한 뜨거운 열정도 사라질 것이다. 그런 슬픈 사실을 너무나 잘 알면서도 역자는 이 책을 번역하였다. 산이 거기 있기 때문에 올라가듯이, 9·11사건의 진실이 우리가 알고 있는 사실과는 다르다고 생각하기 때문에 이 책을 번역한 것이다. 다른 이유는 모두 접어두고, 진실에 대한 호기심을 가지고 있고, 이성적으로 진실을 감당할 수 있는 많은 이들이 이 책을 읽기를 갈망한다.

이 책을 읽고 번역하면서 역자가 느낀 두 번째 슬픔은, 왜 이처럼 정치적으로 민감하고 역사적으로 중요한 주제를 (국제)정치학자가 아닌 종교철학교수가 쓴 것인가 하는 의문에 있었다. 역자가 알고 있는 한 '주류'의 (국제)정치학자들 중에 9·11사건을 '음모론'적 시각에서 분석한 사람은 한 명도 없다. 여기에는 크게 세 가지 이유가 작용하지 않나 생각한다. 첫 번째 이유는, 주류 (국제)정치학자들의 오만과 편견이다. 이 책의 저자 스스로도 지적하고, 역자도 그러하였듯이, 누군가가 어떤 사건에 대해 '음모론'을 제시하면, 주류학자들이 보이는 본능적인 반응은 "말도 안 되는 소리 하지 마라"이다. 그리고 그에 대해 조사해보지도 않고 연구할 가치가 없다고 단정하는 것이다. 사실 1년 전에 역자의 강의실에서 한 학생이 9·11사건은 미국의 자작극이라고 주장했을 때, 역자도 그 학생을 조롱하고 나무랐던 기억이 있다. 그 학생에게 이 기회를 빌려 용서를 구한다.

두 번째 이유는, '음모론'의 본질적 한계와 관련되어 있다. 주류 정치학자들은 객관적으로 증명될 수 있는 증거에 기초하여 과학적이고 합리적인 결론을 도출하도록 교육받아왔다. 하지만 '음모론'과 관련된 사실들 대부분은 본질적으로 명백하게 증명될 수 없다. 정부의 최고위 레벨에서 비밀리에 추진하는 내용들을 무슨 수로 확실하게 알 수 있겠는가? 대부분의 주류학자들은 본질적으로 불완전하고, 추론적일 수밖에 없는 '음모론'의 영역으로 빠져들어가는 것을 꺼린다. 비록 그런 회피가 매우 중요하고 살아 있는 현상을 다루는 대신 무의미하고 지적 유희에 지나지 않는 죽은 주제를 다루는 결과를 의미하더라도 말이다.

세 번째 이유는 두 번째 이유와 밀접하게 관계되어 있는데, 주류 학자들이 '음모론'을 진지하게 다루는 것은 학자적 진지함과 권위를 손상시킬 수도 있는 매우 위험한 일이라는 것이다. 역자가 역자의 학생을 조롱하고 나무랐듯이, 어리석게도 '음모론'에 관심을 보이는 학자는 주류학계로부터 '따돌림'을 당할 위험을 자초할 수 있다. 아마도 위의 세 가지 이유와 역자가 생각하지 못하는 또 다른 이유 때문에 주류 국제정치학자들은 9·11사건의 '음모론'적 요소에 관심을 기울이지 않았는지 모른다. 아무튼 이 책의 번역이 주류학계가 9·11의 '음모론'적 요소에 관심을 기울이게 하는 계기를 조금이나마 만들 수 있었으면 한다.

이 책이 역자를 슬프게 한 또 다른 이유는 이 책의 기구한 운명이다. 게으름과 발작적 노력 사이를 왔다갔다하는 역자가 아니라 더 실력 있는 학자가 이 책을 차분히 번역했더라면 더 좋았을 것이다. 원문의 탁월한 내용과 학자적 진지함이 역자의 자의적 번역과 무능력으로 인해 많은 손상을 입었다. 모든 오역은 고스란히 역자의 책임이다. 이 책은 오역을 발견하는 것을 낙으로 삼는 많은 이들에게 큰 기쁨을 선사할 것이다. 하지만 이와 같은 역자의 무거운 '죄'는, 이 중요한 책을 한국 독자들에게 소개하였다는 사실 자체에 의해 다소나마 상쇄되기를 희망한다.

이 책의 내용과 번역에 대해 몇 가지 설명을 덧붙이고 싶다. 우선, 이 책은 매우 냉정하고 논리적이며 학술적임에도 불구하고, 그 어떤 센세이셔널한 책보다 더 충격적이고 폭발적인 내용을 담고 있다. 많은 독자들은 이 책을 읽고 부시행정부에 대해 분노할 것이다. 하지만 분명히 지적해야 할 것은, 이 책만 읽고 독자들이 9·11사건을 미국의 '자작극'이라고 섣불리 단정해서는 안 된다는 것이다. 그것은 저자 스스로도 바라는 일이 아니다. 다만 이 책을 징검다리로 삼아 9·11사건에 관한 더 많은 자료와 연구를 살펴보아야 할 것이다. 또한 비록 이 책은 9·11사건에 관한 최상의 책 중에 한 권임이 틀림없으나, 명백한 취약점들을 가지고 있다. 우선 이 책이 사진을 한 장도 담고 있지 않은 관계로, 세계무역센터와 펜타곤 붕괴에 대한 설명을 충분하고 강력하게 전달하고 있지 못하다는 사실이다. 만약 독자들이 많은 사진들이 담긴 에릭 허프슈미드(Eric Hufschmid)의 *Painful Questions: An Analysis of the September 11th Attack*을 입수할 수만 있다면, 그리핀이 무엇을 논의하고 있는지 더 명백하게 이해할 수 있을 것이다. 이 책의 또 다른 약점은 그 방대한 연구에 있다. 9·11사건에 대해 제기될 수 있는 거의 모든 '음모론'적 시각을 이 얇은 책자에 다 담고 있다. 그럼에도 불구하고 매우 높은 수준의 논리성과 학문적 우수성을 유지하고 있는 것은 그야말로 기적에 가깝다. 하지만 중요한 몇몇 이슈들을 깊고 날카롭게 파고들지 못한 점은 다른 학자들이 채워야 할 부분이다. 또한 이 책은 톰슨, 아메드, 초수도브스키, 메이산 등의 연구가들이 제공한 자료들을 거의 액면 그대로 받아들인다. 그들의 주장에 반대하는 시각도 균형을 맞추어 더 깊게 조사할 필요가 있지 않았는가 생각된다. 하지만 이와 같은 약점들은 그 어떤 책에서도 발견될 수 있는 수준이고, 무엇보다 독자들은 이 책의 중요성을 스스로 느낄 수 있을 것이라 믿는다.

이 책의 원제는 *The New Pearl Harbor: Disturbing Questions about the Bush Administration and 9/11*이다. 처음에는 *The New Pearl Harbor*를 신(新)진주만으로 번역할 것이냐 아니면 새로운 진주만으로 번역할 것이냐를 두고 고민을 많이 했지만, 결국 새로운 진주만이라고 평이하게 번역하기로 결정했다. 하지만 새로운 진주만이라는 제목은 독자들의 관심을 끌기에 역부족일 것 같아, 비록 본문에서는 계속 새로운 진주만이라고 부르겠지만, 제목만은 『맨해튼의 진주만』으로 이름을 바꾸었다.

마지막으로, 아카데미 시상식에서 항상 누군가에게 감사하듯이,

이 번역을 가능하게 해준 사람들에게 감사를 전해야 할 시간이다. 사실 역자가 다른 학자들의 책을 읽거나 번역할 때마다 항상 부러워한 것은, 어떻게 저렇게 많은 사람들의 도움을 받을 수 있었는가 하는 것이다. 역자의 경우는 대부분의 작업을 혼자서 한다. 이처럼 혼자서 이루어가지만, 그러나 절대 외롭지 않게 작업하도록 해준 아주 소수의 이들에게 감사를 전하고 싶다.

우선 이 책을 출판하기로 결정하고 나아가 역자의 성화를 기꺼이 받아준 한울출판사와, 이 책의 번역에 깊은 관심을 표시하고 레이 그리핀의 최근 저서까지 보내준 미국의 인터링크 출판사의 미켈 무샤벡(Michel Moushabeck)에게 깊은 감사를 드린다. 그리고 역자가 미국인들과 9·11에 대해 논의를 펼칠 때마다 눈을 흘기던 역자의 아내에게도 감사를 하지 않을 수 없다. 왜냐하면 역자의 모든 작업이 그렇듯이, 이 책은 그녀의 손을 거쳐서 완성되었기 때문이다. 마지막으로 모교인 컬럼비아 대학에서 안식년을 아무 걱정 없이 편안히 보낼 수 있도록 배려해주시는 경희대학교의 동료 교수님들께 깊은 감사를 드리고 싶다.

쌍둥이건물이 있었던 강 건너에서
경희대학교 양준희

감사의 글

이 책을 집필하는 데 필자는 엄청난 도움과 지지를 받았다. 가장 큰 도움을 준 이들은 물론 필자가 참조한 문헌의 저자들이다. 나피즈 아메드(Nafeez Ahmed)와 폴 톰슨(Paul Thompson)의 저서가 없었더라면 이 책은 시작되지도 못했을 것이고, 티에리 메이산(Thierry Meyssan)과 미켈 초수도브스키(Michel Chossudovsky)의 저서가 없었다면 이 책은 훨씬 불완전했을 것이다. 또한 신문과 잡지, TV쇼, 또는 웹사이트에 관련된 자료들을 발표한 모든 기자와 연구가들의 도움을 들 수 있다. 그들 중 일부는 아메드와 톰슨이 연구를 시작하기 한참 전부터 어렵게 작업을 하고 있었다. 그런 기자들과 연구자들은 1차 자료들을 언급함으로써 이 책에 간접적으로 도움을 주었고, 직접적인 도움을 준 이들 또한 많다. 필자는 주석에서 그 중 많은 이들의 노고를 언급하였다. 9·11의 진실을 밝히고 이를 알리려는 노력에는 매우 헌신적이고 대부분 무보수로 일하는 수백 명의 조사가들이 힘을 보태어왔다.

탈 아비쳐(Tal Avitzur), 존 콥(John Cobb), 마이클 디트릭(Micahel

Dietrick), 힐랄 엘버(Hilal Elver), 리처드 포크(Richard Falk), 앨리슨 자쿠아(Allison Jaqua), 지안루이기 구글리어메토(Gianluigi Gugliermetto), 콜린 켈리(Colleen Kelly), 존 맥머트리(John McMurtry), 패트 패터슨(Pat Patterson), 로즈매리 루터(Rosemary Ruether), 파멜라 톰슨(Pamela Thomson), 그리고 사라 라이트(Sarah Wright)를 포함한 다른 많은 사람들의 도움을 받았다. 또한 시간을 할애하여 이 책에 대한 지지의 글을 보내준 모든 사람들에게도 감사하고 싶다.

고맙게도 이 책의 서문을 기꺼이 써준 리처드 포크에게도 많은 빚을 지고 있다. 그의 영향으로 필자는 세계정치문제를 처음 연구하게 되었다. 이런 문제들에 있어서 그는 필자의 주요 토론 파트너였다. 그리고 그를 통해 필자는 인터링크 출판사의 올리브 브랜치 프레스(Olive Branch Press)를 알게 되었다.

필자는 이 점을 특히 고맙게 여기고 있다. 필자가 같이 일한 올리브 브랜치의 두 사람 — 파멜라 톰슨(Pamela Thomson)과 미켈 무샤벡(Michel Moushabeck) — 은 유쾌한 협조자였을 뿐만 아니라 이 책에 대하여 저자들이 꿈에서나 기대해보는 정도의 헌신을 보여주었다.

필자의 모교인 클래몬트 신학대학에도 감사한다. 특히 학문의 자유에 대한 무한한 지지를 보내주고 교수가 우리 시대의 지극히 중요한 이슈에 대해 글을 쓸 필요가 있다는 점을 인정해준 데 대하여 필립 애머슨(Philip Amerson) 총장과 잭 피츠미어(Jack Fitzmier) 학장에게 감사한다.

마지막으로, 필자를 항상 지지해준 아내 언 자쿠아로부터 가장 큰 도움을 받았다.

데이비드 레이 그리핀(David Ray Griffin)

서 문

　데이비드 레이 그리핀은 특별한 책을 완성했다. 30% 정도만이라도 마음을 열고 이 책을 주의 깊게 읽는다면, 정부의 최고위층에서 작동하는 미국의 의회민주주의에 대한 우리의 인식은 분명 바뀌게 될 것이다. 바로 그 때문에 세계역사상 가장 강력한 — 더욱이 승패의 여부가 불분명한 최초의 국경 없는 전쟁을 시작한 — 주권국가가 맞고 있는 정치적 정통성의 근본적 위기를 묘사하고 있는 이 책은 읽어내기가 매우 고통스러운 책이다. 만약『맨해튼의 진주만』이 갖고 있는 정당한 가치만큼 대중과 언론의 관심을 받는다면 이 책은 일반대중의 인식을 바꾸어놓을 것임은 물론이고 앞으로 펼쳐질 미래에도 긍정적인 영향을 미칠 것이다. 실로 역사에 대한 잠재적 영향력을 이만큼 가진 책은 지극히 드물다.

　『맨해튼의 진주만』이 너무나도 특별한 이유는 이 책이 가장 민감하고 논쟁적인 영역 — 9·11의 비극에 관한 정부의 행태 — 을 다룸에 있어 최고 수준의 학자적 정신에 의한 초연함과 가장 탄탄한 학자적 미덕 — 어떤 결론에 이르든 증거와 이성에 기초하여 연구를 진행하고자 하는 의지 — 을 모범적으로 보여주면서 조사를 행한다는 것이다. 그리고 이 책은 국가의 행동과 운명에 대해 가장 큰 영향력을 갖는 정부분야들, 특히 대외적으로는 전쟁을 수행하고 대내적으로는 자유를 억압하는 국가안보분야에 있어서 우리 지도자의 정직성과 세계관에 대해 심각한 의문을 제기할 수밖에 없는 폭발적인 종점으로 우리를 인도한다. 그리핀은 9·11의 원인과 전개에 관한 전모에 대하여, 총체적으로 어떠한 방해도 없이 충분한 지원 속에서 타당한 조사를 해야 할 필요성을 강력하게 주장한다. 또한 왜 그처럼 국가안보가 유례없이 붕괴된 사태에 대하여 절박한 국가적 최우선과제로 인정하지도 않고, 완전하고 즉각적인 조사를 실행하지 않았는지에 대해서도 설명한다. 9·11에 대한 공식설명에는 더 이상 신빙성과 일관성 있는 부분이 남아 있지 않다고 할 정도로 너무나 함정이 많고, 지금까지 우리는 마치 이런 충격적 사건들에 대한 진실이 더 이상 중요하지 않은 양 비틀거리며 걸어왔다.

그리핀은 부시행정부의 세계안보정책의 여러 측면에 대한 통찰과 확고한 이해를 가지고, 비록 늦었지만 지금이라도 9·11에 대해 올바르게 이해하는 것이 절대적으로 중요함을 보여준다. 겹겹이 쌓인 설명할 수 없는 사실들, 독자조사를 중단시키려는 권력자들의 수많은 노력, 그리고 9·11을 빌미로 부시정부가 9·11 이전부터 가지고 있었던 계획을 지금 정확하게 실시하고 있다는 증거들을 보면 왜 이 책이 독자들에게 굳이 보통 수준의 열린 마음조차도 요구하지 않는지 알 수 있다. 앞에서 말한 것처럼 30%만 받아들이는 것으로도 충분하다. 달리 말하면 부시 대통령을 맹목적으로 지지하는 사람들을 제외한 다른 모든 이들은 이 책의 기본적 주장에 의해 설득될 것이다.

여기서 나는 이 책이 이른바 '음모론' 부류가 아니라는 점을 강조하고 싶다. 적어도 그리핀 자신이 지적하는 바와 같이 보통 경멸적인 의미로 쓰이는 '음모론'에는 속하지 않는다. 이 책은 수많은 노고를 기울여 증거를 면밀히 조사하였으며 미국 정부가 제공하는 공식설명과 입수할 수 있는 최고의 정보 간에 존재하는 수많은 모순을 폭로하였다.

만약 그리핀의 증거가 가리키는 결론이 옳다면, 왜 이 세기적인 이야기가 이 나라에서 지금까지 분명하게 논의되지 않았는지 궁금해하는 것도 당연하다. 왜 언론은 잠자코 있었을까? 왜 의회가 정부의 감시자 역할을 수행함에 있어, 무엇보다도 미국 국민을 보호함에 있어 그렇게 수동적이었을까? 왜 충격적인 사실들이 폭로된 이후에도 지조 있는 고위공무원들이 사퇴하는 일이 없었을까? 여기저기에서 의문이 오랫동안 제기되어왔고, 정부의 공모에 대한 주장은 거의 공격 당일부터, 특히 유럽에서 논의되어왔다. 그러나 내가 알고 있는 한 그리핀 이전의 그 어떤 미국인도 그 많은 자료들을 함께 묶어 논리정연한 하나의 설명으로 만들어낼 인내와 불굴의 정신, 용기, 그리고 지적 능력을 갖고 있지 않았다.

국가권력의 근본적 정통성에 대한 국민적 신뢰를 이처럼 근본적으로 흔들어놓는 이슈들이 신빙성을 얻기 어려운 한 이유는, 많은 고발들이 앞뒤가 맞지 않고 무책임하다는 점으로 인하여 사람들이 그 주장을 더 조사할 가치가 있는지 검토해보지도 않고 '과대망상'이나 '터무니없는' 이야기로 치부하기 때문이다. 반면 그리핀의 접근방법은 차분하다. 그의 주장은 일관되고 논리정연하며 분석은 설득력이 있다.

그러나 문제는 9·11의 진실로 향하는 우리의 발걸음을 가로막는 힘이 있다는 것이다. 9·11 직후부터 계속 주류 언론은 정부와 함께 국가의 공권력을 의심하는 그 어떤 표현도 불충한 것으로 매도하려는 광적인 애국론을 조성하고 있다.

빌 매허(Bill Maher)처럼 공식설명에 대해 의문을 제기하는 언론의 논자들은, 설사 별 생각 없이 그랬더라도, 해고당하거나 손을 떼거나 침묵하도록 압력을 받았고, 그런 압력은 반대 의견을 피력하고 싶은 그 누구에게든 섬뜩한 위협의 메시지가 되었다. 비판적이고 독립적인 사고를 하는 대신 그저 성조기를 흔들어야 했고, "우리는 하나다"와 같은 슬로건들은 담요처럼 모든 비판적 충동을 질식시켰다. 현 정부의 정책을 아무런 비판 없이 수용하는 것이 애국심인 양 호도하며 사고를 마비시키는 이러한 분위기는 9·11을 국가적 비극이 아니라 — 9·11 2주년에 국방장관 도널드 럼스펠드가 짐 레러(Jim Lehrer)와의 TV인터뷰에서 쓴 표현처럼 — '위장된 축복'으로 보았던 대통령 측근들에게는 유리하게 작용했다.

사이비 애국심이라는 마법은 사라지기 시작했지만 진실을 가로막는 또 다른 유사한 역학이 있다. — 그것은 심리학자들이 '부정(denial)'이라고 부르는 것이다. 이라크 점령이라는 불쾌한 현실 앞에서 대부분의 미국인들은 젊은 미국인들의 생명을 앗아가고 그들이 불구자가 되는 것을 포함한 이 모든 일들이 이 나라의 선출된 지도자가 현실을 고의적으로 왜곡 — 9·11의 책임자는 사담 후세인이라는 등의 — 했기 때문에 벌어진 일이라는 것을 인정하기 어려워한다. 게다가 문제는 9·11이라는 처참한 사건이 처음부터, 아니면 그 전부터 고의로 만들어낸 거짓에 의해 감추어진 것인지를 논하는 것이라면 그 불쾌함은 몇 배나 커진다. 부정하고 싶은 이 충동은 부분적으로는, 우리의 삶을 지배하는 정부권력구조의 무시무시한 실상을 외면하고픈 필사적인 희망이다. 그리핀의 책은 지난 몇 년간 국가의 양심과 의식을 마비시켜온 집단부정증상을 치료하는 데 절실히 필요한 해독제이다. 이 책은 때늦었지만 최소한 논쟁을 불러일으킬 것이 틀림없다. 논쟁이 늦었더라도 아예 안 하는 것보다는 훨씬 낫다. 오래 전 토머스 제퍼슨은 "자유의 대가는 끊임없는 경계심(vigilance)이다"라는 경고를 남겼다.

미국 역사의 발전수준을 고려하면, 미국 정부의 선의를 전혀 의심치 않는 것을 포함하여 순진무구한 정치적 태도에는 변명의 여지가 없다. 특히 전쟁과 평화의 문제에서는 여론이 조작된 예는 역사상 많이 있었다. 역사가들은 아래와 같은 경우 진실이 왜곡되었다는 데 대해 점점 더 많이 동의하고 있다. ① 스페인과 미국 간의 전쟁(1898) 개시를 정당화하기 위해 USS 메인의 폭발사건과 관련한 사실을 조작하였다. ② 인기를 얻지 못한 제2차 세계대전 참전을 정당화하기 위해 일본의 진주만공격 관련 사실을 조작하였다. ③ 베트남전쟁 당시 전쟁을 북베트남에까지 극적으로 확대하는 것을 정당화하기 위해 백악관은 1964년 통킹만사건의 진실을 조작하였다. 그리고 가장 최근에는 ④ 국제법과 유엔을 무시하면서까지 전쟁을 일으키는 것을 정당화하기 위해 이라크가 대량살상무기라는 위협적 무기들을 감추고 있다며 관련 사실을 조작하였다. 히로시마와 나가사키에 대한 원폭투하와 케네디대통령 암살과 같은 역사적 사건들에 대한 공식설명들 또한 객관적인 학자들의 정밀조사를 견뎌내지 못했다.

이런 관점에서 본다면 미국 정부와 시민들 간의 신뢰가 파괴된 예는 역사적으로 뿌리가 깊고, 이것은 절대로 공화당 극우파와 관련된 현 정부에 대한 단순한 당파적 고발이 아니다. 오히려 이 문제는 우리 모두에게 근본적이고 고통스러운 질문이다. 더욱이 9·11이 전 세계 역사상 가장 위험한 계획 중 하나를 실행하는 근본적 이유로 이용되고 있음에도 불구하고 우리가 왜 9·11에 대한 공식설명을 신성화하여야 하며 액면 그대로 받아들여야 하는가?

그리핀이 보여주는 것처럼 9·11에 대한 공식설명이 전혀 설득력이 없다고 결론짓기 위하여 제기되는 모든 문제에 반드시 동의할 필요는 없다. 그의 접근방법은 발생한 사건들에 대한 공식설명의 많은 약점들을 차곡차곡 쌓아가는 방법인데, 그 약점들은 공격을 예상할 수 있는 몇몇 사전보고와 징후들, 언론과 정부가 설명하는 내용과 독자적 증거 사이의 모순들, 그리고 조사를 위한 작은 노력에조차 정부가 비협조적인 데 대한 것이다. 이 책의 모든 부분이, 이 나라와 전세계가 그 운명적인 날의 원인과 전모에 대한 총체적이고 신빙성 있고 즉각적인 설명을 들을 가치가 있다는 그리핀의 주장이 갖는 정당성을 입증해주고 있다. 이 한 걸음이야말로 필라델피아에서 제헌의회가 무엇을 성취하였는가 하는 질문에 대한 답변에서 벤 프랭클린이 남긴 명언을 오늘날 실현하는 것이다. "공화국, 만약 보유한다면 (A republic, if you keep it)."

리처드 포크(Richard Falk)

차 례

제2부 더 큰 문맥

9·11공격은 종종 진주만습격에 비유되어왔다. 예를 들면, 조사기자(investigative reporter)인 제임스 밤포드(James Bamford)는 부시 대통령의 행동에 대해 "현대판 진주만의 상황에서"라는 기사를 쓴바 있다.[1] CBS 뉴스는 부시 대통령 스스로가 잠자리에 들기 전에 "21세기의 진주만이 오늘 발생했다"고 일기에 적었다고 전했다.[2]

9·11을 진주만에 비유한 것은 9·11에 대한 미국의 대응이 진주만에 대한 반응과 유사해야 한다고 주장하기 위한 것이었다. 대통령의 2001년 9월 11일자 대국민 연설 직후 헨리 키신저(Henry Kissinger)는 다음과 같은 글을 온라인에 띄웠다. "정부는, 바라건대 진주만사태와 같은 방법으로 끝낼 수 있도록 — 그 공격에 대해 책임이 있는 시스템을 파괴할 수 있도록 — 체계적으로 대응하는 임무를 부여받아야 한다."[3] 9·11공격 직후 ≪타임≫지에 게재된 사설은, "이번만은 '치유'와 같은 얼빠진 수사를 들먹이지 말자 …… 분노의 자양분 없이 불명예의 나날을 살 수는 없다. 필요한 것은 일치된 진주만 류(類)의

진홍빛 미국의 분노이다"라고 강조하였다.[4]

또 다른 비유에서는, 실로 9·11공격은 진주만에 의해 야기된 것과 유사한 미국의 군사력 사용을 요구하는 대응을 불러일으켰다고 지적하였다. 호주의 기자인 존 필저(John Pilger)는 2000년에 부시행정부의 고위직에 곧 임명될 공무원들이, 그들이 원하는 변화는 새로운 진주만사건이 벌어지지 않는 한 어려울 것이라고 예측한 사실을 인용하면서,[5] "2001년의 9·11공격은 새로운 진주만을 제공하였다"고 적고 있다.[6] 미 육군전략연구소(US Army's Institute for Strategic Studies)의 한 회원은 "현재 군사적 행동을 지지하는 여론은 진주만습격 직후 국민적 반응의 수준과 맞먹는다"고 보고하였다.[7]

9·11을 진주만에 비유하는 것이 정당하지 않다고 생각되지는 않는다. 대부분의 사람들이 9·11사건은 미국은 물론 전 세계에 있어 최근에 일어난 가장 중요한 사건이라는 점에 동의한다. 그날의 공격은 미국 내에서 시민의 자유를 상당히 제한하는 기초를 제공하였다(진주만이 재미일본인의 시민적 자유를 제한하였듯이 말이다).[8] 9·11공격은 또한 미국에 의해 진행되고 있는 '테러와의 전쟁'의 단초가 되었고, 그 이후 지금까지 아프가니스탄과 이라크 전쟁이라는 두 개의 중요한 사건이 있었다.

더욱이 부시행정부의 '테러와의 전쟁'은 더 공격적인 제국주의를 위한 핑계로 널리 인식되었다. 예를 들어 필리스 베니스(Phyllis Bennis)는, 9·11은 "도전받지 않는 제국의 법을 통해 세계의 다른 국가에 강요된 외교정책"이라는 결과를 가져왔다고 말한다.[9] 물론 몇몇 역사학자들은 미국의 지도자들이 전 세계를 커버하는 제국을 오랫동안 원했다는 사실을 상당기간 지적해왔다.[10] 그러나 미국의 외교정책에 대해 비판적인 대부분의 사람들은 부시 2세 행정부의 제국주의는 특히 9·11 이후 더욱더 노골적이고 광범위하고 오만해졌다고 믿고 있다.[11] 사실 리처드 포크(Richard Falk)는 이를 두고 "글로벌 지배 계획" 이라고 언급한 바 있다.[12] 비록 9·11 직후 미국에 대한 호의가 넘쳐 나고, 9·11공격으로 인하여 미국이 테러에 대한 전 세계적 전쟁을 수행할 권리를 위임받았다는 주장에 대해서도 광범위한 공감대가 형 성되었지만, 이와 같은 호의는 급속히 고갈되었다. 현재 미국의 외교 정책은 전 세계적으로 베트남전쟁 당시보다도 더 광범위하고 강력한 비판을 받고 있다. 하지만 모든 비판에 대한 미국의 대답은 오로지 9·11이다. 예를 들면 유럽인들이 이라크와의 전쟁을 감행하려는 부 시행정부의 의도를 비판할 때, 전쟁을 지지하는 몇몇 미국의 여론형 성가들(opinion-makers)은 그런 인식의 차이가 유럽인들이 9·11의 고 통을 겪지 않았기 때문이라고 설명하였다.

1. 언론의 실패

더욱 노골적이고 공격적인 제국주의를 가능케 한 9·11의 역할을 두고, 몇몇 관측자들은 역사가들이 9·11을 21세기의 진정한 시작으 로 돌아보게 될 것이라고 평가하였다.[13] 그러나 9·11의 엄청난 중대 함에 대해서는 거의 일반적으로 동의함에도 불구하고, 이 사건 자체 에 대한 국민적 조사(public scrutiny)는 거의 없었다. 9·11공격 1주년 기념일에 《뉴욕 타임스》는 "1년 후인 지금, 대중들은 백주대낮에 맨해튼에서 2,801명이 죽은 상황에 대해서 1912년 타이타닉 사건 몇 주 후 사람들이 알고 있었던 수준보다 더 모르고 있다"고 적었다.[14] 부분적이나마 그 이유는, 부시행정부가 9·11에 대한 조사는 '테러와 의 전쟁'에 필요한 주의를 분산시킬 우려가 있다고 주장하면서 특별 위원회가 필요하다는 요청을 묵살했기 때문이다. 그러나 대중의 9·11

에 대한 정보 부재의 주요 원인은 ≪타임≫지와 다른 주요 언론이 그 정보 부족을 극복할 수 있었을지도 모르는 조사 리포트를 허락하지 않았기 때문이다. 2년이 지난 후인 지금도 상황은 사실상 같은 상태에 머무르고 있다. 2003년 9월 11일, ≪필라델피아 데일리 뉴스(Philadelphia Daily News)≫의 기자는 "왜 730일이 지난 후에도 그 날 진정으로 무슨 일이 일어났는가를 조금밖에 알지 못하는가?"라고 묻고 있다.15)

특히 미국의 언론은 정부의 공식설명이, 입수할 수 있는 사실들에 부합하는지, 다른 가능성은 없는지에 대한 깊이 있는 조사를 전혀 하지 않았다.16) 많은 신문들과 TV 보도가, 어떤 부분은 상식적으로 말이 안 되거나 또 어떤 부분은 모순된다는 것을 보여주면서 정부의 공식입장에 대해 몇몇 심각한 의문을 제기한 것은 사실이다. 그러나 언론은 이와 같은, 명백하게 받아들이기 어려운 사실들과 모순을 가지고 정부 관료들과 맞서지 않았다. 더욱이 대중매체들은 어떤 식으로도 그들이 인식하고 있는 심각한 의문들을 총체적으로 대중들에게 알리지 않았다. 세계적으로 유명하고 수상경력이 있는 그레고리 팔라스트(Gregory Palast)와, 마찬가지로 수상경력이 있는 캐나다의 베리 즈위커(Barrie Zwicker)를 포함한 몇몇 기자들은 아주 중요한 사실들을 언급했다. 그러나 그런 언급들은 설사 누군가가 읽었다고 하더라도 훌륭하고 용감한 개인적 성과에 불과한 것이 되고 말았고 집단의식 속에서는 거의 잊혀져버렸다. 결국 아직까지는 뭔가 중요한 것이 되지는 못했다. 마지막으로, 많은 신뢰성 있는 개인들도 공식설명에 대해 강력한 비판을 하였지만 대중매체는 국민들에게 그와 같은 노선을 노출시키지 않았다.

공식설명을 비판하는 것은 확실히 선동적이다. 왜냐하면 공식설명을 부인하는 것은 대통령을 포함한 미국의 지도자들이 거대한 거짓말을 만들어냈다는 것을 암시하기 때문이다. 또한 그들이 허위의 공식설명을 만들어낸 것이 사실이라면, 대부분의 사람들은 그 이유가 그들이 공모한 사실을 덮기 위한 것이라고 가정할 것이다. 사실 이런 것들이야말로 공식설명을 비판하는 대부분의 비판가들의 결론이다. 그것은 참으로 선동적인 고발이 될 것이다. 그러나 만약 그와 같은 고발이 너무나 선동적이라는 점 때문에 현직 대통령을 상대로 제기된 심각한 비난을 조사하지 못한다면, 제4계급이라고 하는 언론이 언론의 자유를 가지고 있다고 어떻게 주장할 수 있을 것인가? 워터게이트 스캔들 당시 닉슨 대통령을 고발한 것은 과히 선동적이었다. 이란-콘트라 사건에서 레이건 대통령을 고발한 것도 선동적이었다. 클린턴 대통령을 상대로 제기된 여러 가지 고발 또한 선동적이었다. 그러나 중요한 것은 이 모든 경우에 언론이 문제를 제기했다는 점이다(비록 앞의 두 경우에는 늦었지만). 그런 때야말로 우리가 독립적인 언론을 가장 필요로 하는 때이다.

9·11에 대한 공식입장이 거짓으로 판명된다면 그것은 이전의 그 어떤 스캔들보다 훨씬 거대한 파장을 가져올 것임에도 불구하고, 언론은 소임을 다하는 데 실패하였다. 9·11에 대한 공식설명은, 몇 천 명의 전투병뿐만 아니라 9·11 당시 희생된 민간인보다 훨씬 많은 무고한 민간인의 희생을 초래한 아프가니스탄과 이라크 전쟁을 정당화하기 위하여 이용되었다. 이런 식의 공식설명은, 미국인들에게 대부분의 경우 거의 알려지지 않은, 전 세계에 걸친 수십 가지의 군사행동을 정당화하는 데 이용되었다. 그것은 미국 국민들의 시민의 자유(civil liberties)를 제한할 수 있도록 한 '패트리엇 법(USA PATRIOT Act)'을 정당화하는 데에도 이용되었다. 그것은 또한 관타나모(Guantanamo)를 비롯한 여러 곳에서 수많은 사람들을 무기한 감금하는 것을 정당화하기 위해 이용되었다. 그럼에도 불구하고 언론은 부시 대통령을 상

대로 9·11에 대해 질문함에 있어, 굳이 비교하자면 너무나 사소한 문제인 클린턴 대통령과 모니카 르윈스키(Monica Lewinsky)의 관계를 묻는 것보다도 덜 공격적이었다.

이 문제에 있어 몇몇 내부자들은 미국언론의 실패를 시인한 바 있다. 예를 들어 CNN 인터내셔널의 executive vice-president(부사장)이자 general manager(본부장)인 레나 골든(Rena Golden)은 2002년 8월에, 미국언론은 9·11과 아프가니스탄 전쟁에 대해 자기 검열을 시행한 것이나 마찬가지라고 말했다. 골든은 "그 누군가가 미국의 언론이 스스로를 검열하지 않았다고 주장한다면 그것은 당신을 조롱하는 것이다. 그리고 이것은 단지 CNN만의 문제가 아니다. 9·11과 어떤 식으로든 연관되어 있는 모든 기자들이 부분적으로 책임이 있다"[17]고 덧붙였다. 사태가 왜 이렇게 되었는지 CBS 앵커인 댄 라더(Dan Rather)는 다음과 같은 말을 남겼다.

> 남아프리카에서는 누군가 반대하는 사람이 있으면 불타는 타이어를 그 사람들의 목에 걸었던 때가 있었다. 어떻게 보면 여기에도 그런 목걸이를 걸게 될 것 같은, 애국심의 부족을 고발하는 불타는 타이어가 목에 씌워질 것 같은 두려움이 있다. 그런 두려움 때문에 기자들은 곤란한 질문들을 던지지 못하는 것이다.[18]

라더의 고백은 확실히 적어도 부분적으로는 공식설명에 대한 언론의 과묵함을 설명해준다. 특히 비애국적으로 보이는 기자들은 해고당할 위험이 있었을 것이다.

공식설명에 대한 주요 비판가 중 한 명인 티에리 메이산(Thierry Meyssan)은, 미국인들이 공식설명에 대한 그 어떤 비판도 비애국적일 뿐만 아니라 나아가 신성모독이라고까지 여긴다고 암시한 바 있다. 메이산은 부시 대통령이 9월 12일에 "선과 악에 대한 거대한 투쟁"

을 이끌 것이라고 발표한 사실을 상기시킨다.[19] 9월 13일 부시 대통령은 그 다음날이 테러 공격의 희생자를 위한 기도와 기억의 국경일이 될 것이라고 선언한다. 그리고 9월 14일, 대통령은 빌리 그레이엄, 추기경, 랍비, 이맘(마호메트교의 도사), 네 명의 전직 대통령, 그리고 많은 국회의원들에게 둘러싸여 설교를 하였다.

> 역사에 대한 우리의 책임은 이미 분명하다. 이 공격에 대응하고 악의 세계를 없애는 것이다. 그들은 비밀과 속임수, 살인이라는 방법으로 우리에게 전쟁을 걸어왔다. 이 나라는 평화롭다. 그러나 분노를 느낄 만큼 자극받았을 때는 몹시 사나워진다 …… 모든 세대에 걸쳐 인류의 자유를 위협하는 적이 있었다. 그들이 미국을 공격하는 것은 우리가 자유의 고향이고 수호자이기 때문이다. 그리고 우리 선조의 서약은 지금 우리 시대의 사명이다. …… 우리는 전능하신 하느님이 이 나라를 돌보아주시기를 바라며, 앞으로 닥칠 모든 것에 대한 인내와 결단력을 허락하시기를 바란다 …… 그리고 하느님이 항상 이 나라를 이끌어주시기를. 미국에 하느님의 축복을.[20]

메이산은 미국의 대통령이 대성당에서 선전포고를 하는 유례없는 사건을 통하여 "미국정부는 사건에 대한 자신들의 입장을 신성화하였다. 그 이후로, 공식적 진실에 대한 그 어떤 의문도 신성모독으로 여겨졌다"는 점에 주목한다.[21]

2. 9·11과 좌파

레나 골든과 댄 라더가 인정하듯이 만약 공식설명에 대해 심각한 문제를 제기하는 것이 비애국적이고 신성모독으로 간주된다면, 미국의 주류 언론들이 의문을 제기하지 않은 것은 그다지 놀랄 일이 아니다. 우파나 정치문제에 있어 중도적 입장인 해설가들조차도 공식설명에 대해 진지한 의문을 제기하지 않았다는 것 또한 놀랍지 않다. 사회정치윤리학 교수인 진 엘슈타인(Jean Bethke Elshtain)을 포함한 몇 몇이, 정부의 공모 가능성에 대한 기소는 합리적 토론의 경계를 넘어가기 때문에 그와 같은 주장들은 간단히 무시해도 된다고 선언한 것조차도 놀랍지 않다. 대통령을 포함한 미국 정부 요원들이 공격에 공모했다고 암시하는 주장은 "터무니없다"라고 평하면서, 엘슈타인은 "이와 같은 선동적 광기는 정치토론의 경계를 넘어선 것이다. 따라서 들을 가치조차 없다"고 덧붙인다.22) 이와 같은 노선에서 보면, 경제학자인 미켈 초수도브스키(Michel Chossudovsky)와 사회철학자인 존 맥머트리(John McMurtry)와 같이 캐나다에서 존경받는 두 학자들을 포함하여 몇몇 비판가들이 제시하고 있는 증거들은 조사할 필요도 없다.23) 엘슈타인은 "만약 사건에 대한 우리의 설명이 틀린 것이라면, 우리의 분석과 윤리 또한 잘못되었다는 뜻이다"라는 말을 하기는 했지만,24) 그녀는 9·11에 대한 공식적 설명이 틀릴 수 있다는 가능성을 생각해볼 필요조차 없다고 생각하는 것이 분명하다. 이런 태도는 특히 지적 공동체 안에서 나타났을 때 불행한 일이기는 하지만 그다지 놀라운 일은 아니다.

오히려 놀라운 점은 비애국적이라거나 신성모독이라고 불리는 것에 대해 그다지 걱정을 하지 않는 미국정책에 대해 비판적인 좌파들이, 적어도 공적인 담론을 통해서는 정부의 공모 가능성에 대해서 거의 탐구하지 않았다는 것이다.25)

좌파 비판가들이 부시행정부가 9·11에 대응하는 방식에 대해 극도로 비판적이었던 것은 사실이다. 그들은 특히 이 정부가 9·11을 핑계로 공격을 감행한 자들을 처벌하거나 미래에 그와 같은 공격을 예방하는 것과는 거의 상관이 없는 정책들을 입안하고 작전들을 수행하였다는 것을 지적하였다. 그들은 대부분의 정책들과 작전들은 공격이 있기 전부터 부시행정부의 아젠다였고, 따라서 9·11은 그런 작전과 공격의 원인이 아니라 구실에 불과하다는 것까지 지적하였다. 이들 비판가들은 미국이 과거에 전쟁을 하기 위한 구실로 '사건'을 여러 번 꾸며냈다는 것을 알고 있다. 그 중 가장 악명 높은 것은 멕시코, 쿠바, 베트남과의 전쟁이다.[26] 그러나 거의 아무도, 적어도 공공연하게는 9·11도 그런 경우가 아닌지 진지하게 논의하지 않았다. 만약 꾸며낸 것이 사실이라면, 그것을 증명하는 것이야말로 그들이 강력하게 반대하는 부시행정부에 손상을 입힐 수 있는 가장 효과적인 방법임이 확실한데도 말이다. 공공연히 '음모론'을 포기하면서, 좌파들은 9·11은 정부의 입장에서 보면 자신들의 목적을 실행할 수 있도록 하늘이 주신 선물이라는 '우연이론(coincidence theory)'을 적어도 암묵적으로 받아들인다.

좋은 예가 미국의 제국주의에 대해 거침없이 예리한 비판을 해온 라훌 마하잔(Rahul Mahajan)이다. 마하잔은 '미국의 새로운 세기를 위한 프로젝트(the Project for the New American Century)'가 작성한 『미국 방위의 재건(*Rebuilding America's Defenses*)』라는 문서에서 '새로운 진주만'의 필요성이 거론되었다는 것을 염두에 두고 9·11 이후의 미국 제국주의 테마를 분석한다.

마하잔이 강조하는 이 문서의 중요한 테마는, 첫째, 미국의 힘을 투영시킬 수 있도록 전 세계적으로 군사기지를 늘릴 필요, 둘째, 미국의 이익에 대해 우호적이지 못한 나라들의 '체제를 교체'할 필요, 셋째, 미국이 억지력을 가지는 수준이 아니라 다른 나라들이 미국을 상대로 억지력을 가지지 못하게 함으로써 '미국의 현저한 우위를 유지하기 위한 필수불가결한 요소'로서 군사력을 현저히 증강시킬 필요, 특히 미사일 방위체제(missile defense)의 필요, 이 세 가지이다. 그에 이어 마하잔은, "9·11공격은 군사비 예산을 늘릴 수 있는 자연스러운 기회였다"고 말하고, 석유에 대한 부시와 체니의 익히 알려진 집착을 비롯하여 이 문서에 있는 여러 아이디어들이 9·11 이후의 제국 전략의 주요 테마를 이루고 있다고 지적한다. 마하잔은 또한 "새로운 진주만과 같은 재앙적이고도 촉매적인 사건이 없이는" 그들이 바라는 군사력 변화는 아마도 정치적으로는 불가능할 것이라고 거론한 이 문서에 주목한다. 그리고 마하잔은 "1년 안에 그들(이 문서를 작성한 저작자들)은 진주만을 가지게 되었고 그들의 제국적 환상을 현실로 바꿀 수 있는 기회를 가졌다"고까지 덧붙인다. 그러나 이 모든 것들을 지적한 후에, 마하잔은 음모보다는 우연을 선택하면서 다음과 같이 말한다. "음모론자들은 틀림없이 무척 좋아할 것이다. 그러나 미국의 외교정책의 역사 속에 있는 다른 수많은 사건들과 같이 이것은 단순히 파스퇴르(Pasteur)의 유명한 '운명은 준비된 정신을 선호한다'는 격언의 또 다른 예일 뿐이다."27)

물론 마하잔이 옳을지도 모른다. 그러나 그는 그렇게 생각할 만한 이유를 보여주지 않았다. 특히 미국 정부의 공모를 통해서만 공격이 성공할 수 있었다고 주장하는 이들이 제공한 사실들을 그가 연구한 흔적은 없다.

3. 이 책이 어떻게 만들어졌는가

마하잔이 증거를 조사하지도 않고 무시한 것이 사실이든 아니든, 필자의 경우에는 확실히 사실이었다. 2003년 봄까지, 필자는 그 어떤 증거도 보지 않았다. 적어도 인터넷에서 9·11에 대한 공식입장에 반대하는 증거들을 제공하고, 미국 정부가 공모하였다는 수정론적 설명을 암시하는 사람들이 존재한다는 것을 어렴풋이 인식하고 있었

지만 그들의 웹사이트를 찾느라고 시간을 보내지 않았다. 9·11 이후
로 필자는 미국의 팽창과 제국주의의 역사를 상당히 열심히 연구하
고 있었다. 따라서 과거에 몇 번 미국의 정부가 전쟁을 일으키기 위
한 구실로 '사건들'을 조작하였다는 것을 알고 있었다. 그럼에도 불
구하고, 9·11도 그와 같이 조작되었을지도 모른다는 생각이 스쳐지
나가기는 했지만, 그 가능성을 진지하게 다루지는 않았다. 필자에게
는 부시행정부 — 아무리 부시행정부라도 — 가 그와 같이 극악한 일
을 하리라는 것은 상상도 못할 일처럼 보였다. 필자는 필자와 다른
주장을 펼치는 사람들이 대체적으로 부정적인 의미로 칭하는 '음모
론자들', 즉 '미친 사람들(crackpots)'이 틀림없다고 생각했다. 만약 그
들이 옳다면 이것은 매우 중대한 일이라는 것을 필자도 알고 있었다.
그러나 필자는 그들이 틀릴 수밖에 없다고 — 그들의 주장은 수상쩍
은 증거에서 도출된 황당한 추론에 기초한 도무지 말도 안 되는 이
론들로 구성되었을 것이라고 — 너무나 확신했기 때문에 그들의 기
록을 추적하기 위한 시간과 노력을 투자할 동기가 없었다. 따라서 대
부분의 사람들이 증거를 조사하지 않았다는 사실에 대해 충분히 공
감할 수 있다. 삶은 짧고 음모론의 리스트는 길다. 우리는 어떤 것이
우리의 시간을 투자하는 데 가치 있는 것인지에 대해 판단을 내려야
한다. 필자는 9·11에 대한 음모론은 가능성 있는 신빙성의 경계 밖
에 있는 것으로 생각했다.

그런데 동료 교수가 몇몇 관련된 웹사이트를 알려주는 이메일을
보내왔다. 그녀가 지각 있는 사람인 것을 알기에, 인터넷에서 일부자
료를, 특히 독자적 연구가인 폴 톰슨(Paul Thomson)이 쓴 "9·11은 일
어나도록 허용되었는가?"라는 제목의 방대한 시간표(timelines)를 읽어
보았다.[28] 톰슨이 철저하게 주류측 자료들을 중심으로 다루었음에도
불구하고,[29] 그가 얼마나 많은 — 참으로 부시행정부가 의도적으로 9

·11공격이 발생하도록 허용하였다고 지적하는 — 증거들을 찾을 수 있었는가에 대해 너무나 놀랐다. 그 무렵 필자는 고어 비달(Gore Vidal)의 『전쟁을 꿈꾸며: 석유를 위한 피와 체니-부시 군사혁명 위원회(*Dreaming War: Blood for Oil and the Cheney-Bush Junta*)』를 읽는 참이었고, 그 책으로 인하여 영국의 독자적 연구가인 나피즈 아메드(Nafeez Ahmed)가 쓴 9·11에 대한 가장 해박한 책인『자유와의 전쟁: 어떻게 그리고 왜 2001년 9월 11일 미국이 공격받았나?(*The War on Freedom: How and Why America Was Attacked September 11, 200and*)』를 읽게 되었다.30)

아메드는 이 저서에서, 9·11은 우리의 정보기관들의 내부와 상호간의 '붕괴(breakdown)'로 인한 것이라는 상식적 노선을 직접적으로 반박하는, 잘 짜여지고 폭넓게 증명된 주장을 제공하고 있다.31) 톰슨과 마찬가지로 아메드는, 9·11공격은 단순히 낮은 지위에 있는 이들이 무능했기 때문이 아니라 높은 이들이 공모했기 때문에 발발했다고 주장한다. 아메드와 톰슨의 연구를 종합해보면, 이제까지 9·11은 정보와 커뮤니케이션의 실패에서 비롯되었다는 가정에서 일해온 미국의 언론, 미국 의회,32) 그리고 9·11 독립 조사위원회33) 모두가 철저하게 조사해볼 가치가 있을 정도로, 이 주장을 위한 '일응의 추정 (prima facie case)'을 얻을 수 있다고 판단된다.

필자는 톰슨과 아메드의 연구를 많은 미국인들이 읽지 않을 것이라는 것 또한 알았다. 톰슨의 시간표는 충분한 시간과 인내를 가지고 그것을 조사할 수 있는 연구가에게는 무척이나 도움이 되지만, 온라인에서만 제공되고 '시간표'라는 이름이 암시하듯이 증거들이 주제별이 아니라 연대순으로 구성되어 있기 때문에 일반 시민들이 읽기는 쉽지 않았다.34) 그리고 아메드의 경우, 비록 증거들이 한 책 안에 주제별로 정리되었음에도 불구하고, 그 책이 상당히 길고, 주된 주장을 증명하기 위하여 필요한 것보다 훨씬 많은 자료들을 담고 있었다. 더욱이 대부분의 추가자료들이 책의 초반부에 있기 때문에 공식입장을 직접적으로 반박하는 증거에 도달하기 위해서는 책의 앞부분들을 열심히 읽어야 한다. 아메드와 톰슨이 제공하는 중요한 정보가 의원들과 언론인들을 포함한 많은 사람들에게 다가가기 위해서는 무엇인가 다른 것이 필요했다.

그래서 필자는 주요 증거들을 요약하고 9·11에 대해 수정론적 시각을 제공하는 톰슨, 아메드, 그리고 다른 이들의 연구를 관심 있는 독자들에게 소개하는 잡지기사를 쓰기로 결정했다. 그러나 그 기사는 책 분량의 원고가 되고 말았다. 가장 중요한 증거에 국한하여 다루려고 시도하였음에도 불구하고 잡지기사라는 한계 속에서 위의 연구가들이 제공한 증거들을 공정하게 제시할 수 있는 합리적 설명을 담아내는 일이란 불가능하였다.

더욱이 필자가 글을 쓰기 시작한 후, 앞에서 말한 프랑스의 연구가 메이산(Thierry Meyssan)의 글, 특히 펜타곤에 충돌한 비행기는 보잉757기인 제77편일 수가 없고 유도탄임이 분명하다는 그의 가설을 읽게 되었다. 필자가 처음 이 수정론적 가설을 알게 되었을 때, 그에 대해 쓰고 있는 필자의 리포트를 읽고 있는 아마도 대부분의 사람들처럼, 그 주장은 완전히 터무니없다고 가정하였다. 거대한 757과 상대적으로 작은 유도탄의 차이는 너무나 크다. 만약 펜타곤이 미사일에 의해 공격받았다면, 펜타곤 관계자들은 그 누구를 상대로도 그것이 757기라고 설득하지 못하였을 것이다! 펜타곤의 측면에 난 구멍은 너비가 200피트에 5층 높이라고 언론에서 듣지 않았는가? 제77편기에 타고 있던 한 사람 — TV 해설자인 바브라 올슨(Barbara Olson) — 으로부터 비행기가 워싱턴을 향하고 있다고 배우지 않았는가? 그리고 목격자들이 증명하지 않았는가? 9·11의 공식입장에 대해 비판적인 사람들을 포함한 거의 모든 이들이 제77편이 펜타곤에 충돌했다는 발표를 받아들였다. 이 모든 것들이 어떻게 틀릴 수 있는가? 그럼에도 불구하고 메이산의 책을 구하여 직접 읽은 후에는 처음에 말도 안 되는 것처럼 보이던 것만큼이나 그의 주장이 강력하다는 것을 알 수 있었다. 궁극적으로 필자는 — 증거에 대한 메이산의 묘사가 정확하다는 가정하에 — 펜타곤 공격에 대한 공식설명은 가장 명백하게 사실이 아니라고 확신하게 되었다. 적어도 공동 1등은 된다고 생각했다. 펜타곤 공격에 대한 공식설명이 아직도 널리 받아들여지고 있다는 사실은 대부분의 사람들이 관련된 증거를 전혀 알지 못한다는 단적인 예이다. 그래서 이 책은 이 증거들의 중요한 줄거리를 함께 엮어나가고자 한다.

이제까지 그 작업을 완성한 책은 없다. 가장 포괄적인 아메드의 책조차도 톰슨의 시간표와 메이산의 책들에 들어 있는 증거들 중 많은 부분이 누락되어 있다. 그리고 메이산의 책들은, 비록 다른 곳에서 찾을 수 없는 주요 증거들을 포함하고 있지만, 아메드와 톰슨이 제공하고 있는 대부분의 정보를 가지고 있지 않다. 이 주제에 관련된 또 다른 주요 영어 저서인 초수도브스키(Michel Chossudovsky)의 『전쟁과 세계화: 9·11의 진실(*War and Globalization: The Truth Behind September 1and*)』도 마찬가지이다. 부제가 말해주듯이, 그 책은 9·11 자체는 아주 짧게 다루고 9·11의 배경에 초점을 맞춘다. 필자는 이 책에서 위의 모든 책들35)과 다른 자료36)에서 발견된 증거들 중 가장 중요한 것들을 함께 모았다.

4. 책의 내용

필자가 보기에는 공식입장을 반박할 수 있는 증거에는 크게 다섯 가지 종류가 있다. 그 중 첫 번째 종류는 9·11에 무슨 일이 일어났는지 그 자체에 대한 공식설명의 비일관성과 설득력 결핍에 관련된 것으로서 이는 1부의 4장에 걸쳐 논의될 것이다. 다른 네 종류의 증거는 2부에서 다루어질 것이다. 이 모든 증거는 몇몇 '마음을 어지럽히는 질문들(disturbing questions)'37)의 관점에서 준비되었다. 이 증거들은 실로 마음을 어지럽힌다. 이 주제에 관한 메이산의 첫 번째 책의 제목 "거대한 거짓(big lie)"38)이 말해주듯이 공식입장이 거짓이라고 제시하기 때문이다. 그것은 또한 부시 대통령이 악(evil)이라고 큰소리 친 9·11공격이 부시행정부 자체의 일부 공무원의 공모에 의해 감행되었다는 수정론을 암시하기 때문이다.

이 책의 결론부분에서는, 앞에 제시된 증거들을 가장 잘 설명하는 것이 과연 수정론자들이 제시하는 바와 같이 정부가 9·11공격을 공모하였다고 판단하는 것인지에 대해 의문을 던지고자 한다. 그리고 앞으로 필요한 조사가 무엇을 암시하는지에 대해서도 논하고자 한다.

5. '정부 공모(Official Complicity)'의 의미

비록 이 책이 참고하는 수정론적 글들이 9·11공격에 대한 정부 공모를 주장하지만, 그들의 주장에 빠져 있는 한 부분은 그들이 '정부 공모'라고 할 때 그것이 무엇을 의미하는가에 대한 신중한 토론이다. 9·11공격에 대한 정부 공모가 의미하는 것은 적어도 여덟 가지가 있을 수 있다. 독자들이 증거들을 조사하면서 어떤 종류의 정부 공모

(만약 있었다면)를 뒷받침할 증거가 있는지 판단할 수 있도록, 여기에 덜 심각한 것부터 순서대로 그 여덟 가지 가능성을 정리하였다.

1. 사실 날조(Construction of a False Account): 한 가지 가능한 시나리오는 비록 미국의 공무원들이 9·11공격을 조장하는 역할을 수행하지 않았고 예상조차 하지 못했지만, 국가 안보 또는 정부를 곤경에 빠뜨릴 가능성이 있는 사실들을 숨기기 위해서, 또는 그들의 아젠다를 실행하는 데 9·11공격을 이용하기 위해서, 아니면 또 다른 이유로 실제 일어난 일에 대해 허위의 설명을 제공했다는 것이다. 비록 이것은 가장 덜 심각한 고발이기는 하지만 탄핵의 근거로서는 충분히 심각하다. 특히 만약 대통령이 개인의 이익을 위하여 9·11에 관해 거짓말을 했거나 아프가니스탄과 이라크에 대한 공격과 같이 미리 계획된 아젠다를 실행하기 위해 거짓말을 한 것이라면 말이다.

2. 정보기관은 무엇인가 예상하였다: 두 번째 가능한 시나리오는 비록 FBI, CIA, 그리고 미군의 정보기관들과 같은 일부 정보기관들이 공격에 대한 구체적 정보를 사전에 가지고 있지는 않았지만, 모종의 공격이 발생하리라고 예상하였다는 것이다. 비록 그들이 공격을 계획하는 데에는 아무 역할을 하지 않았지만, 공격을 막을 수 있는 조치들을 의도적으로 취하지 않음으로써 이를 조장하는 역할을 하였다는 것이다. 백악관의 사전 인지 없이 그런 일을 저지른 후 거짓 설명을 제공함으로써 그들의 죄를 위장할 수 있도록 백악관을 설득하였을 뿐만 아니라 지지를 끌어내기 위해 공격을 목표대로 실행하였다는 것이다.

3. 정보기관은 구체적 사건들을 예견하고 있었다: 세 번째 가능한 시나리오는(백악관은 아니지만) 정보기관들이 공격의 시간과 목표들에 대한 구체적 정보를 가지고 있었다는 것이다.

4. 정보기관이 계획에 관여하였다: 네 번째 가능한 시나리오는(백악관은 아니지만) 정보기관들이 공격계획에 적극적으로 관여하였다는 것이다.

5. 펜타곤이 계획에 가담하였다: 다섯 번째 가능한 시나리오는(백악관은 아니지만) 펜타곤이 공격계획에 적극적으로 가담하였다는 것이다.

6. 백악관이 무엇인가 예상하였다: 여섯 번째 가능한 시나리오는 비록 백악관이 공격에 대한 구체적 사전지식을 가지고 있지 않았지만 모종의 공격을 예상하였고, 적어도 이를 막기 위한 명령들을 내리지 않음으로써 공격을 조장하는 역할을 하였다는 것이다.[39] 이 시나리오에 의하면 백악관이 실제로 벌어진 공격으로 인한 희생자와 파괴의 크기에 대해 충격을 받았을지도 모른다는 추론이 가능하다.

7. 백안관이 사전에 구체적 사실들을 알고 있었다: 일곱 번째 가능한 시나리오는 백악관이 공격의 목표와 시간의 구체적 사실들을 사전에 알고 있었다는 것이다.

8. 백악관이 계획에 가담하였다: 여덟 번째 가능한 시나리오는 백악관이 공격계획에 가담하였다는 것이다.

위의 모든 가능성들이 보여주듯이, 9·11이 미국 정부의 '공모' 내지는 '음모'였다는 고발은 여러 가지로 이해될 수 있다. 그 중 몇몇은 공격계획에 대한 적극적 가담 가능성을 배제하고 있고, 대부분은 대통령이 이 계획에 관련되었다는 가능성을 배제하고 있다. 이와 같은 구분들이 중요한 한 가지 이유는, 정부 공모라는 아이디어에 대한 논의 ― 그와 같은 공모가 사실이든 아니든 ― 가 다른 경우보다는 훨씬 섬세할 필요가 있기 때문이다. 예를 들면, 엘슈타인이 "말도 안 되는 소리"라고 거부하는 고발은 "미국의 대통령까지 포함하여 미국의 정부가 그들의 인기를 위하여 공격을 만들어냈다는 고발"이다.[40) 그런 단어를 사용함으로써 그녀는 정부공모론을 위에 나열한 것 중 가장 심각한 여덟 번째 시나리오와 동일시할 뿐만 아니라, 그러면서도 동시에 관련되었다고 하는 정부 관료들의 특정한 동기 ― 인기정책 ― 를 비판하는 것과도 동일시한다. 그녀는 너무나도 구체적인 고발을 말도 안 된다고 일축한 후, 정부 공모의 모든 아이디어에 대한 논의가 끝났다고 여기는 것이 분명하다. 그러나 다른 가능성도 많이 있다.

예를 들면, 어떤 형태로든 정부 공모를 지적한 극소수의 유명 좌파 중 한 명인 마이클 파렌티(Michael Parenti)는 마하잔과 마찬가지로, 공격은 너무나 유리하기 때문에(정부의 입장에서 볼 때) 의심을 품을 수밖에 없다고 지적한다. "9월의 테러리스트 공격은 국내에서는 보수적 반작용을, 국외에서는 제국적 팽창을 할 수 있는 너무나도 편리한 구실을 만들어냈기 때문에 사건에 미국 정부 자체가 관여되었다고 많은 사람들이 의심할 수밖에 없다." 처음에는 파렌티도 마하잔처럼 이와 같은 의심을 무시하는 것처럼 보인다. "나는 아프가니스탄과 전쟁을 벌이기 위하여 그렇게 많은 미국인을 죽인, 세계무역센터와 펜타곤의 일부를 파괴하는 음모에 백악관이나 CIA가 적극적으로 가담했다고 믿기가 어렵다."[41)

그러나 파렌티는 여기서 멈추지 않는다. 정부 공모를 제시하는 사실들을 가리키는 패트릭 마틴(Patrick Martin)의 글을 인용하면서 비록 미국 정부가 공격의 세부사항까지 계획하거나 몇천 명이 죽을 것이라고 예상하지는 않았지만 "무엇인가 일어날 것을 예상하였고 다른 곳으로 눈길을 돌렸다"는 마틴의 결론을 지지한다.42) 그럼으로써 파렌티는 두 번째 또는 더욱 가능성 높은 여섯 번째 가능한 시나리오를 설명한다.

아무튼 앞에서도 말했듯이 필자는 수정론자들의 정부 공모에 대한 고발의 적어도 일부 버전이 강력한 일응의 추정 수준은 된다고 생각하게 되었다. 그 버전이 설득력 있다고 말하기 위해서는 인용하는 증거들이 신뢰성 있다는 판단을 할 수 있어야 한다. 필자가 신빙성 있다고 보이는 증거들만 재생산하기는 하였지만 이 증거들의 정확성을 독립적으로 검증하지는 않았다. 독자들도 알게 되겠지만, 이 증거들은 너무나 광범위하고 그 어떤 개인도 — 특히 아주 한정된 시간과 수단을 가지고 있는 개인이라면 그 누구도 — 정확성을 확인할 수 있는 성질의 것이 아니다. 그렇기에 필자는 여기에서 수정론자들의 논의가 정부 공모에 대한 조사를 실행할 수 있는 힘을 가진 사람들 — 언론과 미국의 의회 — 의 조사를 야기할 만큼의 강력한 일응의 추정을 제공한다고만 주장한다. 만약 여기에 요약된 증거의 상당부분이 사실이라면, 9·11은 정부 공모에 의해 성공할 수 있었다는 결론을 거의 피할 수 없을 것이다.

필자는 주장의 성격으로 볼 때 모든 증거들이 사실일 필요는 없다는 점을 강조해야 하지 않을까 한다. 어떤 주장들은 우리가 흔히 이야기하듯이 '가장 약한 고리만큼만' 강하다. 그 주장들은 각각의 단계가 그 이전 단계가 사실이라는 가정에 의존하는 연역적 주장들이다. 만약 하나의 가정이 거짓으로 판명되면 주장은 실패한다. 반면 9·11의 정부 공모에 대한 주장은 누적되는 주장(cumulative argument)이다. 이런 주장은 각자 독립적인 특정 주장들로 이루어진 일반적 주장이다. 그렇기 때문에 각각의 특정 주장은 다른 모든 것을 지지한다. 누적적 주장은 쇠사슬보다는 여러 가닥으로 이루어진 케이블에 더 가깝다. 각각의 가닥은 케이블을 강화시킨다. 만약 가닥이 많다면, 케이블은 일부가 풀어지더라도 많은 무게를 견딜 수 있다. 독자들이 판단할 수 있겠지만, 이 책에 요약되어 있는 9·11의 정부 공모에 대한 주장에는 많은 가닥이 있다. 만약 일부 주장이 근거하고 있는 증거들이 신빙성 없다고 판명되더라도 그것이 반드시 전체 주장을 손상시키지는 않는다. 그리고 일부 가닥은 근거하는 증거가 사실로 판명된다면, 한두 개의 증거로도 관련 주장을 충분히 지탱할 수 있다.[43]

6. '음모론'

증거를 논하기 전에, '음모론'이라고 치부하면 어떤 주장을 선험적으로(a priori) 거부할 수 있다는 가정이 널리 퍼져 있다는 사실을 잠시 생각해볼 필요가 있다. 실로 대중적 담론에 참여하려면, 음모론을 거부한다고 선언해야만 하는 것이 거의 필수가 되어버린 듯하다. 이와 같은 생각의 논리는 무엇인가? 음모가 있을 수 있다는 아이디어 그 자체를 거부한다는 것은 아니리라. 우리 모두는 여러 종류의 음모론을 받아들인다. 두 명 이상의 사람이 은행을 털거나, 소비자를 속이거나, 가격을 담합한다는 등과 같은 목표를 성취하기 위해 음모를 꾸밀 때마다 음모론을 받아들인다. 따라서 좀더 솔직하게 말하면 마이클 무어(Michael Moore)처럼 "나는 사실인 것을 제외하고는 별로 음모론에 흥미가 없다"는 식으로 말해야 할 것이다.[44]

이 말을 조금 품위 있게 바꿔보면, 우리는 사실이라고 생각되는 음모론은 모두 받아들이고, 사실이 아니라고 생각되는 것은 거부한다고 말할 수 있다. 따라서 우리는 음모론을 받아들이는 사람들과 받아들이지 않는 사람들로 쉽게 나눌 수는 없다. 이 문제에 있어 사람들을 나누는 기준은 다만 어떤 음모론을 받아들이고 거부하느냐에 있다.[45]

이런 분석을 9·11에 적용하면 다음과 같다. 정부 공모 때문에 9·11이 발생했다고 주장하는 사람들은 '음모론자'이고, 공식설명을 받아들이는 이들은 음모론자가 아니라는 말은 틀린 것이다. 단지 사람들은 이 문제에 있어 어떤 음모론이 사실이거나 아니면 적어도 더욱 가능성이 높은가를 두고 다른 견해를 가지고 있을 뿐이다. 공식설명에 의하면, 9·11 공격은 주요 음모자인 오사마 빈 라덴을 중심으로 하는 무슬림의 음모 때문에 발생한 것이다. 수정론자들은 미국 정부 관료들이 적어도 공격이 성공할 수 있도록 허용하였다는 공모를 가정하지 않고서는 공격을 제대로 설명할 수 없다고 주장하면서 적어도 공식설명은 무슨 일이 일어났는가에 대한 충분한 설명이 될 수 없다고 거부한다. 따라서 간단히 말하면, 선택은 대중이 받아들이고 있는 공식설명(음모론)을 받아들일 것이냐, 아니면 수정론적 음모론을 받아들일 것이냐 여부이다.

경합하는 이론들 중 우리가 어느 것을 받아들일지는 관련된 사실들이 더 확실히 증명해주는 이론 인지에 달려 있다. 적어도 그래야 한다. 수정론적 이론을 주장하는 이들은 '공식설명'이 오류라고 주장할 뿐만 아니라 수정론을 입증하는 상당한 증거들이 있다고 확신한다. 이제 그 증거를 조사해보자.

제1부 9·11의 사건들

제1부 9·11의 사건들

1 제11편과 제175편: 납치범들의 임무가 어떻게 성공할 수 있었는가?

　여러 면에서, 공식설명에 대해 비판가들이 준비한 가장 강력한 증거는 9·11사건 바로 그 자체이다. 오전 8시 46분에 납치된 비행기 한 대가 세계무역센터의 북쪽 타워에 충돌했다. 9시 3분에 또 다른 비행기가 남쪽 타워에 충돌했다. 9시 38분에 펜타곤이 공격당했다. 그러나 납치된 비행기를 상대하는 표준행동절차(Standard Operating Procedure: SOP)에 비춰보면, 세 대의 비행기는커녕, 한 대도 목표에 도달하지 못했어야 한다. 또한 세계무역센터가 붕괴될 정도의 뉴욕 공격이 어떻게 성공할 수 있었는지 매우 불분명하다. 더욱이 세 번째 비행기 — 이것이 실제로 펜타곤에 충돌한 것인지 — 와 네 번째 비행기 — 이것이 요격당한 한 대의 비행기인지 — 에 대해서도 풀리지 않는 의문이 있다. 이 모든 문제들에 대해 제기된 의문들을 조사한 후, 필자는 사건 당일 부시 대통령의 행동에서 나타난 의문점들에 주목할 것이다. 하지만 이번 장에서는 제11편과 제175편 그리고 세계무역센터의 붕괴만 다루도록 하겠다.

1. 아메리카 항공기 제11편

납치된 첫 번째 비행기는 오전 7시 59분에 보스턴을 출발한 아메리카 항공(American Airlines: AA) 제11편이다. 제11편은 8시 14분에 고도를 올리라는 연방항공관리국(Federal Aviation Administration: FAA)의 명령에 응답하지 않았을 뿐만 아니라, 라디오와 외부의 신호에 자동적으로 신호를 반송하는 레이더 송수신기인 트랜스폰더(transponder)가 꺼져 납치되었을지도 모른다는 의문을 불러일으켰다.[1] 8시 20분에 연방항공관리국의 지상 관제탑이 이 비행기의 기체가 항로에서 상당히 벗어난 것을 레이더로 확인했고, 관제탑은 비행기가 납치되었다는 결론에 이르게 되었다. 8시 21분에 승무원들은 비행기가 납치범들에 의해 납치되었으며 이미 몇 명이 그들에게 살해당했다고 전화로 보고했다. 8시 28분에, 비행기는 뉴욕으로 선회했다. 8시 44분에 국방장관 럼스펠드는 펜타곤에서 콕스(Christopher Cox) 의원과 테러리즘을 논하고 있었다. AP(Associated Press)는 럼스펠드가 콕스 의원에게 "당신에게 말하는데 나는 이 주변에 오랫동안 있었다. 또 다른 사건이 있을 것이다. 또 다른 사건이 있을 것이다"라고 말했다고 보도했다.[2] 만약 그가 실제로 그렇게 말했다면, 그는 옳았다. 그로부터 2분 뒤인 8시 46분에 제11편이 세계무역센터의 북쪽 타워에 충돌하였다. 이것은 비행기 납치 가능성이 있다는 증거가 나타난 지 32분 후의 일이었고, 확실히 납치되었다는 사실을 인지한 시점으로부터 25분 뒤였다.

공식설명에 대한 비판가들은 정상적인 상황이라면 기체를 세계무역센터에 충돌시키려는 시도는 성공하지 못했을 것이라고 믿는다. 무엇보다 비판가들은, 이런 상황들에 대처하기 위한 표준행동절차가 있고, 만약 그 절차를 따랐다면 제11편은 납치 징후가 발견된 시점으로부터 10분 내에 전투기에 의해 저지되었을 것이라고 주장한다. 만약 비행기가 전투기의 지시대로 공항에 착륙하는 기준 시그널을 따르지 않았다면 요격되었을 것이다. 이런 상황은 아마도 8시 24분, 또는 아무리 늦어도 8시 30분경에 일어났어야 했고, 그랬다면 뉴욕 시내 한 가운데에서 민간항공기를 요격해야 하느냐 말아야 하느냐 하는 의문은 제기되지도 않았을 것이다.

비판가들은 그 증거로 관제탑의 직원들에게 적용되는 연방항공관리국 규정을 인용한다.

> 그 어떤 비행기와의 레이더 접촉과 무선통신이 예상 외로 두절되는 경우에는 비상사태가 존재한다고 간주하라. 만약 상황이 비상사태인지 잠재적 비상사태인지 의문이 있을 경우에는 비상사태로 간주하고 처리하라.[3]

따라서 8시 14분에 있었던 무선연락의 두절 그 자체만으로도 관제 직원은 비상절차를 실행했어야 한다. 트랜스폰더 시그널이 두절된 사실까지 더하면 이는 훨씬 더 의심스러운 상황이다. 관제책임자는 무선통신이 다시 재개되지 않는다는 것을 발견한 후, 펜타곤에 있는 국가국방통제센터(National Military Command Center: NMCC)와 거기에 있는 북미우주항공방위통제국(North American Aerospace Defense Command: NORAD)에 즉각 접촉하였을 것이고, 그들은 가장 가까운 군사비행장에서 전투기를 즉각 출동시켰을 것이다. 북미우주항공방위통제국의 대변인에 의하면, FAA가 무엇인가 잘못되었다고 느꼈을 경우 NORAD를 접촉하는 데 '1분 정도'의 시간이 소요되고, 그 후 NORAD는 '미국의 어느 곳이라도 몇 분 안에' 요격기를 급히 출동시킬 수 있다고 한다.[4] '미 공군 자체의 웹사이트'에 의하면 F-15기가 일상적으로 "'즉각 출동 명령'을 받은 후 2만 9,000피트 고도에 도달하는 데 2분 50초밖에 걸리지 않고" 시속 1,850항행마일(nmph)

의 속력을 낼 수 있다고 한다.5) 따라서 만약 정상절차대로 밟았다면 제11편은 8시 24분이면, 아무리 늦어도 8시 30분에는 사건의 실제 코스인 세계무역센터에 충돌하기 16분 전 시점에 저지되었을 것이다.

설사 무선통신과 트랜스폰더 시그널이 두절되지 않았다고 하더라도, 비행기가 8시 20분에 경로에서 상당히 벗어났다는 사실만으로도 FAA는 군대에 연락을 취했어야 했다. 모든 비행기는 지정학적 지점의 순서 또는 '위치 결정 포인트(fixes)'로 구성되어 있는 항로계획이 있다. 그리고 MSNBC 방송국의 보도에 의하면,

> 비행기는 각각의 위치 결정 포인트들을 아주 정확하게 찍어야 한다. 만약 비행기가 15도 정도, 또는 항로로부터 2마일 정도 벗어나면, 관제 통제원들은 공포에 질릴 것이다. 그들은 비행기에 연락해서 '아메리카 항공기 제11편, 당신은 항로에서 이탈하고 있다'고 말할 것이다. 그런 경우는 정말 비상사태로 간주된다.6)

따라서 설사 FAA가 비행기가 항로에서 이탈한 8시 20분까지 기다렸다고 하더라도 비행기는 8시 30분, 아무리 늦어도 8시 35분에 저지되었어야 한다. 그 시각은 비행기가 뉴욕에 도착하는 것을 막기에는 충분한 시간이었다.

비행기를 저지(intercept)하는 경우 무슨 일이 일어날 것인가에 대해 아메드는 FAA 지침서를 인용하면서 설명하고 있다.

> (저지하고자 하는 전투기는) 저지당하는 비행기보다 약간 앞의 위에 그리고 대부분의 경우 왼쪽에서 날개를 흔들어 움직임으로써 (소통을 한다) …… 이와 같은 행동은 다음과 같은 메시지를 전달하는 것이다. "당신은 저지당했다(intercepted)." 그러면 민간항공기는 순응을 표시하기 위해 자신의 날개를 흔들어 움직여 응답하도록 되어 있다. 그 후 저지자는 "대체로 왼쪽 방향으로 천천히 돌아 희망하는 방향으로 간다." 그러면 민간항공기는 에스코트를 따라감으로써 응답한다.7)

만약 제11편이 저지에도 불구하고 응답이 없었다면, 표준절차대로 요격되었을 것이다. NORAD의 대변인인 스나이더(Mike Snyder) 미 해병대 소령은 ≪보스턴 글로브(Boston Globe)≫지에 "전투기들은 일상적으로 비행기들을 저지한다"고 하면서 다음과 같이 말했다.

> 비행기가 저지당했을 때는 단계적 대응방식으로 처리한다. 접근하는 전투기는 조종사의 주목을 끌기 위해 날개 끝을 흔들거나 비행기 앞을 추월할 수 있다. 궁극적으로, 전투기는 조명탄을 비행기의 경로에 발사하거나 또는 특정 상황에서는 미사일로 요격할 수 있다.8)

비판가들이 당연히 제기하는 의문은, 왜 11편의 경우에는 이와 같은 일이 벌어지지 않았는가 하는 것이다. 왜 이 비행기는 저지당하지 않았는가?

그들은 이 문제에 대해 일부 혼동이 생긴 이유는, 부통령 체니가 9월 16일 '언론과의 만남(Meet the Press)'에서 "민간항공기를 저지할 것인가 아닌가에 대한 문제와 그것을 요격할 것인가에 대한 문제는 대통령 차원의 결정"이라고 말한 것 때문이라고 지적한다. 이 발언은 저지 및 요격이라는 상황과 1년에 백 번 이상 발생하는 일상적 문제인 저지상황을 혼동하게 한다고 비판가들은 지적한다.9) 이 문제에 대한 혼동은 또한 당시에 임시 합동참모총창10)이었던 리처드 마이어스(Richard Myers) 장군의 발언으로 인해 가중되었다. 9월 13일, 상원 군사위원회를 상대로 한 증언에서 그는 다음과 같이 말했다. "두 번째 타워가 공격당했을 때, 나는 NORAD의 지휘관인 에버하트(Eberhart) 장군과 의논을 했다. 출격 결정을 한 것은 그 시점이었던 것 같다."11) 체니와 마찬가지로 마이어스 장군도 가장 높은 지위의 지휘관들이 명령을 내려야만 요격기가 비행기를 저지하기 위해 출격할 수 있다고 암시한다. 그러나 체니가 암시하듯이 비행기를 요격하는 것은 '대통령 차원의 결정'이라고 하더라도, 저지는 표준행동절차의 문제로서 일상적으로 일어난다.

더욱이 비록 일부 연구가들이 납치된 비행기는 대통령의 승인이 있어야만 요격될 수 있다는 견해를 받아들였지만,[12] 티에리 메이산은 군사규정에 의하면 그렇지 않다고 지적한다. 규정에 의하면,

> 납치의 경우, 국가군사지휘센터(National Military Command Center: NMCC)는 FAA로부터 가장 신속한 방법으로 통지받는다. NMCC는 즉각적인 대응이 필요한 요청을 제외하고 …… 국방장관의 승인을 얻기 위해 국방부에 요청사항을 전달한다.[13]

따라서 규정에 의하면, 납치된 비행기를 요격할 수 있는 권한이 '국방장관'에게 있다고 메이산은 결론짓는다. 더욱이 "예외를 제외하고"로 시작하는 문구대로, 만약 국방장관을 시간 내에 접촉할 수 없으면 지휘체계의 선상에 있는 다른 이들이 권한을 가지게 된다. 메이산이 인용한 국방부의 문서에 의하면,

> 지휘체계의 '즉각적 대응 필요 요구'의 경우 그 어떤 요소도 만들어낼 수 있다. 이와 같은 경우는 국방부 직원 또는 군사 지휘관의 즉각적 대응만이 생명의 손실을 막거나 또는 인적 고통과 거대한 물적 파괴를 줄일 수 있는 급박하고 심각한 상황에서 발생한다.[14]

위의 글에 의하면, 지휘체계에 있는 많은 사람들이 아메리카 항공기 제11편이 세계무역센터의 북쪽 타워에 충돌하였을 때 발생한 '생명의 손실'과 '거대한 물적 파괴'를 막을 수 있는 권한을 가질 수 있었다.

물론 그 시점에서 비행기가 그와 같이 행동하리라고 알 수 있었던 이는 아무도 없었다고 주장할 수도 있다. 그러나 공식설명에 대한 비

판가들은 그와 같은 주장은 — 왜 11편이 적어도 저지되지도 않았는 가를 설명하지 못할 뿐만 아니라 — 세계무역센터에 충돌한 두 번째 비행기의 경우에는 적용될 수 없다고 대답할 것이다.

2. 유나이티드 항공기(United Airlines) 제175편

UA항공기 제175편은 FAA가 제11편이 납치되었을지도 모른다고 생각하기 시작한 때인 오전 8시 14분에 보스턴을 출발하였다. 8시 42분에 비행기의 통신과 트랜스폰더가 꺼지고 항로를 이탈하였다. 그때는 앞의 비행기가 확실히 납치되었으며 뉴욕 시 상공을 날고 있 다는 것을 알고 있는 상황이므로 연방항공관리국 직원들은 확실히 국방부를 즉각적으로 접촉할 준비가 되어 있었을 것이다. 실제로 그 들은 북미우주항공방위통제국에 8시 43분에 통지한 것으로 되어 있 다.15) 그렇다면 8시 53분에 이 비행기를 저지하는 전투기가 있어야 했다. 그리고 첫 번째 비행기가 세계무역센터에 충돌한 지 7분이 지 난 시점에서는, 만약 두 번째 납치된 비행기가 전투기의 명령을 즉각 적으로 따르지 않았다면 요격할 준비가 확실히 되어 있어야 했다. 그 럼에도 불구하고 어떤 비행기도 제175편을 저지하지 않았고, 제175 편은 9시 3분에 세계무역센터의 남쪽 타워에 충돌하였다.

이 충돌의 또 다른 심각한 특징은 — 특히 희생자의 가족들에게 — 빌딩이 안전하니 사무실로 돌아가도 된다는 공공방송이 남쪽 타 워 안쪽에서 방송되었다고 하는 것이다. 전하는 바에 의하면, 그와 같은 방송은 빌딩이 충돌되기 몇 분 전까지 계속되었고, '몇 백 명 의 죽음'16)을 더 야기했을지도 모른다. 폴 톰슨은 "8시 43분에 NORAD가 제175편이 납치되었고 뉴욕 시를 향하고 있다는 것을 보고받은 상황에서 왜 건물에 있는 사람들에게 경고하지 않았을까?"라고 묻는다. 이것은 심각한 질문이다. 왜냐하면 이 질문을 통해 톰슨이 암시하는 바는, 아마도 납치범 이외의 다른 사람이 많은 사람들의 생명이 사라지는 상황을 의도적으로 만들고자 했다는 것이기 때문이다.

아무튼 이 비행기가 세계무역센터의 첫 번째 충돌이 있은 지 17분 후에 충돌했다는 사실은, 첫 번째 비행기의 경우 왜 표준절차가 무너졌는지를 설명하기 위해 상상할 수 있는 그 어떤 이유 — 부주의한 항공교통 통제자들, 완전경계경보 상태에 있지 않았던 군사기지의 조종사들, 또는 비행기의 이상행동들이 납치되었다는 것을 의미하지는 않는다는 가정 등 — 도 왜 175편이 요격되지 않았거나 또는 저지되지도 않았는지를 설명하는 데 사용될 수 없음을 뜻한다. 한 가지 분명한 것은, 그 시간에는 NORAD의 북동항공방위지구의 모든 기술자들이 "제11편에 대해 듣기 위해 그들의 헤드세트를 보스턴의 FAA에 연결시켰다." 따라서 NORAD는 상황의 심각성을 충분히 인식하고 있었을 것이다.[17] 더욱 수수께끼인 것은 그보다도 35분이 더 지난 뒤인 9시 38분에 펜타곤이 공격을 받은 사실이다. 그러나 이 세 번째 비행기를 조사하는 것은 다음 장까지 기다리도록 하자. 지금 현재의 임무는 첫 번째 두 비행기에 대한 공식설명과 비판가들의 반응을 고려하는 것이다.

3. 왜 제11편과 제175편이 저지당하지 않았는가?

비판가들에 의하면, 공식설명 가운데 이상한 점 중의 하나는 사건에 대한 버전이 하나가 아니라 여럿이라는 점이다. 9월 13일 앞에 거론된 상원 군사위원회의 증언에서 마이어스 장군은 다음과 같이 발언한다. "위협이 무엇인지 명확해졌을 때, 우리는 전투기를 출격시켰다." 그 명령이 "펜타곤이 공격받기 전이었는지 아니면 후였는지"에 대한 질문을 받은 후, 임시 합동참모총장이었던 마이어스는 다음과 같이 답변한다. "그 명령은, 내가 알고 있기로는, 펜타곤이 공격받은 후였다."[18] 이 발언의 문제점은 NMCC의 직원들이 '무엇이 위협인지'를 펜타곤 자체가 9시 38분에 공격받기 이전에 명확하게 알았을 것이라는 점이라고 비판가들은 지적한다. 적어도 세계무역센터가 타격을 입고 또 다른 피랍 비행기가 같은 방향으로 향하고 있었던 8시 46분에는 위험한 상황임이 명백했을 것이다. 물론 또 다른 문제는, 제11편 및 175편과 승인 없이 워싱턴을 향하는 비행기를 저지하기 위한 전투기를 내보내기 위해서는 NMCC와 NORAD의 직원들이 '무엇이 위협인가'를 완전히 이해할 필요가 없었다는 것이다. 표준행동절차가 모든 것을 처리했어야 한다.

이와 같은 버전의 공식설명은 적어도 두 명의 다른 공무원도 이야기한 바 있다. 9월 15일자 ≪보스턴 글로브≫지에 의하면 마이크 스나이더 소령은 NORAD를 대표하여, 펜타곤이 타격을 받기 전까지 전투기가 출격되지 않았다고 말했다. 그리고 9월 16일 팀 러서트(Tim Russert)가 앞에 거론한 '언론과의 만남'에서 있었던 체니 부통령과의 인터뷰에서, 8시 20분에 첫 번째 납치에 대해서 알고 있었음에도 불구하고 "펜타곤을 보호하기 위해 전투기를 시간 내에 출격시키지 못한 것으로 보인다"고 놀라움을 표시하자 체니는 이에 대해 반박하지 않았다.[19]

물론 이 첫 번째 버전의 공식설명의 중요한 문제점은 당시 군부의 행동은 납치가 의심되는 상황이 보고되면 전투기를 즉각 출동시키라는 표준절차와 완전히 모순된다는 것이다. 마이어스와 체니의 발언에 의하면 그렇지 않은 것 같지만, 전투기를 출격시키는 것만을 위해서는 상부의 명령을 필요로 하지 않는다. 상부의 명령은 오히려 전투기를 출격시키지 말아야 하는 경우에 필요하다고 비판가들은 지적한다. 예를 들면, 일라리온 바이코프(Illarion Bykov)와 자레드 이스라엘(Jared Israel)은 9·11의 경우 표준비상 시스템이 작동하지 않았다는 사실을 거론하면서 다음과 같이 말한다. "이것은 높은 곳에 있는 이들이 그 시스템 작동하지 않도록 서로 협조하였을 경우에만 일어날 수 있는 일이다."[20]

아무튼 며칠 뒤에 NORAD는 비행기를 출격시켰지만 너무 늦게 도착했다고 주장하기 시작했다. 그러나 비판가들에게는 이 두 번째 버전도 첫 번째 버전만큼 이상해 보인다.

이 버전에 의하면, NORAD는 FAA로부터 제11편의 납치를 8시 40분까지 통보받지 못했다.[21] 이것은 비행기의 통신과 트랜스폰더가 꺼진 지 26분 후의 일이고, 항로를 이탈한 지 20분 후이다. 우드(Allan Wood)와 톰슨(Paul Thompson)은 다음과 같이 적고 있다.

> NORAD의 주장이 신빙성이 있는가? 만약 그렇다면, 항공교통 통제원들은 …… 해고당해야 했고, 그들의 부작위에 대해 형사고발될 가능성까지 있어야 했다. 그러나 지금까지 그 누구도 처벌받았다는 말이 전혀 없다 …… 만약 NORAD의 주장이 사실이 아니고 FAA의 규정에 명시된 시간 내에 실제 보고를 받았다면 …… 그것은 NORAD가 납치된 민간항공기가 항로를 이탈하여 세계에서 가장 혼잡한 영공 중의 하나를 지나고 있는 거의 30분 동안 전혀 아무것도 하지 않았음을 의미한다. 추정하건대 그것은 매우 심각한 고발을 불러일으키기에 충분하다. 다시 한번 말하지만, NORAD 또는 FAA와 관련된 그 누구도 처벌받지 않았다.[22]

징계가 없었다는 것은 이 이야기가 거짓이거나 아니면 FAA 그리고 NORAD의 관련자들이 그들에게 주어진 지시대로 행동했다는 것을 암시한다.

이 버전에 대한 설명은 더욱 이상하게 흐른다. 이 설명에 의하면, NORAD가 납치보고를 받은 지 6분이 지난 8시 46분까지도 출격명령을 내리지 않았다는 것이다. 더욱 납득이 안 되는 사실은 NORAD가 뉴욕으로부터 70마일밖에 떨어지지 않은 뉴저지에 있는 맥과이어 항공기지가 아닌 180마일 떨어진 케이프 카드에 있는 오티스 주 방위군 기지에 명령을 내렸다는 것이다. 물론 제11편의 경우, 그것은 상관없는 문제였을 것이다. 왜냐하면 8시 46분에 비행기가 이미 세계무역센터에 충돌하고 있었기 때문이다.

그러나 그 사이에 NORAD는 FAA로부터 제175편의 납치소식을 8시 43분에 보고받았고, 따라서 8시 46분에 출격명령을 받은 두 대의 F-15기들은 대신 이 비행기를 추격하게 되었다고 말한다. 그러나 의아스럽게도 F-15기들은 6분이 지난 8시 52분까지 이륙하지 않았다고 전해진다.

그러나 비판가들의 관점에서 볼 때, 이 이야기의 가장 이상한 특징은 그 모든 지체에도 불구하고 왜 비행기들이 세계무역센터의 두 번째 공격을 막을 수 있는 시간에 도착하지 못했느냐를 설명하지 못한다는 점이다. 8시 52분이면 제175편이 두 번째 타워에 충돌한 9시 3분까지 아직 11분이 남아 있었다. F-15기 중의 한 대를 타고 출격한 티머시 더피(Timothy Duffy) 중령은 그가 "처음부터 끝까지 전속력으로 날았다"고 진술했다고 하는데, 그렇다면 1,875nmph 이상의 속도로 비행했다는 뜻이 된다.[23] 따라서 이륙하고 속력을 내는 데 정상적으로 걸리는 2.5분을 감안하더라도, 그들은 맨해튼에 8분 만에 도착해야 했고, 그것은 문제가 있는 비행기를 요격하는 데 온전히 3분이 남아 있었다는 것을 의미한다. 그럼에도 불구하고 공식설명의 두 번째 버전에 의하면, F-15기들은 제175편이 남쪽 타워에 충돌하였을 때 아직도 70마일이나 떨어져 있었다는 것이다.[24] 정말이지 NORAD의 시간표대로라면 F-15기가 뉴욕에 도착하는 데 19분이 걸린 셈이 된다. 따라서 오티스 기지의 전투기 이야기가 사실이라고 하더라도 '전속력'으로 비행한 것은 아닌 것이 된다. 사실은, NORAD의 시간표를 받아들인다면, 700nmph 정도가 된다.[25]

나아가서, 이 이야기에서 전투기가 지체된 사실을 설명하기 위해 시간을 조정하더라도, 왜 명령이 맥과이어 항공기지로 떨어지지 않았는지에 대한 의문은 아직도 남는다. 아메드가 언급하듯이 1,850nmph의 속도로 비행하는 F-15기는 "뉴저지의 기지에서 뉴욕까지 3분 내에 도착할 수 있고, 따라서 제175편을 쉽게 저지할 수 있었을 것이다."[26] 따라서 만약 두 번째 이야기를 받아들인다고 하더라도 세계무역센터의 두 번째 타워는 공격받지 않았어야 한다고 비판가들은 결론짓는다.

마지막으로, 납치된 두 번째 비행기를 멈추려고 전투기를 출격시켰다는 주장은 왜 첫 번째 비행기의 경우 표준절차를 따르지 않았는지에 대한 설명을 제공하지 못하고 있다. 더욱이 공식설명의 두 번째 버전을 받아들이면 어떻게 마이어스 장군, 체니 부통령, NORAD 대변인 모두가 펜타곤이 공격받기 전까지는 그 어떤 비행기도 출격하지 않았다고 처음에 믿었는지 어리둥절하게 만든다.

따라서 군사경험이 있는 사람을 포함한 일부 비판가들은 두 번째 설명이 날조되었다고 생각한다. 예를 들면, 웨스트포인트에서 군사과학을 가르쳤던 퇴임한 스탠 고프(Stan Goff) 상사는 펜타곤이 공격받기 전까지는 그 어떤 비행기도 출격하지 않았다고 결론지었다.[27] 전 독일 국방장관인 안드레아스 폰 뷜로(Andreas von Bulow)도 "60분이라는 결정적 시간 동안, 군부와 정보조직들이 전투기를 지상에 머무르게 한 것이다"라고 말했다.[28]

어찌되었거나 공식설명의 어느 버전을 받아들이더라도 세계무역센터에 대한 성공적인 공격은 이루어지지 않았어야 한다. 9·11이 발생한 후 러시아 공군 참모총장 아나톨리 코르누코프(Anatoli Kornukov)도 이와 같은 견해를 지지하는 취지로 다음과 같이 발언했다고 한다. "일반적으로 어제 미국에서 벌어진 시나리오의 테러행동은 실행하기가 불가능하다 …… 그런 일이 여기서 벌어지면, 나는 즉각적으로 보고를 받고, 1분 내에 모든 비행기가 뜬다."29) 코르노코프의 발언을 인용한 후 아메드는 다음과 같이 말한다. "물론 미국의 공군이 러시아의 공군보다 우월하다는 것은 잘 알려진 사실이다." 그는 이와 같은 사실들에서 몇몇 합리적인 추론 — 특히 표준행동절차가 정지되었어야만 세계무역센터에 대한 공격이 일어날 수 있었다는 추론 — 을 도출해낼 수 있다고 덧붙인다.

9·11에는 표준행동절차가 완전히 그리고 설명할 수 없을 정도로 생략되었다. 전에는 그와 같은 일이 발생한 적이 없었다. 그렇다면 일상적 비상대응 규칙이 지켜지지 않도록 처리한 책임자가 누구인가 하는 의문이 분명히 남는다.30)

바이코프와 이스라엘은 그가 누구인지 여부는 거의 의심할 여지가 없이 명확한 것이라고 믿는다.

미 군사 지휘의 최고사령관이 관련되지 않고서는 엄격한 위계질서에 의해 조정되는 일상 보호시스템을 방해하는 것은 시도하기는커녕 생각조차 할 수 없는 일이다. 이것은 적어도 미국 대통령 부시, 미국 국방장관 도널드 럼스펠드, 그리고 당시 임시 합동참모총장이었던 리처드 마이어스 공군 장군을 포함한다.31)

부시, 럼스펠드, 마이어스에 의해 용인된 "손을 떼라(stand down)"

는 명령 없이 비행기를 납치하여 세계무역센터에 충돌시키는 계획이 성공할 수 있었을까? 이것이야말로 우리가 직면해야 할 질문이다.

제11편, 175편에 대한 공식설명으로부터 비판가들이 도출한 결론들이 보여주듯이 이것은 고통스러운 의문들을 불러일으켰다.[32] 그리고 더 많은 풀리지 않는 의문들이 세계무역센터의 붕괴로부터 제기되었다.[33]

4. 세계무역센터 빌딩의 붕괴

공식설명에 의하면, 북쪽과 남쪽 타워(쌍둥이 타워)들은 비행기 충돌의 충격과 그로 인하여 발생한 화재가 만들어낸 강력한 열에 의해 붕괴되었다. 이것을 '공식설명'이라고 부르는 것은 그 어떤 공식단체로부터 승인받았음을 의미하는 것이 아님을 덧붙여야 할 것이다. 연방비상관리국(Federal Emergency Management Agency: FEMA)에 붕괴를 조사하는 임무가 주어졌으나, FEMA는 2002년 5월 보고서에서 "각 타워의 붕괴로 이어지는 연쇄작용의 원인들을 확실히 규명할 수는 없었다"고 선언하였다.[34] 그럼에도 불구하고 FEMA의 보고서는 공식설명을 지지하는 추측으로 가득하다.

실무를 잘 아는 많은 사람들이 이 이론을 부정하였다. 이미 2002년 1월 뉴욕 소방국(New York Fire Department)의 관련업계지인 ≪화재 엔지니어링(Fire Engineering)≫에 발표된 빌 매닝(Bill Manning)의 「조사를 팔아먹음("$elling Out the Investigation")」이라는 글이 이 이론을 부정했다. 매닝은 점점 더 많은 화재보호 엔지니어들이 "비행기와 비행기 연료로부터 비롯된 구조적 손상은 타워를 무너뜨리기에는 충분하지 않다"고 주장했다고 보고하고 있다.[35] 그간 공식설명에 대해 더 많은 이의가 제기되었다. 이러한 이의들 중 일부는 빌딩단지 중 제7빌딩 (WTC-7)으로 알려진 세 번째 빌딩의 붕괴와 관련한 특별한 문제들이다.

이 이의들을 평가하기 위해서는 일부 사실들을 재검토할 필요가 있다. 북쪽 타워(WTC-and)는 8시 46분에 타격을 받았다. 이 타워는 1시간 42분 뒤인 10시 28분에 붕괴되었다. 남쪽 타워(WTC-2)는 9시 3분에 충돌되었다. 이 타워는 56분 뒤인 9시 59분에 붕괴되었다. 두 블록이나 떨어져 있고 충돌되지도 않은 제7빌딩(WTC-7)은 오후 5시 20분에 붕괴되었다. 이런 사실들을 보면 당장 두 가지 의문이 생긴다. 17분이나 뒤에 충돌된 남쪽 타워가 왜 29분이나 먼저 붕괴되었는가? 그리고 WTC-7은 충돌되지도 않았는데 왜 무너졌는가? 이 세 개 빌딩의 붕괴와 관련된 추가 세부사항들은 더 많은 의문들을 제기한다. 우선 북쪽과 남쪽 타워들에 대한 의문들을 다룬 후, WTC-7을 살펴보도록 하겠다.

쌍둥이빌딩(The Twin Towers): NOVA 프로그램에서 소개되어 9·11 직후 널리 퍼진 공식설명은 비행기 연료로 인한 화재의 열이 북쪽과 남쪽 타워들의 철강기둥들을 녹여 붕괴의 원인을 제공하였다는 것이다.[36] 하지만 지금 사람들이 보편적으로 동의하는 바는 불길이 그만큼 충분히 뜨겁지 않았으리라는 점이다. 철강을 녹이기 위해서는 산소 아세틸렌 토치와 같은 일부 특별한 용구에 의해서만 발생되는 $2,770°F(1,500°C)$ 정도의 온도가 필요하다. 비행기 연료인 정제된 등유로 인한 탄화수소성 화재로는 그 온도의 근처까지도 가지 못한다. MIT의 재료공학과 엔지니어링 시스템 교수인 토머스 이에가(Thomas Eagar)가 설명하였듯이, 탄화수소로부터 발생한 노출성 화재로 도달할 수 있는 최고 온도는 $1,600°F$에서 $1,700°F$에 불과하다. 더욱이 세계무역센터의 화재에서 생긴 연기는 대부분 검은 연기였다는 사실로부터 알 수 있듯이, 이는 연료가 풍부한 화재였기 때문에 탄화수소성 화재 중에서도 별로 뜨겁지 않은 수준인 '아마도 1,200°F 또는 1,300°F'였을 것이다.[37]

융해이론(melting theory)으로부터 알 수 있는 바와 같이, 이 빌딩들의 붕괴에 대하여 사람들이 받아들이고 있는 일부 설명들은 과학적으로 비합리적이다. 다른 많은 이론들도 빌딩의 구체적인 사실적 요건들과 붕괴의 성격에 대한 구체적 사실들을 고려하지 않기 때문에 불충분하다. 따라서 더 많은 이론들을 조사하기에 앞서 이 일부 사실들을 확인하여야 한다.

각각의 타워들은 높이가 1,300피트 정도였다. 이처럼 높은 빌딩들을 지지하기 위해 각 빌딩의 중심부에 47개의 철강기둥들이 있었고 주변에는 아래가 위보다 훨씬 굵은 형태의 철강기둥들이 240개 있었다. 주변의 기둥들은 콘크리트 바닥 안에 있는 철강 바 조이스트 트러스(bar-joist trusses)에 의해 중심부로 연결되어 있었다. '취약한 트러스(flimsy trusses)'[38]를 언급하는 이야기들도 상당히 있었지만 ≪과학적 미국인(Scientific American)≫지에 의하면 엔지니어인 로버트 맥나마라(Robert McNamara)가 "요즘에는 도무지 세계무역센터만큼 튼튼하게 만들지 않는다"고 말했다고 한다. 특히 바 조이스트 트러스에 관해 FEMA 보고서는, "두 타워의 바닥구조 시스템은 복잡하고 전형적인 바 조이스트 트러스 시스템보다 상당부분 더 중복되어 있었다"고 적고 있다.[39] 더욱이 일부 복구된 철강을 조사해본 결과, 불량은커녕 표준 필요조건을 충족하거나 오히려 초과하였다.[40]

타워들에 대한 이와 같은 사실들을 보면, 비행기의 충격이 타워들을 상당부분 약화시켰다는 널리 퍼뜨려진 두 번째 아이디어를 떨쳐 버릴 수 있다. 토머스 이에가는 비행기의 충격은 중요하지 않았을 것이라고 말한다. 왜냐하면 "초기의 충격으로 망가진 기둥들은 많지 않았고, 무게는 매우 중층적 구조인 이 빌딩의 남아 있는 기둥들에 이전되었을 것이기 때문이다”[41] 에릭 허프슈미드(Eric Hufschmid)는 “비행기가 충돌한 몇 십 초 후에, 북쪽 타워는 조용하고 안정적이며 움직임이 없었다”고 지적한다.[42]

이에가를 비롯해서 공식설명을 지지하는 이들 대부분이 붕괴는 화재로부터 발생한 열로 설명될 수 있다고 주장한다. 이에가는 “세계무역센터의 진정한 손상은 화재의 크기로부터 비롯되었다”고 말한다. 그는 빌딩에 사용되는 철강은 보통 다섯 배의 무게를 견뎌야 하기 때문에 타워에 있던 철강들이 무너지려면 ‘80퍼센트의 힘을 잃어버리는’ 1300°F까지 온도가 올라가야만 한다고 지적한다. 그는 이 일이 실제로 일어났다고 믿는다.[43] 따라서 공식설명의 신빙성은 부분적으로는, 타워를 붕괴시킬 만한 화재가 있었는가에 달려 있다.

우리가 이 이슈를 평가하려면, 이에가 자신도 강조한 바와 같이, 온도와 열(또는 에너지)의 차이를 인정하여야 한다.[44] 성냥을 태우거나 전구를 켜는 경우와 같이, 어떤 경우에는 온도가 매우 높은데도 너무나 작기 때문에 별로 많은 열(에너지)을 만들어내지 못하는 경우도 있을 수 있다. 불타는 성냥은 절대로 강철 빔의 온도를 성냥의 온도까지 올릴 수 없다. 1,300°F의 불이 거대한 철강 빔을 그 온도까지 올리려면 많은 에너지로 인한 거대한 화재가 있어야만 가능하다.

여기에는 조건이 하나 더 있다. ‘큰 불이 철강 빔을 상당 시간 달구어야 한다.’

따라서 공식설명이 신빙성 있으려면, 타워의 불길이 어느 정도 뜨거웠어야 하고, 빌딩들 전체에 퍼져 있는 큰 화재이어야 하며, 상당 시간 화재가 지속되었어야 한다. 그러나 모든 입수 가능한 증거들을 보면 사실은 그 반대였다. 이 증거를 조사하는 데 가장 중요한 저서는 지금까지의 최고의 사진들을 포함하고 있는 에릭 허프슈미드의

『가슴 아픈 의문들(*Painful Questions*)』이다.[45]

쌍둥이 타워는 보통 '맹렬한 지옥(towering infernos)'이라고 묘사되었다. 인간의 몸을 기준으로 본다면, 북쪽 타워의 경우 이와 같은 묘사는 사실이었다. 비행기가 충돌했던 96층 위의 사람들은 연기와 화염을 피하기 위해 몸을 던져 죽었다. 그러나 인간의 몸이 견딜 수 있는 열과 철강이 견딜 수 있는 열에는 엄청난 차이가 있다. 북쪽 타워의 사진들을 보면 건물의 철강을 충분히 약화시킬 만한 그 어떤 불길의 증거도 발견할 수 없다. 북쪽 타워가 타격을 받은 지 16분 내에 찍은 사진(남쪽 타워는 아직 타격을 받지 않았다)은 검은 연기가 쏟아져 나오는 검은 구멍만을 보여준다. 허프슈미드가 지적하듯이 "연기의 부족은 불길이 작았다는 것을 암시하는 것이고, 검은 연기는 불길이 꺼지고 있었다는 것을 나타낸다."[46] 남쪽 타워가 타격을 받은 직후 다른 각도에서 찍은 또 다른 사진은 충돌 지점의 위층에서 일부 연기가 보이고, 다른 곳에서는 보이지 않는 것을 보여준다. 처음 몇 분 동안 비행기 연료로부터 공급받은 화염이 아무리 거대했다 하더라도, 이 마천루는 그로부터 16분이 지난 시점에는 더 이상 맹렬한 지옥이 아니었다.[47]

물론 우리 모두는 남쪽 타워 밖의 거대한 불덩이 사진들을 보았다.[48] 북쪽 타워 밖에도 타격을 받은 후 거대한 불덩이가 있었다.[49] 이와 같은 불덩이들은 흘러나온 비행기 연료의 연소에 의해 발생하였다. 남쪽 타워에는 훨씬 거대한 불덩이가 있었는데, 그것은 건물 모서리 부분이 타격을 입어서 더 많은 연료가 밖으로 흘러나왔기 때문이다. 이 불덩이들은 거대한 열을 냈다. 그러나 그것은 순간이었다. 왜냐하면 연료가 급속히 타버렸기 때문이다.[50] 더욱이 남쪽 타워의 불덩이가 더 컸다는 사실은 남쪽 타워의 불이 더 컸다는 것을 의미하지는 않는다. 오히려 그 반대이다. 처음 몇 분 동안 너무나 많은 비행기 연료가 타버렸기 때문에 반대로 빌딩 안의 불길을 유지할 수 있는 연료는 적었다. 허프슈미드가 보고하듯이 "사진들은 연기의 장관이 금방 사라지는 것을 보여주고, 그 다음에 불길은 타워의 한 지역에만 국한되어 남아 있었고 …… 천천히 줄어들었다."[51]

따라서 화재에 대한 사실들을 보면, 각각의 타워가 뜨겁고 광범위하며 오래 지속된 불길을 가지고 있었다고 설명하는 그 어떤 버전의 공식설명도 배제할 수 있을 것 같다. 설사 뜨거운 불길이 있었더라도 그것은 국지적이었고 짧은 시간 동안이었다. 그런 불은 비록 1,300°F였다 하더라도 그 어떤 철강의 온도도 그다지 높이지 못했을 것이다.[52]

불길 이론에 대한 또 다른 반론으로는, 설사 쌍둥이 타워가 맹렬한 불길에 싸여 있었다 하더라도 그로 인하여 붕괴되지는 않았을 가능성이 높다는 주장이 있다. 예외라고 하는 9·11 이전에는, 단지 불길 때문에 무너진 철골구조 빌딩은 없었다. FEMA가 작성한 1991년에 필라델피아 빌딩에서 일어난 화재에 대한 보고서를 보면, 불길은 너무나 왕성하여 "대들보(빔)와 도리(거더)가 처지고 휘어졌다." 그러나 "이와 같은 엄청난 노출에도 불구하고 기둥들은 큰 손상 없이 하중을 계속 버텨내고 있었다."[53]

그러나 공식설명의 지지자들은 쌍둥이 타워의 특별한 상황에 호소한다. 그 특별한 상황에서는 불길이 모든 층에 번져 모든 철강들을 뜨겁게 만들지 않아도 된다고 그들은 주장한다. 토머스 이에가에 의하면 한 층만 뜨거운 불길에 싸였어도 충분하다. 범인은 "주변 벽과 중심 구조의 기둥들 사이에 있는 바닥 들보들(floor joists)을 붙들어주던 앵글 클립들(angle clips)이다"라고 하면서 그것들은 무게의 5배를 견딜 수 있도록 디자인되지 않았다고 말한다.[54] 이에가는 비판가들이 트러스 이론의 '지퍼(zipper)' 버전이라고 부르는 이 주장을 강조하면서 다음과 같이 말한다. "특정 부분의 앵글 클립들이 망가지기 시작하면 다른 앵글 클립들에 더 많은 무게가 실려서 몇 초 안에 그 층을 둘러싸고 있는 모든 것이 지퍼가 열리듯이 무너졌다."[55] 그 다음에는,

> 가장 심하게 탄 층들의 바닥에 있는 한두 개의 들보들이 무너지자 밖의 박스 형태의 기둥들이 바깥쪽으로 휘기 시작하였고, 그 위층들의 바닥 또한 떨어졌다. 그 아래층의 바닥(1,300톤을 견딜 수 있는 디자인)의 앵글 클립들은 4만 5,000톤 정도의 10층(또는 더 많은)이 무너져 내려오는 것을 견뎌낼 수가 없었다. 이것이 빌딩을 10초 안에 무너지게 하는 도미노현상을 일으키는 원인이 되었다.[56]

"잇따른 층들의 팬케이크 스타일의 붕괴"에 대해 거론한 FEMA의 보고서도 위의 이론과 유사한 시각을 가지고 있다.[57]

그러나 이런 설명에는 많은 문제가 있다. 첫째, 이처럼 조심스러운 견해에서 논하는 만큼 철강이 뜨거워지기 위해서도 당시 실제로 있었던 것보다, 특히 남쪽 타워의 경우, 더 많은 열이 필요한 것으로 보인다.

둘째, 허프슈미드는 "바닥이 떨어지기 위해서는 236개의 외부 기둥들과 47개의 중심 기둥들에 있는 수백 개의 들보들이 거의 동시에 부러져야 한다"고 지적한다.[58]

셋째, 이에가는 그의 이론이 정당하다는 것을 뒷받침하기 위해 타워들이 "10초 안에 붕괴되었다"는 사실을 지적한다. 그러나 1,300피트 높이 빌딩의 경우 10초는 거의 자유낙하 속도이다. 그러나 만약 각각의 층이 아주 작은 저항이라도 일으켰다면, 그리하여 한 층이 무너지는 데 0.5초의 시간이 걸렸다면, 80층 또는 95층의 모든 층들이 붕괴되는 데는 40초에서 47초 정도의 시간이 걸렸어야 한다. 빌딩들의 윗부분이 아랫부분으로부터 실질적으로 아무런 저항을 받지 않았

다는 것을 믿을 수 있는가?[59] 북쪽 타워의 경우, 허프슈미드가 말한 것처럼 정확히 자유낙하의 속도인 8초 만에 무너진 것이 사실이라면 문제는 더욱 심각하다. 허프슈미드는 "어떻게 파편이 100층의 강철과 콘크리트층을 가루로 만들면서 공중에서 자유롭게 떨어지는 물건과 같은 속도로 떨어질 수 있는가?"라고 묻는다.[60]

넷째, 공식설명의 다른 모든 버전들과 마찬가지로 이에가의 이론은, 이에가 스스로도 말하듯이, '오직 몇 층의'[61] 조각더미만 남긴 완전한 붕괴였다는 점을 뒷받침하지 못한다. 피터 마이어(Peter Meyer)는 비록 그의 이론이 바닥과 외부 기둥이 붕괴된 원인을 설명해준다고 인정하더라도, 그것은 빌딩들 중심부에 있는 거대한 철강기둥들이 왜 붕괴되었는지를 설명하지는 못한다고 주장한다.

> 왜 붕괴 이후 건물을 지지하는 거대한 철강기둥들의 아랫부분들이 남아 있지 않았는가? 만약 손상은 충격과 불에 의해서 일어났고 그것은 위의 층에서만 일어났으며, 여러 층들이 팬케이크처럼 쌓였다면, 아마도 20~30층의 중심부의 핵에 있는 거대한 철강기둥들은 남아 있어야 했을 것이다.[62]

앞서 말한 바와 같이 타워들의 붕괴에 관하여 화재이론과 모순되는 더 중요한 다른 사실은 남쪽 타워가 먼저 붕괴되었다는 점이다. 우리가 먼저 검토한 바와 같이, 불길이 철강의 온도를 불길 자체의 온도만큼 높이기 위해서는 상당한 시간이 걸릴 것이다. 모든 조건이 같다면, 먼저 충돌된 타워가 먼저 붕괴되었어야 한다. 그러나 남쪽 타워가 북쪽 타워보다 17분 후에 타격을 입었음에도 불구하고, 29분 먼저 붕괴되었다. 이 놀라운 사실은 남쪽 타워의 화재가 훨씬 컸더라면 아마도 문제되지 않았을지도 모른다. 그러나 우리가 보았듯이, 남쪽 타워의 화재는 사실 훨씬 작았다. 하나의 타워가 다른 타워보다 두 배나 오래 견뎠다는 이야기만 듣는다면 아마도 그것은 남쪽 타워라고 생각할 것이다. 그럼에도 불구하고 사실은 그 반대였다. 이와 같이 전혀 예상을 빗나가는 사실들은 위의 빌딩들의 붕괴원인이 화재가 아니라 다른 것이었음을 암시한다.63)

그리고 물론 그것이 비판가들이 주장하는 바이다. 그들의 설명에 의하면 붕괴는 빌딩 전체에 폭약을 설치한 제어폭파였다는 것이다. 이 이론의 주창자들은 이 이론이 이제까지 언급된 모든 사실들을 설명할 수 있다고 지적한다. 왜 그렇게 완전하고 급속한 붕괴가 이루어졌는가에 대해 마이어는 다음과 같이 말한다.

최하부 레벨에 설치된 폭약에 의해 철강기둥들의 기초가 파괴되었다면 이것은 이해할 수 있다. 기초가 없어지고, 쌍둥이 타워의 여러 레벨에 설치된 폭약에 의해서 건물을 지지하는 철강기둥들이 산산조각 났다면, 위에 있는 층들은 모든 지지대를 잃어버리고 10초 정도에 지면 레벨까지 붕괴되었을 것이다.64)

또한 제어폭파이론에 의하면, 남쪽 타워가 모서리 근처를 타격받은 것과 관련하여 그 이론이 아니고서는 놀랍다고 밖에는 말할 수 없는, 두 개의 타워 중 남쪽 타워가 먼저 무너진 사실을 설명할 수 있다.

양쪽 모두 빌딩 내부의 화재는 얼마 후 검은 검댕이만 내뿜으면서 소멸되기 시작했다. 만약 쌍둥이 타워들이 고의적으로 파괴되었다면, 그리고 화재가 붕괴를 일으킨 원인이 되었다고 책임을 전가하는 것이 목표였다면······ 타워들을 붕괴시킬 수 있는 최후의 시점은 불길이 죽어가는 시점이었을 것이다. 남쪽 타워의 불은 북쪽 타워보다 더 적은 양의 연료가 연소되면서 발생한 것이기 때문에 북쪽보다 남쪽 타워의 불길이 먼저 죽기 시작했다. 따라서 폭파를 주도한 자들은 북쪽보다 남쪽을 먼저 붕괴시켜야 했다.65)

더욱이 폭파이론만으로 설명할 수 있을 것 같은, 쌍둥이 타워의 붕괴와 관련된 또 다른 사실들이 있다. 그 중 하나는 각각의 붕괴가 다량의 고운 먼지 또는 파우더를 발생시켰다는 사실이고, 분석에 의하면 그 성분의 대부분이 석고와 콘크리트였다는 것이다.[66] 비디오 자료를 기초로 공식설명을 조사한 제프 킹(Jeff King)은 다음과 같이 말한다.

> 내가 보기에 가장 크고 너무나 분명한 문제는 우리가 붕괴의 와중에 발생됐다고 생각하는 거대한 양의 고운 먼지의 근원이다 …… 이 모든 강화 콘크리트를 먼지로 만들어버릴 수 있는 에너지가 어디서 오는가?[67]

그리고 허프슈미드가 덧붙이듯이, 붕괴잔해의 사진들은 "아주 작은 조각의 콘크리트"만을 보여주는데, 그것은 "거의 모든 콘크리트 조각들이 먼지로 산산조각이 났다"는 것을 의미한다. 그 결과 "각각의 타워에서 추측컨대 10만 톤 정도의 콘크리트가 가루로 변했다. 이것은 엄청난 에너지를 필요로 했다."[68] 킹에 의하면 특히 문제되는 것은,

> 붕괴 초반에 얼마나 많은 고운 콘크리트 먼지들이 빌딩의 윗부분에서 방출되었는가 하는 것이다. 중력에 의하면 아무리 빨라도 1초에 32피트의 가속도를 얻을 뿐이기 때문에 처음에는 모든 것들이 사실 아주 천천히 움직일 것이다 …… 콘크리트 석판들이 서로 시속 20~30마일의 속도로 부딪히면서 그렇게 많은 먼지를 방출하는 물리적 구조를 상상하기란 매우 힘들다.[69]

나아가 허프슈미트는 콘크리트 석판들이 자유낙하의 속도로 떨어져 바닥에 부딪친다고 하더라도 가루가 되지는 않는다고 지적한다. "콘크리트를 가루로 만들기 위해서는 화약을 사용해야 한다."[70]

화약을 사용했을지도 모른다는 의문은, 킹의 두 번째 발언에서 나타난 붕괴의 또 다른 특징이라고 할 수 있는, 팬케이크 이론이 주장

하듯이 타워들이 붕괴되기 시작했을 때 그냥 똑바로 떨어지지 않았다는 점 때문에 더욱 강해진다. 빌딩들은 폭발했다. 파우더는 빌딩들로부터 수평방향으로 분출되었는데 그 힘은 빌딩들의 넓이보다 세 배 정도나 더 넓은 거대한 먼지구름에 둘러싸일 정도의 거대한 양이였다. 허프슈미트의 저서에 있는 사진들은 이처럼 엄청나게 인상적이고 중요한 사실을 이해할 수 있도록 도와준다는 점에서 특히 가치가 있다.[71] 콘크리트를 파우더로 만들고 그것을 수평으로 150피트 이상 분출시킬 수 있는 것이 화약 외에 무엇이 있을까? 그리고 만약 먼지가 단순히 공중에 떠서 날아간 것이라는 반론이 있다면, 일부 사진들은 타워의 꽤 큰 파편들이 150피트 이상을 날아갔다는 것을 보여준다.[72]

붕괴의 또 다른 놀라운 특징은 더욱 많은 에너지를 필요로 하는 것이었다. 파우더 먼지 외의 잔해 중 다른 주요 성분은 예상하다시피 강철이다. 그러나 강철들은 토막 나 있었다. '양쪽 타워의 거의 모든 강철들의 접합부분들이 부러졌다.'[73]

제어폭파이론은 중간층들과 지하 2층에서 몇몇 소방수를 포함한 일부 사람들이 폭파소리를 듣거나 느끼거나 폭파의 결과로 보이는 효과들을 목격한 사실에 의해 더욱더 설득력을 얻는다.[74]

또 다른 증거는 각각의 타워가 붕괴될 때 어느 정도 강한 지진이 기록되었다는 사실이다. 세계무역센터 북쪽 21마일 위의 뉴욕, 팔리세이즈(Palisades)에 위치해 있는 컬럼비아 대학의 라몬트-도허티(Lamont-Doherty) 지구관측소는 9시 59분 4초에 강도 2.1의 지진이 시작된 것과 10시 28분 31초에 강도 2.3의 지진이 시작된 것을 기록하였다.[75] 각각의 경우 "충격은 처음 5초 동안은 증가하였고, 다음 3초 동안은 낮은 레벨로 갑자기 떨어졌으며, 그 후 천천히 소멸하였다." 허프슈미트는 이와 같은 패턴은 첫 번째로 폭파된 화약이 강철기둥들이 가장 약한 타워의 상층부를 파괴했다는 사실을 반증하는 것이라고 주장한다. 컴퓨터 프로그램에 의해 제어폭파 패턴이 아래쪽으로 내려가면서 충격은 더욱 강해진다.

타워의 하부와 지하의 마지막 폭파는 100밀리미터 두께의 아주 굵은 강철로 만든 기둥들의 이음매들을 부러뜨려야 했기 때문에 아주 강력한 화약이었을 것이다. 지진계의 자료는 지하의 화약이 폭파되었을 때 정점에 도달하였다. 그 다음에 폭발은 멈추었고 잔해들은 다음 몇 초 동안 계속 떨어졌으며 그것이 지진계의 작은 진동으로 나타났다.[76]

폭파이론은 지하층에서 녹은 강철들이 발견되었다는 기록에 의해서도 더욱 설득력을 얻는다. 전체 청소계획을 작성한 컨트롤드 데몰리션 사(Controlled Demolition, Inc.: 메릴랜드 피닉스 소재)의 사장 마크 로이죽스(Mark Loizeaux)가 셋째, 넷째, 그리고 다섯째 주에 청소대원들이 '타워 본관 7층(지하)까지의 엘리베이터 샤프트에서 뜨겁게 녹아내린 강철부분들'을 발견하였다고 말한 것으로 전해진다.[77]

폭파이론은 몇 주 동안 나타난, 뜨거운 강철부분들에 관한 여러 보고들을 설명할 수 있을 뿐만 아니라[78] 타워들이 붕괴된 이후 강철을 포함한 잔해들이 그 어떤 진지한 조사도 이루어지기 전에 신속히 철거되었다는, 달리 설명할 길이 없는 사실을 설명해준다. ≪뉴욕 타임스≫는 "9·11 직후 세계무역센터에 남은 강철기둥, 들보, 트러스들을 신속히 재활용하기로 한 결정은 확실한 대답을 영원히 찾을 수 없음을 의미한다"고 불평하였다. 그 다음 주에 앞에서 거론한 ≪화재 엔지니어링≫의 시론은 "증거의 파괴와 제거를 즉각적으로 멈추어야 한다"고 말했다.[79] 그러나 그것은 전속력으로 진행되었다.[80] 이와 같은 사실의 잠재적 중요성을 설명하면서, 마이어는 다음과 같이 지적한다.

쌍둥이 타워들을 지탱하였던 강철기둥들이 화약에 의해 폭파되었다는 것을 증명할 수 있는 한 가지 방법은, 야금가들(metallurgists)이 '짝 맞추기(twinning)'라고 부르는 것으로서 잔해의 파편을 조사하는 것이다. 그러나 세계무역센터의 잔해들은 최대한 빨리 제거되었고, 잔해에 대한 그 어떤 법적 조사도 허용되지 않았다······ 쌍둥이 타워들에서 나온 30만 톤의 거의 모든 강철을 뉴욕 폐물 상인들에게 팔고 최대한 빨리 선적하여 중국과 한국 같은 곳에 수출함으로써 증거를 인멸하였다.81)

비판가들은 정부가 무엇인가 숨기려고 하지 않았다면, 왜 이렇게 서둘렀을까 하는 의문을 제기한다.82)

세계무역센터-7(WTC-7): 비록 이 47층 건물의 붕괴는 보통 무시되거나 아니면 그저 덤처럼 논의되었지만, 여러 면에서 이 빌딩이야말로 가장 많은 의문을 가지고 있다. 이 빌딩은 비행기에 의해 충돌되지 않았기 때문에 쌍둥이 타워의 붕괴에 관한 전형적인 설명들을 적용할 수는 없다. 사실 이 빌딩에 관한 공식설명은 존재하지 않는다. FEMA의 보고서는 여러 추측들을 제시하고는 있지만 실제 어떤 일이 있어났는지에 대해 분명하게 진술하고 있지는 않다.83) 하원과학위원회(House Science Committee)가 작성한 보고서 또한 아무런 설명도 해주지 못한다.84) 혹시 언론과 정계에서 널리 받아들이고 있는 설명이 있다면, 그것은 다음과 비슷하다. 빌딩 7은 북쪽 타워에서 355피트 떨어져 있었고, 남쪽 타워로부터는 더 멀리 있었으며, 그 어떤 상당량의 추락 잔해에도 부딪치지는 않았지만 화재를 일으키기에 충분한 양의 잔해가 그 빌딩까지 날아갔다. 소방국장이 알려지지 않은 어떤 이유로 이 빌딩에 진입하지 않기로 결정했을 뿐만 아니라 스프링클러 시스템은 이 작은 화재를 끄지 못했고(납득하기 어렵지만) 그래서 화재는 맹렬하게 번졌다. 곧이어 그 불길은 1층에 저장되어 있던 몇천 갤런(gallons)이나 되는 디젤연료에 다다르게 되었다. 거기서 생긴 불길은 너무나 뜨거워서 오후 5시 20분에 빌딩의 철강 보강재를 붕괴시키는 원인이 되었다.

위의 이론은 많은 문제점들을 안고 있다. 첫째, 그 어떤 맹렬한 불길의 증거도 찾을 수 없다. 허프슈미트는 "빌딩 7을 찍은 모든 사진들을 보면 겨우 몇몇 창(대부분이 7층과 12층임)에서만 아주 작은 불꽃들이 있었을 뿐이다"라고 지적한다.[85]

둘째, 거듭 제기하는 문제지만 특히 빌딩 4, 5, 6이 심한 화재에도 불구하고 붕괴되지 않았다는 사실을 감안한다면, 어떻게 탄화수소성 불길이 심했다고 하더라도 건물을 붕괴시킬 정도까지 강렬했을까.[86] 더욱이 이 빌딩의 경우에는 비행기의 충돌로 인한 충격과 연료가 원인이라고 할 수도 없다. 따라서 세계무역센터-7은 화재로 인해서만 붕괴된 역사상 최초의 철골구조 빌딩이 될 것이다.[87] 만약 그와 같은 일이 9·11에 실제로 일어난 것이라면, 이것은 엄청나게 중요한 사건이 되리라고 비판가들은 지적한다. 건축가와 빌딩 엔지니어들이 철골구조 빌딩에 대해 오랫동안 가정해온 모든 것들을 재고해야 하고, 세계의 보험회사들은 화재가 철골구조 건물을 붕괴시킬 수 있다는 전제에서 보험료를 재조정해야 할 것이다. 그 밖에도 파장은 끝이 없다. 그럼에도 불구하고 세계무역센터-7이 화재로 붕괴되었다는 주장이 마치 아무 일도 아닌 것처럼 받아들여졌다. 「세계무역센터-7: 개연성 없는 붕괴」라는 제목의 논문에서 스콧 로리(Scott Loughrey)는 다음과 같이 말한다.

FEMA가 세계무역센터-7의 붕괴에 대해 보여준 무관심은 놀라울 정도다. 이런 규모의 구조적 결함은 대개 일어나지 않는다 …… 우리는 거대한 철골 빌딩이 거대한 도시에서 붕괴되었는데도 왜 그런 일이 있었는가에 대한 진지한 토론도 없는 시대에 살고 있는가?[88]

셋째, 공식설명에 맞지 않는 몇 가지 특징들은 제어폭파가 있었음을 암시한다. 실제로 허프슈미트는 세계무역센터-7은 쌍둥이 타워와는 달리 '아래로부터 붕괴되었기' 때문에 전형적인 폭파의 예임을 강조했다.

> 빌딩 7이 붕괴되었을 때 안쪽이 먼저 붕괴되었고 그로 인해 빌딩의 바깥쪽이 안쪽으로 기울어지게 되었다……그 결과 빌딩 바깥벽이 안쪽의 아주 작은 조각더미 위에 쌓이는 상황이 벌어졌다. 이것이 전통적 폭파의 양상이다.[89]

상당량의 파우더 같은 먼지가 발생하였다. 비록 이 빌딩에서는 다른 빌딩만큼 많은 먼지는 없었고 대부분의 먼지는 공기 중이 아니라 붕괴가 시작된 땅에서부터 생겨났다.[90] 다른 타워들로 인한 진동 수치의 1/10밖에 되지 않았지만 지진계는 붕괴시점에 진동이 있었음을 기록하고 있다. 그리고 이 붕괴의 잔해에서 2개의 열점이 발견되었고, 그 중 하나는 엄청나게 뜨거웠다.[91] 이곳에서 녹아내린 철골들이 발견되었다고 전해진다.[92] 마지막으로, 쌍둥이 타워의 경우와는 달리 이 건물 내부의 모든 사람들은 오래전에 대피했기 때문에 생존자를 수색할 필요가 없었음에도 불구하고 이곳에서도 철골들이 신속히 제거되었다(변명조차 없이 말이다). 보통 중죄로 간주되는 법적 증거의 이러한 파괴행위를 어떻게 정당화할 수 있을 것인가?

결론적으로 필자는 FEMA 보고서가 실상 아무런 설명도 제공하지 않았다는 점을 다시 언급하고자 한다. FEMA 보고서는 대신 다음과 같이 말했다.

> 현 시점에서는 빌딩 7에서 있었던 화재의 구체적 특징들과 그로 인해 어떻게 빌딩이 붕괴되었는지는 밝혀지지 않았다. 건물 내부에 있었던 전체 디젤연료의 양이 거대한 잠재적 에너지를 가지고 있었음에도 불구하고 그 가설은 발생 확률이 낮다고 본다.[93]

여기서 확실히 짚고 넘어가야 할 것은 FEMA에게 — 공식설명의 틀 안에서 빌딩의 붕괴를 설명해야 하는 — 불가능한 임무가 주어졌다는 것이다. 붕괴가 제어폭파로부터 비롯되었다고 말할 수 없는 상황에서, FEMA가 할 수 있는 최선은 '낮은 확률밖에 없는' 이론을 만들어내는 것이었다.

쌍둥이 타워의 붕괴에 대해 가능성이 희박한 설명들을 제시한 토머스 이에가, 그리고 다른 모든 전문가들에 대해서도 이런 이해를 해야 한다. 만약 정치적 타당성이 문제된 경우가 아니어서 주어진 증거만으로 가장 가능성이 높은 가설을 찾는 것이 과제였다면, 그들 중 대부분은 분명 제어폭파라는 결론을 선택할 것이다. 예를 들어 타워들이 철골이 녹아서 붕괴되었다고 말한 마티스 리비(Matthys Levy)도 "그것은 제어폭파와 매우 유사하다"고 덧붙인바 있다.[94] 만약 실제로 제어폭파였다면, 물론 그것은 내부자 소행이 없이는 테러리스트들이 세계무역센터를 파괴하는 임무를 완수할 수 없었으리라는 뜻이 된다.

■ ■ ■ ■

제77편과 175편, 그리고 세계무역센터 빌딩 1, 2, 7에 대한 공식설명에 대해 의문을 제기하는 것이 반드시 대통령의 공모가 있었다고 말하는 것은 아니다. 하지만 적어도 모종의 수준에서 정부의 공모가 있었음을 지적하는 것이리라. 비록 세계무역센터의 붕괴에 관한 증거를 통해 내부자의 소행이 있었다는 결론에 이르더라도 그것이 사조직의 계획이라는 뜻이 될 수도 있겠지만, 연방정부가 법적 증거들을 제거하도록 용인했다는 점은 서론에 거론된 여러 가능성 중 적어도 첫 번째 시나리오, 즉 은폐에 대한 정부공모의 가능성을 암시한다. 하지만 공격을 조장하는 데 미 정부요원들이 아무런 역할을 하지

않았다는 첫 번째 시나리오는 적어도 펜타곤, NMCC 및 NORAD가 관여되었음을 암시하는 제11, 175편과 관련된 증거들을 보면 가능성이 없어 보인다. 그 비행기들에 관한 증거는 미국 정보기관들이 공격에 대해 사전정보를 가지고 있지 않았다는 두 번째 시나리오도 배제할 수 있는 것으로 보인다. 세계무역센터에 대한 공격은 일부 미 정부 공무원들이 유독 그 날만 표준행동절차를 무력화하기 위해 "손을 떼라(stand down)"는 명령을 내리지 않았다면 성공할 수 없었을 것으로 보인다. 이 말은 펜타곤이 그런 명령을 내렸다는 다섯 번째 시나리오를 말하는 것처럼 들릴지 모르지만, 그 명령이 백악관의 승인 없이 이루어졌다고 믿기는 어렵다. 어찌되었거나 다양한 관련 사실들을 볼 때 세계무역센터 공격에 대한 공식설명을 조사하는 것은 고통스러운 의문들을 불러일으킨다. 공식설명과 관련 사실들 간에 존재하는 긴장된 모순을 조사할수록 그 의문은 더욱 커진다.

2 제77편: 이것이 정말 펜타곤을 공격한 비행기인가?

아메리카 항공기 제77편은 오전 8시 20분에 워싱턴의 댈러스 공항을 출발했다. 8시 46분경에는 항로에서 상당히 벗어났지만, 이때 전투기가 출격하지는 않았다고 한다. 8시 50분경 다시 항로로 복귀했지만 무선통신은 두절되었고, 8시 56분에 트랜스폰더가 꺼졌으며, 인디애나폴리스 항공관제탑의 레이더 스크린으로부터 사라졌다. 그러나 그 어떤 전투기도 77편을 찾기 위해 출격하지 않았다. 9시 9분에 관제직원은 비행기가 오하이오에 추락했을지도 모른다고 경고하였다.[1] 또한 나중에 ≪USA 투데이≫는 이런 글을 실었다. "또 다른 비행기가 레이더에서 사라졌고 켄터키에 추락했을지도 모른다. 보도는 너무나 심각해서 가비(FAA의 책임자인 제인)는 또 다른 추락이 있었다고 백악관에 보고했다."[2] 아무튼 적어도 공식설명에 의하면 9시 25분까지 제77편으로부터 다른 소식은 없었다.

제77편이 사라진 지 29분 후인 9시 25분에 댈러스 공항의 항공관제직원들은 워싱턴을 향하고 있는 것 같은 고속의 비행기 한 대를

보았다고 보고했으며 그 비행기를 향해 경고를 보냈다.[3] 9시 27분에 부통령 체니와 국가안보보좌관 콘돌리자 라이스는 백악관의 지하 벙커에서 레이더에 잡힌 비행기가 50마일 밖에서 워싱턴을 향하고 있다는 보고를 받았다고 전해진다.[4] 9시 33분 이후의 레이더 자료에 의하면 비행기는 캐피털 벨트웨이(Capital Beltway)를 지나 펜타곤을 향했고, 9시 35분에 펜타곤 상공을 비행한 것으로 공식 기록되어 있다.[5] 그렇다면 비행기는 7,000피트 상공에서 시작해서 "거의 한 바퀴를 완전히 돌고 7,000피트 높이를 2분 30초 만에 떨어지는 나선하강을 한 것이다."[6] 즉, 매우 어려운 비행을 감행한 것이다. 공식설명에 의하면 당시 국방장관 럼스펠드는 다가오는 비행기에 대한 정보를 받지 못했고 그때까지도 콕스 의원과 같이 있었던 것으로 되어 있다. 그들이 세계무역센터에 대한 텔레비전 보도를 함께 보고 있는 동안, 럼스펠드는 그의 예지력을 다시 한번 과시한 것으로 전해지고 있다. "나를 믿으시오. 이게 끝이 아닙니다. 또 다른 공격이 있을 것이고, 그것은 우리가 될지도 모릅니다." 잠시 후인 9시 38분 즈음에 펜타곤이 타격을 받았다.[7] 충돌과 뒤이은 화재로 인해 대부분이 민간인인 125명의 펜타곤 직원들이 사망했다.

비록 그날 뒤늦게 펜타곤에 충돌한 비행기가 보잉757기인 제77편이라고 발표되었지만 이 내용은 쉽게 수긍이 가지 않는다. 9시 25분에 비행기를 본 것으로 전해지는 댈러스 공항의 항공관제직원 다니엘 오브라이언(Danielle O'Brien)은 "속도나 기동성, 회전방법을 보고 레이더 룸에 모여 있는 숙련된 항공관제직원들 모두는 그것이 전투기라고 생각했다."[8] 펜타곤 시(Pentagon City)의 14층 아파트에서 비행기를 목격한 또 다른 사람은, 그것은 "8명이나 12명을 태울 수 있을 것처럼 보였고, 전투기처럼 날카로운 소리를 냈다"고 말했다.[9] ≪스페이스 뉴스≫의 편집자인 론 레인즈(Ron Rains)는 "나는 그것이 미사일이라고 확신했다. 그것은 너무나 빨라서, 비행기와는 전혀 다른 소리를 냈다"[10] 또 다른 목격자는 그것은 "날개가 달린 크루즈 미사일 같았다"[11]고 말했다. 그러나 공식설명은 정말 그것이 훨씬 큰 비행기인 보잉757, 제77편이었다는 것이다.

그러나 그런 발표가 당장 있었던 것은 아니었다. 10시 32분에 ABC 뉴스는 제77편이 납치되었다는 보도를 했지만 워싱턴으로 되돌아와 펜타곤에 충돌했다는 언급은 없었다. 사실 폭스 TV는 그 후 잠시 동안 펜타곤이 미 공군기에 의해 충돌되었다고 보도했다.[12] 오후가 되어서야 모두들 펜타곤에 충돌한 비행기가 제77편이라고 받아들이기 시작했다.

공식설명에 대한 일부 비판가들은 그 내용을 받아들이기를 거부한다. 펜타곤 공격에 관한 공식설명에 반대하는 대표적 인물은 2002년 4월 ≪가디언(Guardian)≫지가 "그의 좌파적 성향의 연구 프로젝트들이 합리성과 객관성의 본보기라고 인정받아온, 존경받는 독립적 싱크 탱크"라고 부른 볼테르 네트워크(Voltaire Network)의 사장이자 앞에 거론한 프랑스의 연구가인 메이산이다.[13]

물론 펜타곤의 관계자들은 메이산의 이론을 공공연하게 공격하였다. 2002년 6월 25일, 국방부 뉴스 브리핑에서 대변인인 빅토리아 클라크(Victoria Clarke)는 메이산의 이론에 관한 질문을 받았을 때 "그날 무슨 일이 일어났는지에 대해서는 아무런 의문이나 의심이 없습니다. 그런데도 누군가가 그런 식의 신화(myth)를 발표하려고 시도하는 것은 섬뜩하다(appalling)고 생각합니다. 또 그런 사람들을 계속 널리 알리는 사람들도 섬뜩하다고 생각합니다"라고 답변했다.[14] 사실이 어떻든 간에 펜타곤이 메이산의 이론을 "섬뜩하다"고 지칭함으로써 기자들이나 다른 사람들이 그의 이론을 조사하는 것을 막으려는 입장은 이해할 수 있다. 메이산 자신도 정부의 공식설명을 '섬뜩한

사기(appalling fraud)'라는 동일한 말로 표현한다.[15)]

그러나 물론 어느 쪽이든 상대방에 대한 그런 식의 명명만으로 문제를 해결할 수는 없다. 판단기준은 경합하는 이론 중 어느 것이 더 많은 증거에 기반을 두고 있는지 여부이다. 그리고 메이산의 주장들은, 다른 비판가들의 견해와 마찬가지로, 펜타곤을 공격한 것은 제77편이 아니었다는 결론을 내릴 수 있는 많은 이유들을 제공하고 있다. 필자는 그 이유 중 다섯 가지를 논하고, 그 후 펜타곤 공격에 대한 공식설명의 난점들을 지적하고자 한다.

1. 확인의 출처가 신빙성이 있는가?

메이산은 펜타곤에 충돌한 비행기가 AA 제77편이라는 발표가 점차적으로 만들어졌다는 점 외에도 이 발표의 최초 출처가 의심스럽다고 주장한다. 특히 그는 한 증언을 제외한 다른 모든 발표는 군 관계자로부터 온 것이라고 설명한다.[16)] 그 발표 중 첫 번째는 펜타곤의 웹사이트에서 펜타곤이 '납치되었을 가능성이 있는 민간항공기'에 의해 공격당했다고 발표한 성명이다.[17)] 그러자 그날 오후, 이 비행기가 제77편이라는 이야기가 언론을 통해 급속히 퍼져나갔다. ≪LA 타임스≫는 이 이야기의 취재원이 익명을 요구한 일부 군 관계자였다고 보도했다.[18)] 언론은 또한 제77편이 시야에서 사라지기 직전에 U턴을 한 후 워싱턴을 향해 다시 날아갔다고 보도하기 시작했다.[19)] 그러나 메이산은 공식설명에 의하면 민간항공 통제자는 레이더나 트랜스폰더로부터 정보를 얻지 못하고 있는 상황이었기 때문에 이 '정보' 또한 군의 취재원으로부터 나왔어야 한다고 지적한다.[20)]

법무차관(Solicitor General)인 테드 올슨〔Theodore(Ted) Olson〕은 제77

편을 펜타곤에 대한 공격과 연관 짓기 위한 또 다른 발언을 했다. 그는 저명한 작가이자 TV 해설가인 그의 부인 바바라 올슨(Barbara Olson)이 제77편에서 9시 25분과 9시 30분, 두 번에 걸쳐 그에게 전화했다고 말했다. 보도된 것처럼, 그들의 대화는 비행기가 어디에 있는지 또는 어느 방향으로 향하고 있는지에 대한 것은 전혀 없었고 제77편이 이미 추락하거나 폭파된 것이 아니라 납치되었다는 내용이었다. 따라서 제77편이 적어도 펜타곤에 충돌한 비행기일지도 모른다는 것이다.

이와 같은 발표에 대해 비판적인 사람들은 테드 올슨의 증언을 의심할 수 있는 적어도 네 가지 이유가 있다고 주장한다. 첫째, 그는 부시행정부의 측근이다. 그는 2000년 대통령선거와 관련한 대법원 재판에서 부시의 주장을 옹호하였을 뿐만 아니라, 최근에는 엔론 스캔들 조사위원회가 부통령 체니의 에너지대책본부로부터 자료를 넘겨받으려고 했을 때도 이를 저지하려는 체니를 옹호하였다. 둘째, 올슨은 "정부 관계자들이 허위 정보를 넘겨주어야 하는 정당한 이유가 충분한" 상황들이 많이 있다고 말한 적이 있다.[21] 셋째, 그의 부인과의 대화에 관한 올슨의 보고는 모호하고 모순투성이다.[22] 넷째, 다른 비행기들의 경우 몇몇 탑승객들과 직원들이 전화를 건 것으로 보도되고 있지만 제77편의 경우에는 유독 테드 올슨만이 전화를 받았다고 한다. 특히 이 마지막 부분은 9시 30분 즈음에 납치범들이 탑승객 모두에게 곧 죽게 될 것이니 가족에게 전화하라고 말했다는 나중의 보도를 감안하면 정말 이상하다. 톰슨은 "이런 상황에서, 왜 이 비행기에 탄 사람들 중 바브라 올슨 이외의 다른 사람들은 아무도 통화를 하지 않았는가?"라고 묻는다.[23] 다시 말하면, 톰슨은 바브라 올슨이 정말로 전화를 한 것인지를 묻고 있다. 아마도 이 질문에 대한 대답은 그녀의 핸드폰 회사와 아메리카 항공사 및 법무부의 통화

기록을 조사함으로써 가능할 것이다. 물론 이 질문과 취지를 같이하
는 그 어떤 다른 시나리오도 바브라 올슨이 어떻게 되었으며, 또한
그런 결과를 수반하는 계획에 테드 올슨이 참여한다는 것이 신빙성
이 있는지를 설명할 수 있어야 할 것이다. "진정 무슨 일이 있었는
가"에 대한 그 어떤 공모이론이라도 대답해야 하는 이 이슈는 9장에
언급되어 있다.

2. 펜타곤이 보잉757에 충돌된 것이 아니라는 물적 증거

처음부터 제77편이 펜타곤에 충돌된 비행기라는 모든 정보들의 출
처가 수상하기 이를 데 없는 취재원이라는 주장에 덧붙여, 메이산이
내놓은 두 번째 주장은 보잉757인 AA 제77편이 펜타곤에 충돌되지
않았다는 물적 증거들이다. 가장 중요한 증거는 추락 직후의 사진들
이다. 결정적인 사진 한 장은 AP의 톰 호란(Tom Horan)이 소방차가
도착한 후 소방대원들이 일을 시작하기도 전에 찍은 사진이다[이 사
진은 메이산의 『펜타게이트(Pentagate)』에 실려 있고, 그의 『9·11: 거대한 거
짓말(9·11: The Big Lie)』의 표지를 장식하고 있다. 또 인터넷에서도 볼 수
있다].[24] 이 사진이 찍힐 당시 펜타곤 서관의 정면은 붕괴되지 않았
다. 이 시각에 찍은 또 다른 사진은 건물 정면에 생긴 구멍의 "높이
가 5층이고 너비는 200피트"라고 한 신문보도와는 달리 그 직경이
15)"18피트 정도임을 보여주고 있다.[25] 이 사진은 또한 구멍의 위나
양쪽 측면에는 그 어떤 손상된 부분도 없었음을 보여주고 있다. 그리
고 두 사진 모두 그 구멍의 원인이 비행기라는 그 어떤 표시나 — 기
체도 꼬리부분도 날개도 엔진도[26] — 혹은 잔디가 긁힌 그 어떤 증거
도 보여주지 않는다.[27] 펜타곤에 충돌한 것이 무엇이든 그것은 공중

에서 아주 깨끗한 타격을 가했고 안으로 완전히 밀고 들어갔다.

비행기가 펜타곤 속으로 얼마나 밀고 들어갔는지는 펜타곤이 나중에 찍어서 발표한 사진(메이산의 『펜타게이트』의 표지사진)에 나타나 있다. 이 사진은 펜타곤에 있는 다섯 개의 원형 가운데 C-링(C-ring)으로 알려진 세 번째 내벽을 관통해서 직경 7피트의 구멍을 냈음을 보여준다. 이것은 비행기가 6개의 강화벽을 뚫을 수 있는 힘을 가졌다는 뜻이 된다.

이런 사진증거들은 펜타곤이 보잉757과 같은 커다란 비행기에 의해 타격을 입었다는 공식설명에 큰 문제가 있음을 알려준다. 너무나 당연한 얘기지만, 비행기가 펜타곤의 바깥쪽 세 개의 원형만 뚫고 들어갔다는 것이기 때문에 보잉757은 그 머릿부분만 들어갈 수 있었을 것이다(이것은 메이산이 보잉757의 윤곽을 국방부가 제공한 펜타곤 서관의 항공사진과 겹쳐놓은 사진을 통해 알 수 있다).[28] 비행기의 나머지 부분은 밖에 남아 있었을 것이다. 메이산이 말하는 것처럼, "따라서 우리는 날개와 기체를 펜타곤 외부와 잔디밭에서 볼 수 있어야 한다." 이에 대해 그 어떤 사진이 찍히기도 전에 비행기가 다 타버렸을 것이라고 누군가 답변할 수도 있을 것이다. 그러나 메이산은 다음과 같이 말한다.

> 비록 비행기의 머릿부분은 탄소로 만들어졌고 날개들도 연료를 싣고 있어 타버릴 수 있지만, 보잉의 기체는 알루미늄이고 엔진은 강철로 만들어졌다. 불이 다 탄 후에도, 타다 남은 잔해를 반드시 남길 수밖에 없다.[29]

그러나 톰 호란이 찍은 사진이나 다른 그 어떤 사진에서도 타다 남은 것으로 보이는 아주 작은 잔해조차 보이지 않는다.

물론 공식설명은 머릿부분뿐만 아니라 비행기 전체가 펜타곤 속으로 밀고 들어갔다고 말함으로써 이 문제를 설명한다. 그것이 사진에 비행기가 나타나지 않은 이유라는 것이다.[30] 그러나 사진증거의 다른 특징들을 보면 이 이론으로는 설명할 수 없는 것들이 많다. 그 중 하나는, 충격으로 생긴 구멍이 위에서 말한 것처럼 최대 직경이 18피트에 불과하다는 것이다. 보잉757이 그렇게 작은 구멍만 남기고 사라졌다는 것은 말이 안 되지 않는가? 메이산이 지적하는 바와 같이, 구멍은 너비가 12피트보다 작은 조종실이 들어가기에는 충분히 컸다. 하지만 비행기 날개의 폭은 125피트였다. 125피트의 너비를 가진 비행기가 20피트보다 적은 구멍을 남기고 안으로 사라졌다는 말을 정말 믿을 수 있을까?

아마 그런가 보다. 공식설명을 옹호하는 사람들은 강력한 서관 강화벽에 정면으로 충돌하자 비행기 전체가 건물 안으로 사라질 수 있도록 비행기의 날개가 뒤로 접혔으리라고 주장한다. 그런 변명 중의 하나는 다음과 같다.

> 보잉757의 정면이 펜타곤에 충돌하자 날개의 바깥부분이 초기의 충격에 의해 부러졌을 것이고, 다음에는 기체의 안으로 접혀 들어가고 건물의 내부로 돌진했을 것이다; 날개의 내부 부분이 비행기의 나머지 부분들과 함께 펜타곤의 벽을 뚫고 들어갔을 것이다. 어느 정도 크기가 있는 날개의 부분들은 폭파로 인해 아니면 뒤이은 화재로 인해 파괴되었다.[31]

물론 이와 같은 설명이 갖고 있는 한 가지 문제점은, 비행기의 머릿부분이 펜타곤에 충돌해서 갑자기 멈추게 되면 날개는 뒤로 접히지 않았으리라는 점이다. 메이산은, 역학의 법칙이 잠시나마 정지된 것이 아니라면 "날개들은 뒤가 아니라 앞으로 쏠릴 것"이라고 지적한다.[32]

더욱이 보잉757에는 강철로 만든 제트 엔진이 날개 부분에 붙어 있기 때문에 날개들은 벽의 정면에 엄청난 힘으로 충돌했을 것이다.

그럼에도 불구하고 사진에서 나타나다시피 건물의 정면이 붕괴되기 전에 생긴 구멍의 양쪽에 엔진이 충돌한 듯한 손상은 보이지 않는다.

만약 이 정도로도 부족하다고 생각된다면, 보잉757의 큰 꼬리를 감안할 때, 사진 속에 나타난 정면 구멍의 윗부분이 완전하고 어떤 손상의 흔적조차 없음을 분명히 보여준다는 점은 더욱더 큰 의문을 불러일으킴을 알 수 있다. 메이산이 말하는 것처럼 꼬리 부분을 감안하면 보잉의 높이는 40피트 정도가 된다. 따라서 꼬리가 건물 속으로 밀려들어가기 전에 비행기가 친절하게도 몸을 굽혔다고 말하지 않는 한, 벽 정면의 구멍 위가 전혀 손상되지 않았다는 것은 펜타곤의 서관에 돌진해 들어간 것이 보잉757이 아니었음을 증명한다. 설득력을 더하기 위해, 메이산은 프랑스의 사고 조사가인 프랑수아 그랑지어(Francois Grangier)의 말을 인용한다. 그는 "전혀 손상되지 않은 이 건물의 정면 사진을 보건대 한 가지 분명한 사실은 비행기가 그 안으로 뚫고 들어가지 않았다는 것"33)이라고 말했다.

펜타곤에 충돌한 것이 무엇이든 더욱 분명한 문제는 간단히 말해서 공식설명이 사실이려면 그 정도의 파괴로는 부족하다는 것이다. 보잉757은 높고 넓은 날개를 가지고 있을 뿐만 아니라 무게가 100톤이 넘는다. 시속 250에서 440마일의 속도라면 엄청난 참화를 일으켰을 것이다. 그럼에도 불구하고 국방부가 제공한 사진에서 알 수 있듯이, "비행기는 건물의 첫 번째 원형만 파괴하였다."34) 두 번째와 세 번째 원형은 지름이 7피트에 불과한 구멍만을 만들 수 있는 작은 비행기가 관통한 것이다.

더욱이 펜타곤을 공격한 비행기가 보잉757이라고 하기에는 너무나 작은 흔적을 남겼다면, C-링의 벽안에 있는 구멍은 보잉757이라고 하기에는 너무나 많은 것을 남겼다. 메이산이 지적하듯이, 전자 항법시스템을 탑재한 보잉의 머릿부분은 금속이 아니라 탄소섬유로 만들어져 있다. '극도로 깨지기 쉬운' 비행기의 앞부분이 세 번째 원형의 내부 벽에 7피트의 구멍을 만들면서 펜타곤의 세 개의 원형을 관통했을 수는 없다. 보잉의 앞부분은 "뚫고 지나가기보다는 부서져 버렸을 것이다." 그런 구멍을 만들어낼 수 있는 것은 미사일의 앞부분이다.

어떤 미사일은 관통효과를 얻기 위해 특별히 고안되었다. 이 미사일들은 약간의 마찰로도 뜨거워지고 쉽게 관통할 수 있도록 초고밀도의 금속인 열화우라늄이 입혀져 있다. 이 미사일들은 특히 벙커를 관통하는 데 사용된다. 비행기는 추락하고 조각난다. 이런 종류의 미사일은 관통한다.[35]

그리고 이것이 사진에 나타난 모습이다. 펜타곤은 조각난 것이 아니라 관통되었다.

펜타곤이 비행기가 아니라 미사일에 의해 요격된 것이라는 주장은 사진증거의 또 다른 특징에 의해 더욱 설득력을 얻는다. 그것은 기록에 나타난 화염의 종류이다. 쌍둥이 타워의 경우처럼 비행기 연료를 태워서 생기는 탄화수소성 화재의 사진에서는 검은 연기에 섞여 있는 노란 화염을 볼 수 있다. 그러나 펜타곤의 화재를 찍은 사진에서는 앞에서 말한 종류의 미사일들이 유발하는 종류의 화염인 훨씬 뜨겁고 더 순간적으로 타오르는 붉은 화염을 볼 수 있다.[36] 펜타곤이 "중공(中空)추진장약과 열화우라늄 BLU(역자주: Bomb/mine Live Unit)로 무장한 최신예 공대지 미사일"에 의해 요격되었다고 주장하면서, 메이산은 이런 종류의 미사일은 "3,700°F가 넘는 열을 내는, 즉각적인 화염"을 일으킬 수 있다고 말한다. 그리고 그것은 펜타곤에서 발생한 화염과 동일하다.

펜타곤의 첫 번째 원형을 가로지르면서, 비행기는 거대하고도 갑작스러운 화재를 일으켰다. 건물에서 거대한 불길들이 쏟아져 나와 건물을 뒤덮었다. 검은 연기를 남기고 불길들은 시작될 때처럼 갑작스럽게 사라졌다.[37)

요컨대 사진증거는 펜타곤이 보잉여객기에 의해 타격을 받은 것이 아니라 군용미사일에 요격된 것이라고 결론지어야 할 몇 가지 이유들을 제공해주고 있다.

사진증거로부터 도출한 이와 같은 결론은 펜타곤을 향했던 비행기가 그곳의 미사일에 의해 격추되지 않았다는 사실에 의해서도 더욱 설득력을 얻는다. 비록 일부 신문보도는 백악관과는 달리 펜타곤은 그런 미사일들을 보유하고 있지 않다고 했지만 사실 펜타곤은 "5개의 매우 정교한 대미사일 방어포대"에 의해 보호되고 있다고 메이산은 지적한다.[38) 그리고 비록 펜타곤 관계자는 비행기가 자기들 쪽으로 오는지 전혀 몰랐다고 주장하지만, 앞에서 보았듯이, 미확인 비행기가 그쪽을 향해 속력을 높이고 있다는 것은 9시 25분에 보고되었다. 메이산은 다음과 같이 말한다.

따라서 펜타곤의 주장과는 반대로 군부는 미확인 비행물체가 곧장 수도를 향해 날아오고 있었다는 것을 완벽하게 알고 있었다. 그럼에도 불구하고 군부는 대응하지 않았고 펜타곤의 대미사일 방어포대도 작동되지 않았다. 이유가 뭘까? 펜타곤의 근접 방어용 미사일은 펜타곤에 접근하는 미사일을 파괴하도록 고안되었다. 미사일은 대부분 통과할 수 없다. 더욱이 보잉757-200이라면 절대로 통과할 수 없다. 비행기이든 미사일이든 설명이 부족하다.

그리고 메이산은 이와 같은 이상한 점들을 설명할 수 있는 가설을 제시한다.

모든 전투기는 실은 아군인지 적군인지를 알릴 수 있는 트랜스폰더를 가지고 있다 …… 대미사일 방어포대는 …… 아군의 미사일에는 대응하지 않을

것이다. 2001년 9월 11일에 바로 그런 일이 일어났다는 것이 불가능하지만은 않다.[39]

메이산의 가설은, 비행기가 나선형으로 펜타곤에 접근하고 있었다면 백악관으로부터도 상당히 가까운 거리에 있었다는 말인데도 왜 백악관의 미사일 시스템이 동원되지 않았는가 하는 의문에 대해서도 해답을 줄 수 있다.[40]

이런 점들을 고려할 때, 펜타곤에 충돌한 비행기가 펜타곤(그리고 백악관)의 미사일에 의해 요격되지 않았다는 바로 그 사실이야말로 그것이 민간항공기였다는 주장을 부인하는 물적 증거가 될 수 있다.

더 큰 물적 증거는 추락현장에 뚜렷한 보잉757의 잔해가 없었다는 명백한 사실이다. 우리가 앞에서 본 것처럼, 그런 잔해가 사진에 보이지 않는 이유라는 것이 비행기 전체가 펜타곤 안으로 뚫고 들어갔다는 말이다. 그런 일이 정말 일어났다면(그럴 가능성이 조금이라도 있는가 하는 의문을 잠시 접어두고), 화재가 진화된 후 펜타곤 내부에서 타다 남은 잔해나 적어도 비행기임을 확인할 수 있는 약간의 자취라도 발견되었어야 한다. 그러나 그렇지는 않은 것 같다.

9·11 다음날의 펜타곤 브리핑에서, 펜타곤의 화재진화 책임자인 에드 플라우어(Ed Plaugher) 소방서장은 비행기의 잔해 중 어떤 것이 남았는지에 대한 질문을 받았다. 그는 "일부 작은 조각들…… 그러나 큰 부분들은 아니고…… 기체 부분이나 그런 종류의 것은 없었다"고 답변했다.[41] 따라서 화재가 일어난 다음날 플라우어가 목격한 바를 증언한 내용에 의하면, 기체 또는 제트 엔진과 같은 큰 덩어리는 없었다. 더욱이 그의 증언은 미확인 파편들을 제외하고(메이산은 이것들이 "전혀 다른 것에서 비롯된 것일지도 모른다"고 지적한다) 제77편에서 발견된 조각들은 표지(beacon) 하나와 블랙박스 두 개뿐이었다고 한 국방부의 발표가 암묵적으로 뒷받침해주고 있다. 더욱

이 블랙박스는 새벽 4시에 발견되었다고 하는데 그것은 공식설명에 대한 비판가들의 입장에서 보면 더욱 수상쩍은 일이다.[42] 플라우어의 증언은 9월 15일의 펜타곤 언론회의에서도 재차 확인되었다. 테리 미첼이 비행기의 흔적에 대한 질문을 받았을 때, 그는 "작은 조각들"만 볼 수 있었다고 답변했다. 수리 프로젝트의 책임자인 리 이비(Lee Evey)는 비행기라는 증거는 "잘 보이지 않는다 …… 어떤 부분도 크지 않다 …… 공중으로 솟아 있는 비행기의 큰 조각들을 볼 수 없다"[43]고 말했다.

이와 같은 증언들이 펜타곤이 보잉757에 의해 충돌되었다는 말과 앞뒤가 맞는가? 비행기의 기체는 보통의 탄화수소성 화재로는 녹지 않는 알루미늄으로 만들어져 있다. 엔진들도 여간해서는 녹지 않는 강철로 만들어져 있다. 그럼에도 불구하고 공식설명은 대충 화재가 너무나 뜨거워 이 모든 금속들이 녹았을 뿐만 아니라 증발해버렸다는 것이다.[44] 이것이 신빙성이 있는가? 첫째, 만약 불길이 그 정도로 뜨거웠다면, 펜타곤의 위층들은 어떻게 멀쩡하게 남아 있는가? 둘째, 탄화수소성 화재였다면 왜 불이 그렇게 뜨거웠을까? 셋째, 이 추락에서 무엇인가가 탄화수소성 화재를 ─ 붉은 화염은 물론 사진이 보여주는 다른 효과들을 일으킬 만큼 뜨거운 ─ 그것도 아주 뜨거운 화염을 만들어냈다고 하더라도, 이것이 알루미늄과 강철을 증발시킬 만큼 뜨거울 수 있는가? 만약 공식설명이 물리법칙에 제대로 기초하고 있는 것이라면 이 가정을 실험해보아야 할 정도로 중대한 문제다. 그리고 이것은 낡은 보잉757을 가지고 아주 쉽게 해볼 수 있는 실험이다.

설사 그 실험이 공식설명대로 성공할 가능성이 있다고 믿는다 하더라도 통과해야 할 관문이 하나 더 있다. 공식설명의 버전 중 적어도 하나는 관계자들이 지문에 의해 희생자들의 신원을 확인할 수 있었다는 발언을 담고 있다.[45] 따라서 공식설명을 지탱하기 위해서는 화재는 알루미늄과 강철을 증발시킬 정도로 뜨거워야 하지만 인간의 육체를 손상시키지 않을 정도로 차야 한다. 물론 이것은 불가능하다. 따라서 메이산은 펜타곤이 조롱당할 걱정도 없이 이 두 주장을 만들어낸 데 대해 놀라움을 금치 못한다.[46]

아무튼 그런 실험은 더 이상 필요 없다. 왜냐하면 9·11의 다른 공식설명들과 마찬가지로 이 설명도 두 번째 버전으로 발전되었기 때문이다. 메이산이 보고하듯이, 그로부터 6개월이 지난 2002년 4월, FBI는 거의 완벽하게 복원할 수 있을 만큼 충분한 양의 보잉757 잔해가 발견되었다고 주장했다. FBI 대변인인 크리스 머리(Chris Murray)는 "비행기의 잔해들이 창고에 보관되어 있으며 제77편의 일련번호들이 기록되어 있다"고 말했다고 한다.[47] 더욱이 그 다음 달에는 공식설명의 이 새 버전에 대해 에드 플라우어는 말하기를, 지금은 기억이 되살아나 확실히 말할 수 있는데, 현장에 도착했을 때 "기체, 날개, 착륙 기어, 엔진의 조각, 좌석"을 보았다고 했으며, "내가 맹세하건대, 그것은 비행기였다"고 덧붙였다. 그는 ― 블랙박스가 새벽 4시 전까지 발견되지 않았다는 백악관의 성명과 맞지 않는 말실수인 ― 블랙박스 중 하나를 보았다고까지 주장했다.[48]

정부 관계자들은 제77편의 운명에 대한 이 새로운 버전을 기자들과 9·11 독립조사위원회 구성원들에게 복원된 조각들로 가득 찬 창고를 보여주는 것만으로도 확인해줄 수 있다고 생각할지 모른다. 하지만 이 증거는 기껏해야 그만큼의 비행기 조각들을 모았다는 것을 보여줄 뿐이다. 그것만으로는 이 조각들이 펜타곤에서 복구된 것인지, 아니면 오하이오나 켄터키 또는 다른 곳에서 복구된 것인지를 말해주지 못한다. 따라서 이 물적 증거와 에드 플라우어가 되새겨낸 기억들만으로는 이 이론을 확인할 수 없다. 더욱이 이 새로운 버전은 플라우어의 9월 12일자 발언과 모순될 뿐만 아니라 티머시 미첼과 리 이비의 9월 15일자 발언들과도 모순된다. 만약 엔진, 기체, 꼬리와 같은 큰 비행기 조각들이 펜타곤에 있었다면, 왜 앞에서 말한 사람들이 보지 못하였는가? 왜 이비가 "공중으로 솟아 있는 비행기의 큰 조각들을" 볼 수 없었는가? 그리고 왜 기자들이 그렇게 명백한 질문들을 하지 않았는가?

펜타곤이 제77편이 아닌 다른 무엇인가에 의해 타격을 받았다는 메이산의 주장은 앞에서 본 것처럼 상당한 물적 증거를 가지고 있다. 이 주장은 폴 톰슨이 보고한 두 가지 사실에 의해 좀더 설득력을 얻는다. 먼저, 9·11 비행기들의 비행제어기록들이 10월 16일 마침내 공개되었을 때, "제77편의 기록은 적어도 추락하기 20분 전에 끝난다."49) 이 사실을 설명할 수 있는 방법이 여럿 있겠지만, 그 중 하나는 정부 관계자들이 언론과 국민이 제77편의 마지막 20분 동안에 실제로 있었던 일을 듣기를 원치 않기 때문이라는 것이다. 다음으로, 다음과 같은 뉴스 보도가 있었다.

> 군인들에게만 서비스를 제공하는 펜타곤 건너편에 있는 주유소의 직원은 주유소 감시카메라가 충돌장면을 녹화했을 것이라고 말한다. 그러나 그는 "나는 화면이 어떻게 나왔는지 결코 보지 못했다. FBI가 몇 분 내로 도착해서 필름을 가지고 갔다"고 말한다.50)

누군가가 주유소 직원인 호세 벨라스케즈(Jose Velasquez)를 인터뷰할 수 있었고 이 보도가 사실이라면 FBI는 펜타곤에 비행물체가 충돌할 것을 알았다는 뜻이 된다. 그렇지 않고서야 FBI가 '몇 분 내에' 주유소에 도착한 사실을 어떻게 설명할 수 있는가? 지금 우리가 다루고 있는 주제와 직접적으로 밀접한 관계가 있는 것은, 위 사실이 주유소의 감시카메라가 FBI 관계자들이 언론이나 대중이 볼까봐 두려워하는 특정한 추락장면을 포착했을지도 모르기 때문이었음을 암시하고, 그 장면은 바로 민간항공기가 아니라 군용미사일에 의해 펜타곤이 공격당하는 장면일지도 모른다는 것이다. 반대로 그 카메라가 찍은 사진들이 정부의 주장을 뒷받침하는 것이라면 정부는 이 사진들을 공개했을 것이다. 따라서 이 두 이야기는, 그 자체로서 물적증거가 되지는 못하지만 공식설명을 약화시킬 수 있는 물적 증거가 있음(아니면 적어도 있었음)을 말해주고 있다.

3. 아메리카 항공기에 대한 목격 보고는 어떤가?

물적 증거는 공식설명에 전혀 반대되고 오히려 미사일이론을 뒷받침해주고 있지만, 공식설명을 옹호하는 사람들은 아메리카 항공기가 펜타곤에 충돌했다는 몇몇 목격자들의 보고에 주로 의지해왔다. 예를 들어, 펜타곤이 사실은 보잉 757에 의해 공격받지 않았다는 견해를 비판하는 한 사람은 ≪선데이 타임스(*Sunday Times*)≫에 "이 음모론을 종식시키는 결정타는 몇몇 목격자들이 비행기가 건물에 충돌하는 장면을 보았다는 것이다"라고 적고 있다.[51] 공식설명에 대한 비판가들은 그들의 수정론적 시각과 이와 같은 글들이 있다는 사실을 조화시킬 수 있을까? 크게 네 가지 접근방법이 있는 것 같다.

한 접근방법은, 물적 증거와 목격자의 증언 사이에 갈등이 있을 경우, 물적 증거의 신빙성이 일단 확인되면 대체로 목격자의 증언보다 더 많은 비중을 가진다는 전형적인 법정논리대로 처리하는 것이다. 형사재판에서 검사가 물적 증거를 기초로 강력한 논거를 제시했다면, 변호사가 단순히 그에 반하는 증언을 제시한다고 해서 이 증언이 '결정타(killer blow)'를 날려줄 것이라고는 거의 기대할 수 없다. 왜냐하면 인간의 증언은 오인이나 잘못된 기억 또는 명백한 거짓말(어쩌면 뇌물이나 협박 때문에)과 같은 여러 가지 이유로 인하여 틀릴 수도 있기 때문이다. 따라서 물적 증거에 반하는 그 어떤 목격증언도 배척된다.

메이산은 이 방법을 사용한다. 아메리카 항공기를 봤다는 목격자들의 주장은, 사람들로 하여금 종종 그들이 생각한 것을 '보게' 만들고, 또는 그들이 보았으리라고 생각하는 것을 보았다고 '기억하는' 인지와 기억에 대한 사회심리학 체계에 의하여 설명될 수 있다고 그는 주장한다. 이 목격자들이 세계무역센터에 충돌한 비행기의 영상을 보거나 또는 보도를 듣고 난 후, 펜타곤에 충돌한 것이 아메리카 항공 보잉757이라는 말을 듣는 상황이 주어진다면, 설사 실제의 비행기는 전혀 다른 것이었을지라도, 보잉757이 펜타곤을 향했다고 생각하게 된다.[52]

메이산은 이 방법을 다른 방향으로 적용하여, 비행기가 미사일이나 군용기와 비슷하게 보였거나 그런 소리가 났다는 몇몇 목격담이 보도되었음을 지적하고자 한다. 예를 들면 통제실 안에 있는 숙련된 모든 항공교통 통제관들이 군사비행기라고 말했다는 댈러스 항공 교통 통제관인 다니엘 오브라이언의 증언과, 그것은 "8명에서 12명 정도의 사람을 태울 수 있게 보였다" 그리고 "전투기처럼 날카로운 소음을 냈다"는 목격자들의 증언을 상기해보라. 이런 목격담과 다른 발언들을 인용하면서 메이산은 공대지 미사일이 "작은 민간항공기와 비슷하게 보인다. 그리고 전투기와 비슷한 휘파람 소리를 낸다"고 지적한다. 이런 근거들에 기초하여, 그는 전투기를 보았다는 목격자들이 미사일이론을 뒷받침해준다고 계산한다.[53]

마지막으로 공식설명을 뒷받침하는 증언과 미사일이론을 뒷받침하는 증언이 모두 있을 경우 메이산은 우리가 후자의 목격담을 좀더 진지하게 검토해야 한다는 주장을 할 수 있다. 바꾸어 말하면, 만약 펜타곤에 충돌한 것이 미사일인 경우, 인지와 기억에 관한 심리체계를 고려할 때 몇몇 사람들이 민간항공기가 펜타곤에 충돌했다고 말하는 것은 놀랍지 않다. 하지만 만약 펜타곤에 충돌한 것이 보잉757이라면, 사람들 — 특히 숙련된 시각과 청각을 가진 사람들 — 이 미사일이나 작은 전투기를 보았다는 보도가 있다는 사실은 매우 놀라운 일이 될 것이다. 따라서 미사일이나 작은 전투기를 봤다는 보도에 더욱 큰 비중을 두어야 한다. 그렇다면 제대로 해석할 경우 목격자들의 증언은 미사일이론에 배치되는 것이 아니라 이를 뒷받침하는 것이다.

물적 증거와 공식설명을 지지하는 목격자들의 증언 보도를 조화시킬 수 있는 또 다른 방법도 있다. 이런 내용들을 인지와 기억에 관한 심리학에 호소하여 설명하는 것이 아니라 사람들이 실제 보도된 대로 말한 것인지 보도 자체를 좀더 신중하게 조사하는 것이다. 제라드 홈그렌(Gerard Holmgren)은 이 접근방법을 택하였다. '도시의 전설(Urban Legend)' 웹사이트에 나타난, 펜타곤에 충돌한 것이 아메리카 항공기라는 목격자의 19가지 증언으로부터 시작해서,[54] 홈그렌은 우선 보도에서 인용된 대부분의 사람들이 사실은 펜타곤이 민간항공기에 의해 충돌되는 것을 보았다고 말한 것은 아니라고 주장한다. 대신에 "그들이 말한 것은 비행기가 너무나 낮게 날았고 바로 그 다음에 펜타곤 쪽에서, 충돌 당시에는 보이지 않았던, 연기나 폭발을 보았다는 것이다." 비록 이런 구분은 얼핏 아무런 가치도 없는 것 같지만, 이런 기사들은 아래에 나올 두 대의 비행기 가설과도 일치한다. 다른 경우에서도 홈그렌은 다음과 같은 문제들을 여럿 발견했다. ① 목격자를 확인할 수 없었다. ② 목격자가 아메리카 항공기를 보았다는 말은 기자가 덧붙인 것이거나 아니면 처음에는 펜타곤에 아메리카 항공기가 충돌하는 것을 봤다고 주장하다가 질문을 더 받게 되자 번복했다 — CBS의 브라이언트 검블(Bryant Gumbel)과 인터뷰를 하던 ≪USA 투데이≫의 마이크 월터(Mike Walter)도 그런 경우다.55) 홈그렌은 "처음에는 19명의 목격자가 있는 것 같은데도 따지고 보면 한 명도 없는 것이나 마찬가지다"라고 결론지었다.

　홈그렌은 그 후 일견 목격자의 증언이 있는 것 같은 10개의 다른 기사들을 찾아보면서 그런 기사들도 비슷한 문제가 있음을 알게 되었다. 그는 노력 끝에 다음과 같은 결론을 얻었다.

　　내 조사가 뭔가 아주 중요한 걸 놓친 게 아니라면, 내 결론은 F77이 펜타곤에 충돌했다는 발표를 뒷받침하는 목격담은 존재하지 않는다는 것이다. 뭐가 펜타곤에 충돌했든 그게 F77일 수는 없다는 강력한 사진증거들에 비추어 보면, 나는 이런 결론을 반증들이 나타날 때까지 자신 있게 선언하지 말아야 할 이유를 생각해내기 어렵다.56)

　물적 증거와 목격담을 조화시킬 수 있는 마지막이자 네 번째 방법 — 공식발표를 뒷받침하는 듯한 증언에 대한 비판까지도 다소 접어 두는 방법 — 이 있다. 이 방법은 펜타곤을 향한 비행기가 두 대였다는 가설이다. 이 두 대의 비행기 가설에 의하면, 두 그룹의 목격자들 — 미사일을 보았다고 말한 사람들(그들은 작은 전투기라고 말한 것인지도 모른다)과 여객기를 보았다고 말한 사람들(아메리카 항공기라고 구체적으로 말한 것인지도 모른다) — 모두 옳다는 것이다. 이런 양쪽 주장을 더 파헤친 딕 이스트먼(Dick Eastman)은 목격자들을 세 그룹으로 나눌 수 있다고 말한다. ① "반짝거리고 엔진은 두 개에다 빨강, 파랑색의 마크를 가진 비행기가 떨어지면서 100에서 200피트 정도의 고도로 '낮게' 날다가 뒤이어 조용해지는" 것을 목격했다는 사람들, ② "나무 정도의 높이인 '20피트' 정도에서 계속 날아오다가 완전히 낮은 높이까지 내려와서 가로등에 부딪히고 …… 엔진소리가 시끄럽고 속도가 엄청나고 중간 크기보다 더 작은" 비행기를 보았다는 사람들, 그리고 ③ 켈리 놀스(Kelly Knowles)처럼 2마일 떨어진 아파트에서, "두 대의 비행기가 펜타곤 쪽으로 움직이다가 한 대는 충돌하고 다른 한 대는 그곳을 벗어나는 것을 본" 사람들이다. 이스트먼의 분석에 의하면 아메리카 항공기를 보았고 미사일 소리도 들었다는 목격담도 설명할 수 있다. 아무튼 이스트먼이 말하는 요지는 목격자들의 증언은 적어도 대부분이 정확하다고 생각할 수 있지만 진실의 전모를 보고 말한 사람들 ― 두 대의 비행기를 보았다는 ― 은 세 번째 그룹의 사람들뿐이라는 것이다.

이스트먼의 이론은 달리 말하면 아메리카 항공기는 주의를 끌기 위해 쇼를 한 것이라는 말이다. 비행기가 펜타곤을 향해 날아가고 있는 동안 미사일도 같은 방향으로 날아가고 있었는데, 설사 비행기가 사람들의 주의를 산만하게 하지 않았다고 하더라도 미사일은 대부분의 사람들이 보기에는 지면에서 너무나 가까웠다. 그 후 마지막 순간에 비행기가 방향을 틀었고 충돌로 생긴 엄청난 구름 뒤로 사라졌다. 그리고 비행기는 진행 방향에서 1마일밖에 떨어지지 않은 레이건 공항에 몰래 착륙했다.57)

이 네 가지 접근방법은 서로 모순된 것이 아니다. 비록 이스트먼과 홈그렌이 다른 접근방법들을 택하고 있지만, 그들은 사실 서로를 뒷받침한다고 볼 수 있다. 홈그렌이 말하는 것은, 아메리카 항공기가 펜타곤에 충돌하는 장면을 봤다는 것과 같은 대부분의 목격담들이 실은 폭파 전에 비행기가 펜타곤에 매우 근접했음을 말하고 있을 뿐이라는 것이다. 이스트먼이 제기하는 두 대의 비행기 가설은 왜 이 부분을 분명히 해두는 것이 중요한지를 설명해줄 수 있고, 아메리카 항공기에 대한 모든 증언과 펜타곤이 그런 비행기에 충돌되지 않았다는 물적 증거와도 맞아떨어진다. 또한 메이산의 두 가지 접근방법은 이스트먼의 접근방법, 홈그렌의 접근방법, 또는 이스트먼-홈그렌 방법과 결합됨으로써 더욱더 탄탄해진다.[58]

지금 당장 무엇이 진실이지를 결정할 필요는 없다. 이런 논의를 하는 목적은, 목격자들의 증언이 메이산의 미사일가설을 뒤집는 것이라고 쉽게 판단한다면 그것은 사실과는 거리가 먼 판단이라는 것만을 보여주는 것이다. 이 점을 지적한 다음, 이제 펜타곤에 충돌한 비행기가 제77편이 아니라고 믿는 이유의 목록을 다시 살펴보자. 기억을 되살려보면, 처음 두 가지 이유는 그런 확인의 출처가 수상쩍다는 것이고, 또한 물적 증거가 이 확인과 상반된다는 것이다.

4. 왜 테러리스트들은 서관을 공격했을까?

펜타곤 충돌이 제77편의 납치범에 의해 벌어진 것이 아님을 보여주는 세 번째 사실은 충돌의 위치이다. 보잉757을 납치한 테러리스트들이 목표를 정확히 타격하고자 했다고 가정한다면, 왜 그들은 29에이커나 되는 지붕에 떨어지는 쉬운 방법 대신 80피트밖에 안 되는 벽 중 하나를 목표로 했을까? 더욱 중요한 점은, 그들이 펜타곤에 최대한의 피해를 입히고 가장 많은 직원들을 살상하기를 원했다면, 역시 지붕이 이와 같은 목표를 달성하기 위해 가장 논리적인 타격점이 된다는 것이다.[59] 더욱이 그런 질문에 대한 대답이 있을 수 있다고 치더라도 왜 그들은 개축 중이던 부분인 펜타곤의 서관을 공격했을까? ≪LA 타임스≫가 보도하는 바와 같이,

이곳은 펜타곤에서 유일하게 스프링클러 시스템이 있는 구역이고, 폭파를

견딜 수 있게 강철기둥과 바(그리고 폭파에 저항할 수 있는 유리창들)가 거미줄처럼 설치된 곳이다…… 가장 큰 충격을 입은 구역에서 보통 때라면 4,500명 정도의 직원들이 일했겠지만, 개축공사 때문에 당시에는 800명 정도밖에 없었다.[60]

또한 테러리스트들이 펜타곤의 최고위층 민간인이나 군부지도자들을 살상하는 데 특히 관심이 있었을 것 같은데도 서관에 대한 공격으로는 그 어떤 지도자들도 죽이지 못했다.[61] 사상자들 중 대부분은 민간인이었고, 그 가운데 많은 사람들이 개축공사를 하던 사람들이었다. "군 관련 희생자 중에서 장군은 한 명뿐이었다."[62] 만약 펜타곤이 보잉757을 조종하는 테러리스트들에 의해 타격을 입은 것이라면, 그들은 왜 타격이 가장 강한 곳이 아니라 가장 약한 서관을 목표로 했을까? 보도된 레이더 자료에 의하면 당시 위치에서 비행기가 서관에 가서 충돌하려면 아주 고난이도의 나선하강을 했어야만 했다는 사실을 감안하건대 이 의문은 더욱 강해진다.[63] 다시 말하면, 펜타곤에 그처럼 적은 손상을 입히는 것은 사실 기술적으로 어려운 일이었다.

5. 경험이 없는 조종사가 비행기를 조종할 수 있었을까?

이와 같은 나선하강은 너무나 어려울 뿐만 아니라 그럼에도 불구하고 너무나 완벽하게 실행되었기 때문에 실로 공식설명에 반대하는 네 번째 주장을 불러일으킬 수밖에 없다. 이 주장은 납치범들이 받았다는 최소한의 훈련만으로는 그 어떤 조종사도 이렇게 조종할 수 없다는 것이다.[64] 이 이슈에 대하여 아메드는 그가 생각하기에 공식설명 중에서 '정말 말이 안 된다고(real kicker)' 생각하는 부분을 군사전문가인 스탠 고프의 설명을 인용해서 지적하고 있다.

> 그들은 우리가 경비행기와 세스나 조종법을 교육하는 플로리다 경비행기학교에서 훈련받은 조종사가 마지막 7,000피트를 2분 30초 만에 내려오는 정교한 나선하강을 실행한 다음, 펜타곤 건너편에 있는 전기선을 잘라낼 정도로 비행기를 수평으로 낮게 조종했으며, 460노트의 속도에서 이 건물의 측면을 향해 정밀조준하여 돌진했다고 믿기를 원한다…… 경비행기학교에서 이만큼 조종을 잘할 수 있도록 교육받았다는 이론이 설득력을 잃어가자, 납치범들이 모의조종훈련을 더 많이 받았다고 덧붙였다. 이것은 마치 초보운전자인 십대 청소년에게 러시아워의 고속도로에서 운전할 수 있도록 비디오운전게임을 사줘서 준비시켰다고 말하는 것과 같다.[65]

이 주장은 당시 조종사였던 것으로 전해지는 하니 한주르(Hani Hanjour)가 아마추어였을 뿐만 아니라 그 중에서도 특히 부진했다는 보도가 있다는 사실에 의해 더욱 힘을 얻는다. ≪뉴욕 타임스≫에 따르면,

> 직원들은 한주르를 공손하고 온순하며 매우 조용한 사람으로 생각했다. 그러나 무엇보다도 한 전직 직원은 직원들 모두가 한주르를 아주 무능한 조종사라고 생각했다고 말했다. 그는 "나는 아직까지도 그가 펜타곤을 향해 비행할 수 있었다는 데 대해 놀라움을 감출 수 없다"고 말했다. "그는 전혀 날 줄을 몰랐다."

그리고 CBS 뉴스의 보도에 의하면,

> 하니 한주르가 아메리카 항공기를 펜타곤으로 몰고 갔다고 보도되기 몇 달 전에 애리조나 항공학교의 관리자들은 FAA에 적어도 다섯 번은 보고를 올렸다. 그들의 보고는 그가 테러리스트일 수도 있다는 우려 때문이 아니라, 그의 영어와 비행실력이 너무나 나빴기 때문이다…… 그들은 그가 조종사 면허를 가지고 있으면 안 된다고 생각했다. 애리조나 항공학교의 관리자인 페기 셰브렛(Peggy Chevrette)은 "나는 그가 그 실력을 가지고 뭐가 됐든 상

업적 면허증을 가지고 있다는 것을 믿을 수가 없었다"고 말했다.[66]

그 누가 이 조종사를 보고 펜타곤에 충돌한 비행기가 보여준 완벽한 비행능력을 감당했으리라고 믿을 것인가?

6. 제77편이 정말 30분 동안 실종될 수 있었는가?

공식설명에서 나타나는 다섯 번째 문제점은 제77편이 그 어떤 레이더 시스템에도 포착되지 않은 채 29분 동안 워싱턴을 향해 날아갔다는 것이다. 펜타곤 대변인은 다음과 같이 공식발표했다. "간단히 말해 펜타곤은 이 비행기가 우리 쪽으로 오는지 알지 못했다."[67] 톰슨은 반문한다. "비행기가 미국의 영공에서 실종된다는 것(그렇게 오랫동안)을 상상할 수 있는가?"[68]

발표대로 해당지역의 항공관제탑이 트랜스폰더가 꺼진 비행기를 추적할 수 있는 어떤 종류의 레이더 시스템도 가지고 있지 않았다는 것이 사실이라고 하더라도,[69] 적어도 FAA 시스템은 비행기가 워싱턴을 향하는 항로로 되돌아오는 것을 분명히 추적할 수 있었을 것이다.[70] 더욱이 펜타곤은 "민간 시스템들과는 비교도 안 되는 매우 정교한 레이더 감시시스템을 몇 개" 보유하고 있다고 메이산은 주장한다.[71]

예를 들어 PAVE PAWS 시스템은 "북미 영공에서 벌어지는 그 어떤 것도 놓치지 않는다." 자체 웹사이트에 의하면, 그것은 "거대한 잠수함발사 탄도미사일(SLBM: Submarine Launched Ballistic Missile)의 공격으로 파악되는 다량의 표적들을 감시하고 발견할 수 있다." 이 모든 능력을 가지고도 다름 아닌 펜타곤을 향해 날아오는 거대한 비행기한 대를 발견할 수 없었다는 말을 믿을 수 있겠느냐고 메이산은 질문한다.

7. 왜 공격이 표준행동절차에 의해 차단되지 않았는가?

펜타곤 공격에 대한 구체적인 이 모든 의문들은 차치하고라도, 펜타곤 공격에 대한 공식설명은 근본적인 의문을 남긴다. 납치범들의 주도하에 제77편이 펜타곤을 타격한 것이라면, 왜 표준행동절차에 의해 차단되지 않았는가? 비판가들에게는 공격이 세계무역센터에 대한 두 번째 타격시점으로부터 30분 후에 일어났고, 따라서 펜타곤에 있는 국가군사통제센터(National Military Command Center)가 최고 수준의 경계태세에 있었어야 하며, 또한 펜타곤은 지구상 최고의 방어를 자랑하는 건물일 것이므로 펜타곤 공격에 대한 의문은 더욱 커질 수밖에 없다.[72] 그 당시 펜타곤에 대한 방어가 전혀 이루어지지 않은 사실을 두고 공식설명은 어떻게 말하고 있는가?

첫 번째 버전에 의하면, 앞에서 본 것처럼, 펜타곤이 타격을 입기 전까지는 전투기출격명령조차 떨어지지 않았다는 것이다. 그러나 정부 관계자들이 얼마 못 가 이 버전을 포기했기 때문에 두 번째 버전에 대한 비판으로 초점을 옮겨보자. NORAD가 내놓은 이 두 번째 버전은, FAA가 9시 24분[73]에야 NORAD에 제77편이 납치되었으며 워싱턴을 향하고 있다고 보고했다는 것이다. 그 시각은, 공식설명에 의하면, FAA와 비행기 간의 무선통신이 두절된 지 34분, 레이더에서 비행기가 사라진 지 28분 후의 시점이다. 그 후 9시 27분에야 NORAD는 랭글리 공군기지에 있는 전투기에 출격명령을 내렸다. 이 전투기들은 펜타곤이 9시 38분에 공격을 받은 지 15분이 지날 때까

지도 도착하지 않았다는 말이다.[74]

비판가들은 이 설명에 몇 가지 질문을 던진다. 왜 NMCC와 NORAD가 더 좋은 레이더 시스템을 가지고도 독자적으로 그 비행기의 동태를 감시하지 않았는가? 설사 우리가 이 질문을 접어둔다고 하더라도 FAA가, 특히 9시 3분으로부터 얼마 후에는 시스템에 있는 모든 사람들이 납치된 비행기 두 대가 세계무역센터로 돌진했음을 알았을 상황에서 어떻게 그렇게 여유만만할 수 있었을까? "그렇게 많이 늦었다는 게 믿어지는가? 아니면 전투기 출격이 처음부터 없었다는 것을 감추기 위해 정보를 조작한 것인가?"[75] 또 왜 NORAD가 FAA로부터 최종보고를 받은 후 비행기를 출격시키는 데 3분이나 더 걸렸는가? 그리고 왜 겨우 10마일 거리에 있고 워싱턴을 보호하는 임무를 맡은 앤드루스 공군기지가 아닌 워싱턴에서 130마일이나 떨어진 랭글리에 출격명령을 내렸을까?

이 마지막 질문과 관련하여, ≪USA 투데이≫는 펜타곤의 취재원을 인용하여 앤드루스에는 "남아 있는 전투기가 없었다"고 보도했다. 같은 날에 그 신문의 또 다른 기사는 앤드루스에 전투기가 있기는 했지만 "그 전투기들은 경계태세에 있지 않았다"고 보도했다.[76] 바이코프(Bykov)와 이스라엘(Israel)은 두 기사는 전혀 신빙성이 없을 뿐만 아니라 미국 군사정보 웹사이트에 게재된 내용과도 모순된다고 주장한다. 웹사이트에 의하면, 앤드루스는 113편대 121전투대대로서 F-16 전투기들을 보유하고 있고, "자연재해나 민간 비상사태에 대응하여 컬럼비아 지구(워싱턴) 보호 능력과 준비태세를 갖춘 군사력을 제공한다." 앤드루스는 또한 "정교한 F/A-18호넷(역자주: 미 해군 및 해병대의 주력 신예 전투기)을 보유하고 있으며, 군대가 항상 대기상태에 있을 수 있도록 필요한 정비와 보급을 맡은"[77] 예비대대의 지원을 받는 321해병전투공격대대를 보유하고 있다. 앤드루스에는 또한 컬럼비아 주방위군(District of Columbia Air National Guard: DCANG)이 주둔하고 있으며, 자체 웹사이트에 의하면 주방위군의 "임무"는 "전투부대를 최상의 준비태세로 유지하는 것"이라는 것이다.[78] 이러한 증거에 덧붙여, 앤드루스 기지에 경계태세를 갖춘 전투기가 없었다는 주장이 날조된 것임은, 널리 보도된 것처럼, 펜타곤이 공격을 받은 직후 앤드루스에서 출격한 F-16들이 워싱턴 상공을 비행하고 있었다는 사실[79]로도 알 수 있다고 비판가들은 말한다. 따라서 왜 펜타곤이 허위정보를 유포했을까 하는 심각한 의문을 갖지 않을 수 없다.

또 다른 의문은 9·11 이후 웹사이트의 일부 내용이 왜 바뀌었는지이다. 예를 들어, 컬럼비아 주방위군의 웹사이트는 "컬럼비아 주방위군의 단위부대와 NGB가 최상의 준비태세를 유지할 수 있도록 지원하는 평화시의 지휘와 통제 및 관리·감독 기능을 제공한다"는 "비전"을 가지고 있다고만 말한다.[80]

아무튼 NORAD나 NMCC의 관계자들이 공격을 저지할 수 있는 시간에 왜 전투기가 나타나지 않았는지를 설명하기 위해 단순히 말을 지어낸 게 아니라면, 왜 랭글리에서 전투기를 출격시켰는지는 수수께끼로 남는다고 비판가들은 지적한다. 정말 그랬다면 그 이야기에는 알려지지 않은 뭔가가 더 있다고 비판가들은 지적한다. 톰슨은 만약 공식설명이 주장하는 것처럼(공식설명의 틀 안에서 시작해서) F-16 전투기들이 9시 30분에 이륙하였다면 전투기들은,

> 제77편보다 먼저 워싱턴에 도착하기 위해서는 700mph를 약간 웃도는 속도로 비행하기만 하면 된다. F-16의 최고속도는 1,500mph이다. 설사 1,300mph로 비행했다 하더라도 6분이면 워싱턴에 도착할 수 있었고, 그 시점이면 제77편이 충돌한 것으로 보도된 그 어떤 시각보다도 훨씬 앞선 시각이다.[81]

비판가들은 이 전투기들이 15분이나 늦게 도착했다는 것은 말도

안 된다고 생각한다. 조지 제뮬리(George Szamuely)는 "만약 F-16 전투기들이 150마일을 비행하는 데 30분이 걸렸다면, 300mph 이상으로는 속도를 내지 않았다는 말이고 그것은 최고 속도의 20퍼센트밖에 내지 않았다는 뜻이 된다"고 지적한다.[82] 또한 처음부터 앤드루스 기지에서 전투기들이 출동했다면 시간은 더 여유가 있었을 것이다.

더 심각한 의문은 왜 전투기들이 워싱턴 상공을 그보다 훨씬 앞서 비행하지 않았는가 하는 것이다. NORAD의 지휘통제자인 마이클 젤리넥(Michael Jellinek)은 세계무역센터에 대한 첫 번째 공격이 있은 지 얼마 후의 시점에 항공비상전화회의를 위하여 NMCC, 전략지휘부, 지역사령관들, 연방비상사태 대응기관들 사이에 전화가 연결됐다고 말한 것으로 보도되었다. 어느 시점에서인가 부시 대통령과 체니 부통령, 주요 군 관계자들, FAA와 NORAD 지도자들, 백악관, 에어 포스 원 모두가 그 통화상에 있었다고 한다. NMCC 국장인 몬터규 윈필드(Montague Winfield) 준장은 "그 순간 미국에 벌어지고 있던 그 모든 일에, 모든 관련 정부기관들이 그 회의에 참석해 있었다"고 말한 것으로 전해진다. 통화는 펜타곤 폭발 이후까지 계속되었다고 알려졌다.[83] 이와 같은 공인된 사실이 암시하는 것은, 이 모든 관계자들과 기관들이, 제77편이 납치당한 것으로 추정된 8시 56분 이후와 제175편이 충돌한 직후인 9시 3분에 워싱턴에서 모든 비행기의 이륙이 중단되었다는 점을 알았으리라는 사실이다. 톰슨은 "왜 비상사태가 이 시간에 워싱턴에서 모든 비행기의 이륙을 멈출 정도로 중요하다고는 생각하면서도, 워싱턴을 방어하기 위한 한 대의 비행기라도 출격시킬 정도로 중요하다고 생각하지는 않았는가?"라고 되묻는다.[84]

8. 왜 펜타곤은 소개(疏開)되지 않았는가?

세계무역센터에 대한 두 번째 타격인 제175편의 추락사건에 관한 심각한 의문 중의 하나는 왜 사람들에게 빌딩이 안전하니 자리로 돌아가도 된다는 방송이 있었는가 하는 것이었다. 설사 공식설명을 받아들인다고 하더라도, 펜타곤에 대한 공격에서도 비슷한 의문이 있다. 이 설명에 의하면 레이더상에서 제77편은 워싱턴을 향해 유턴하는 것이 나타난 직후인 8시 56분에 실종되었다고 한다. 직원들이 펜타곤을 '원폭투하지점(Ground Zero)'이라고 부르고 같은 이름의 스낵바가 있을 정도였음을 감안할 때,[85] 세계무역센터에 대한 공격을 알게 된 순간 왜 즉각적으로 직원들을 대피시키지 않았을까? 더욱이 8시 56분 이후에 바로 대피를 실시하지 않았다고 하더라도, 9시 25분에는 항공관제 직원들이 미확인 고속비행물체가 펜타곤과 백악관을 향하고 있다는 것을 발견했음에도 왜 소개명령을 내리지 않았을까? 펜타곤이 타격을 받기까지 남아 있는 13분 동안, 추측컨대 거의 모든 사람들이 대피할 수 있었을 것이다.

왜 이와 같은 조치가 실행되지 않았는가에 대하여 펜타곤 대변인은 "펜타곤은 이 비행기가 우리 쪽으로 오고 있었다는 것을 몰랐을 뿐"이라고 답변했다. 국방장관 럼스펠드나 그의 최고 보좌관들도 특히 충돌 직전까지 그 어떤 위험도 인지하지 못했다고 한다.[86] 그러나 ≪뉴욕 타임스≫에 의하면, 8시 46분 첫 번째 비행기가 세계무역센터에 충돌한 이후, "(펜타곤의) 동쪽에 있던 (국가군사지휘본부의) 관계자들은 법률집행요원 및 항공교통 통제요원들과 긴급히 대책을 논의하고 있었다"고 한다. 그리고 공식설명에 의하면, FAA는 NORAD에게 9시 24분경 제77편이 워싱턴으로 되돌아가고 있는 것 같다고 보고했다.[87] 이런 보고들을 언급한 다음 톰슨은 "지휘본부 외에 펜타곤의 다른 모든 사람들이, 심지어 국방장관마저도 그 정보를 알지 못했다는 것을 믿을 수 있는가?"라고 묻는다.[88] 만약 그것이 사실이 아니라면 왜 서관에 있던 사람들은 희생되도록 내버려졌을까?

9. 메이산의 이론에 대한 공식대응

메이산의 이론이 출판되었을 때, 미 정부관계자들은 즉각 이를 비판했다. 2002년 4월 2일, FBI는 다음과 같은 성명을 발표하였다.

> 감히 9월 11일에 펜타곤에 충돌한 것이 AA77이 아니라고 주장하는 것은 궁극적으로는 9월 11일에 있었던 테러 공격의 희생자인 AA77 탑승 승객 59명의 남녀노소와 펜타곤에서 일한 125명의 헌신적인 군인 및 민간인 직원들을 추도하는 데 대한 모욕이다.[89]

같은 달 하순 이와 비슷한 성명이 국방부의 이름으로 빅토리아 클라크(Victoria Clarke)에 의해 발표되었다.

> 나는 그런 암시를 하는 것조차 말이 안 된다고 생각한다. 그리고 무엇보다도 9월 11일 여기서 사망한 약 200명의 희생자의 친구, 친지, 가족들과 뉴욕에서 사망한 몇 천 명의 희생자들에 대한 믿을 수 없는, 정말 믿을 수 없는 모욕이다.

메이산은 물론 125명의 펜타곤 직원들이 테러리스트들에 의해 무자비하게 살해되었다는 데는 동의한다. 다만 그는 이런 잔인한 테러리스트들의 정체에 대한 공식설명의 시각에 반대할 뿐이다. 그는 또한 이 일에 책임이 있는 사람들에 대해 거짓된 설명을 고의적으로 퍼뜨리는 것이야말로 희생자나 그 가족과 친구들에 대한 모욕이라는 데 동의한다. 다만 그는 누가 그 모욕을 퍼붓고 있는지에 있어 다른 의견을 가지고 있을 뿐이다. 물론 이러한 상호비방은 아무런 문제도 해결할 수 없다. 우리에게 필요한 것은, 메이산과 다른 비판가들이 세계무역센터와 펜타곤에 관한 공식설명에 대하여 제기한 심각한 의문들을 철저히 조사하는 것이다.

펜타곤 공격에 연관된 증거들을 보면, 서론에 거론한 세 번째 시나리오는 배제되는 것 같다. 그 시나리오는, 공격계획에 미 정부 관계자들이 참여하지 않았다는 것이었다. 그러나 공식설명에 대한 비판가들, 특히 메이산이 제시하는 펜타곤 공격에 관련된 증거들을 살펴보면, 최소한 이 경우에는 미 군부의 적극적 계획이 필수불가결한 것으로 보인다(왜냐하면 미군에 소속된 비행기만이 펜타곤의 대미사일방어포대에 아군이라는 신호를 보냄으로써 요격을 피할 수 있는 트랜스폰더를 가지고 있을 것이기 때문이다). 비록 이 증거에 의하더라도 이 계획에 참여한 자들이 군 내부에 있는 사악한 집단의 소속일 가능성도 있지만, 앞서 말한 것처럼 그 음모자들에는 펜타곤 자체의 NMCC 관계자들까지 포함되어 있어야 한다. 또한 만약 럼스펠드가 세계무역센터 타워나 펜타곤에 대한 공격을 예측했다는 이야기들이 사실이라면, 펜타곤의 민간지도자가 공격예상시기를 알았다는 말이 된다.

■■■■

이 세 대의 비행기에 관하여 우리가 분석한 바를 요약하면, 비판가의 시각에서는, 9·11에 관한 공식설명을 사실에 비추어 자세히 조사해보건대, 우리 정부와 군부의 지도자들이 믿을 수 없을 정도로 무능했거나 아니면 범죄에 공모하였거나 이 두 가지 가능성밖에는 없다. 그리고 무능의 소치라는 이론의 문제점은, 캐나다의 저명한 기자인 배리 즈위커(Barrie Zwicker)가 말하는 것처럼, "무능하면 대부분 징계를 받아야" 하는데도 "알려져 있는 한 징계가 있었다는 보도는 전혀 없었다." 뒤이어 그는 "이 사실은 나로 하여금 ─ 그리고 다른 언론으로 하여금 ─ '손을 떼라'는 명령이 있었던 것은 아닌지 묻게 한다"고 덧붙인다.[90] 자신의 질문에 대해 그는 다음과 같은 대답을 내놓았다.

거의 두 시간 동안 벌어진 드라마 전체에 걸쳐 단 한 대의 미 전투기도 너무 늦기 전에는 바퀴를 돌리지 않았다. 이유가 뭘까? 몇 분 내에 출격할 수 있도록 훈련된 무장 전투기 조종사들이 완전히 무능했던 것이 원인인가? …… 이런 간단한 몇몇 질문을 던지다보면 공식설명이 솔직히 신빙성이 없다는 것을 발견하게 된다. 더 많은 의문들을 따라가다 보면 다른 설명, 즉 최고위의 미 군부, 정보기관, 그리고 정치지도부의 일부가 9월 11일 벌어진 일에 공모했다는 설명이 신빙성을 더한다.[91]

고어 비달(Gore Vidal)도 같은 결론에 도달한다. "행정부의 부작위는 전적으로 '연방기관들의 기능붕괴'의 결과라는 가정을 벗어나는" 그 어떤 조사도 거부하는 정부의 태도에 주목하면서, 그는 다음과 같이 결론지었다.

우리는 우리가 영원히 알아서는 안 될 그 이유 때문에 '붕괴(breakdown)'라는 것을 희생양으로 삼아야 한다. 실은 붕괴가 아니라 '손을 떼라'였을 가능성이 높다는 것을 캐물어서는 안 된다. 1시간 20분 동안 영공에 전투기를 띄우지 않은 것은 분명, 동부 해안을 따라 늘어서 있는 공군기지들 전체의 기능이 붕괴되었기 때문이라고 볼 수는 없다. 의무규정인 표준행동절차를 중지시키기 위한 지시가 있었다.[92]

즈위커와 비달 모두 무능(incompetence)이 아니라 공모(complicity)가 ─ '붕괴'가 아니라 '손을 떼라'가 ─ 세계무역센터에 대한 공격이 어떻게 성공할 수 있었는지에 대한 더 설득력 있는 설명이라고 결론 지었다.

이 논의와 관련된 것으로서는 마이클 파렌티(Michael Parenti)의 분석도 있다. 그는 이렇게 말했다. 정치지도자들은 때때로 "무능한 것으로 가장한다" — 그들이 어떤 불법작전에 적극적으로 참여했다는 것을 부인하기 위해서 말이다. 이 무능이라는 변명은 그 후 '다양한 논객들에 의해 적극적으로 받아들여졌다.' 왜냐하면 그들로서는 지도자들이 '고의적 사기에 가담했다는 것'보다는 무능해서 고생하는 것이라는 편이 낫기 때문이다. 여기서 벌어진 일이 정말 그런 것일까? 아메드는 자레드 이스라엘(Jared Israel)의 논의를 비판하면서 9·11과 관련하여 공식설명이 암시하는 정도의 무능이 있었던 것이라면 "비상사태에 대응함에 이처럼 제도적으로 무능하다는 증거가 다른 비상사태들이나 비행기 피랍이 의심스러운 예전의 상황에서도 종종 나타났어야 한다. 그러나 그런 증거는 없었다"[93]고 지적한다. 이런 질문은 답변되어야 하지 않는가? 입수할 수 있는 모든 증거에 의하면, 평상시에는 완벽하게 작동하던 시스템이 이런 공격의 날에 갑자기 너무나 많은, 설명할 수 없는 고장을 일으킬 수가 있는가?

9·11 희생자의 가족도 빠뜨리지 않고 이 부분에 의문을 제기했다. 예를 들면, 세계무역센터에서 남편이 희생된 크리스텐 브레이트와이저(Kristen Breitweiser)는 필 도너휴(Phil Donahue)의 TV쇼에서 다음과 같이 말했다.

첫 번째 비행기가 첫 번째 타워에 충돌한 지 1시간이 지난 후에 …… 비행기가 어떻게 우리의 국방부에 충돌할 수 있었는지 나는 이해가 되지 않는다. 어떻게 그게 가능한지 이해할 수 없다. 나는 합리적인 사람이다. 그러나 우리가 국방비로 5,000억 달러를 쓴다는 사실을 두고도, 첫 번째 타워가 타격을 받은 지 1시간 후에 …… 비행기가 우리의 펜타곤을 공격할 수 있다고 나에게 말하는 것인가? 이 나라에는 트랜스폰더가 끊어졌을 때 따라야 할 절차와 프로토콜이 있음에도, 그것은 9월 11일에 실시되지 않았다.[94]

우리에게는 그녀의 질문에 답변할 의무가 있지 않은가?

■■■

이번 장의 흥미로운 각주: 원고를 수정하는 동안, 2001년 10월 12일 국방장관 럼스펠드가 펜타곤에서의 한 인터뷰에서 테러리스트들이 사용하는 다양한 종류의 무기들을 이야기하는 와중에 "이 건물을 파괴하는 데 사용된 미사일"이라고 언급했음을 알게 되었다.[95] 실수로 흘린 것일까?

3 제93편: 그것은 요격된 비행기였는가?

앞에서 말한 세 대의 비행기에 관하여 제기된 문제의 요점은 ─ 펜타곤에 충돌한 비행물체의 정체가 의심스럽다는 것뿐만 아니라 ─ 저지되었어야 할 비행기가 요격되지 않았다는 사실이다. 비판가들은 유나이티드 항공 93편의 운명은 그 반대의 경우라고 말한다. 요격되지 말았어야 할 비행기가 요격되었다. 폴 톰슨의 시간표는 이런 결론을 내리기 위해 필요한 증거를 제공한다.

이 시간표의 첫 번째 부분에 있는 주요 항목들은 다음과 같다. 제93편은 뉴어크(Newark) 공항에서 예정보다 41분 늦은 오전 8시 42분에 출발했다. 9시 27분에 승객 중 한 명인 톰 버넷(Tom Burnett)이 부인에게 전화해서 비행기가 납치되었으니 FBI에 연락하라고 말했고 그녀는 그대로 했다. 9시 28분에 지상관제 직원들은 비명과 격투소리를 들었다. 9시 34분 톰 버넷이 다시 부인에게 전화를 했고, 부인은 세계무역센터에 대한 공격이 있었다는 것을 알렸다. 그는 자신이 탄 비행기가 '자살공격'을 하려고 한다는 걸 깨달았다. 9시 36분 비행기는 워싱턴을 향해 방향을 돌렸다. 9시 37분에 제러미 글릭 (Jeremy Glick)과 다른 두 명의 승객들도 세계무역센터에 대한 공격이 있었음을 알게 되었다.[1] 9시 45분에 톰 버넷은 부인에게 자기가 보기에는 납치범들의 주장과는 달리 그들은 폭탄을 가지고 있지 않으며, 그와 다른 승객이 계획을 짜고 있다고 말하였다. 비행기가 격추되기 19분 전인 이 시각 FBI는 통화내용을 듣고 있었다. 9시 45분, FBI가 듣고 있는 가운데, 토드 비머(Todd Beamer)라는 승객은 버라이존(Verizon) 무선전화회사 상담원과 비행기의 상황을 설명하는 긴 통화를 시작했다.[2] 9시 47분 직후, 제러미 글릭은 모든 사람들이 납치범들을 공격하기로 투표하였고, 납치범들에게 총은 없고 칼만 있다고 부인에게 말했다(이 점과 납치범들이 사실은 폭탄을 가지고 있지 않을 것이라는 확신 때문에 그들은 성공할 수 있으리라는 기대를 더 많이 갖게 되었다).[3] 9시 54분 톰 버넷은 부인에게 다시 전화했다. 초기에 보도된 바에 의하면 그는 다음과 같이 말했다. "나는 우리 모두 죽게 될 것을 안다. 우리 셋이 뭔가 해보려고 한다."[4] 더 완전한 나중 보도에 의하면 그는 훨씬 낙관적이었다. "이 일은 우리한테 달려 있다. 나는 우리가 해낼 수 있을 것이라고 생각한다." 그리고 그는 그들이 시골 지역의 상공에서 비행기를 탈환하려 한다고 덧붙였다.[5]

톰슨의 시간표에 나타나 있는 다음 사건들은 승객들이 — 그들 가운데 한 명은 전문적인 조종사였고 또 한명은 관제원이었다[6] — 비행기를 탈환할지도 모른다는 것이 분명해진 후에 비행기가 격추되었음을 제시한다. 9시 57분에 납치범 중의 한 명이 조종실 밖에서 격투가 벌어졌다고 말하는 것이 들렸다. 박에서는 "저들을 잡자"는 소리가 들렸다. 9시 58분에 토드 비머는 승객들이 비행기의 뒤쪽에서 "급습하기로" 계획했다고 말하면서 전화를 끊었다. 그 다음 그는 유명한 말을 남겼다. "준비됐습니까? 시작합시다(Are you ready guys?

Let's roll).”[7] 9시 58분에 자기 남편과 통화하던 한 승객은 “그들이 시작할 것 같다. 그들은 강제로 조종실로 들어가고 있다”고 말하였다. 조금 후에 그녀는 “그들이 하고 있다! 그들이 하고 있다! 그들이 하고 있다!”고 외쳤다. 그러나 그녀의 남편은 그 후 전화기 너머로 비명소리를 들었고, 다음에는 “바람소리 같은 ‘휭’ 하는 소리를 들었다.” 그 후 더 많은 비명소리가 들렸고, 뒤이어 통화가 끊어졌다.[8] 화장실에서 전화를 걸고 있던 또 다른 승객은 통화가 끊어지기 바로 직전 “폭발소리 같은” 것을 들었고, “비행기로부터 하얀 연기가 나는 것을” 보았다고 말한 것[9]으로 알려졌다(몇 달 후 FBI는 이 통화를 녹음한 내용에 연기나 폭발 같은 말은 없다고 부인했지만, 이 전화를 받았던 사람은 언론과의 접촉을 금지당했다).[10] 제러미 글릭의 통화를 같이 듣고 있던 사람은 다음과 같이 말했다고 한다. “침묵은 2분 정도 계속되었고 다음에는 기계음이, 그리고 더 많은 비명소리가 들렸다. 마지막으로 다시 기계음이 들렸고, 다음에는 아무 소리도 들리지 않았다.”[11] 더욱이 한 신문기사에 의하면 “소식통은 조종실 음향기록기에서 들린 마지막 소리가 바람소리였고 그것은 비행기에 구멍이 났다는 뜻이라고 주장한다.”[12] 톰슨은 이 기록은 승객들이 비행기 탈환을 감행한 직후에 비행기가 — 하나 또는 두 개의 미사일에 의해 — 그야말로 ‘구멍이 났다’는 것을 보여준다고 믿는다.

톰슨은 조종실의 기록테이프와 공식발표된 추락시점에 대해서도 의문을 제기한다. 희생자의 친척들은 이 테이프를 듣도록 허락받았다. 그것은 9시 31분에 시작해서 31분 동안 계속된 다음 10시 2분에 끝난다. 만약 미 정부가 주장하는 것처럼 추락이 10시 3분에 있었다면, 이 시점은 추락시각에 매우 가깝다. 그러나 지진자료에 대한 연구는 추락이 10시 6분이 약간 지나서 발생하였다는 결론을 내렸고, 그로 인하여 ≪필라델피아 데일리 뉴스(*Philadelphia Daily News*)≫지는

"테이프에 담긴 3분간의 모순"이라는 제목의 기사를 게재했다. 톰슨은 "이 테이프의 마지막 3, 4분은 어떻게 되었나?"라고 묻는다.[13] 그리고 그는 이 비행기의 기록에서 실종된 것은 이것뿐이 아니라고 보고한다. 10월 16일에 정부는 제93편만을 제외한 나머지 비행기들의 관제기록을 발표했다.[14]

보도에 의하면 9시 56분 직후 드디어 전투기들이 납치범들의 통제하에 있는 것이면 어떤 비행기든 저지하여 격추시키라는 명령이 내려졌다고 하는데, 비행기가 격추되었다는 의문과 관련하여 이 점은 매우 중요하다.[15] 그 후 얼마 지나지 않아 군사보좌관이 부통령 체니에게 다음과 같이 말했다고 한다. "80마일 떨어진 곳에 비행기가 있습니다. 전투기가 그 지역에 있습니다. 교전할까요?" 그 질문에 대해 체니는 "Yes"라고 대답했고 그 후 F-16은 제93편을 추격했다.[16] 전투기가 제93편에 접근하는 동안 체니는 전투기가 교전을 해야 될 것인가에 대해 두 번이나 더 확인을 요청받았고, 재차 확인해주었다고 전해진다.[17] 또한 NMCC의 윈필드 준장은 나중에 "어느 순간, 회의를 마칠 시간이 되었는데도 아무 일도 벌어지지 않았다. 그만큼 NMCC는 긴장으로 가득 차 있었다"고 말했다.[18] 더욱이 10시 8분에 부시 대통령이 제93편의 추락에 대한 보고를 받았을 때 그는, "우리가 격추시킨 것인가 추락한 것인가?"라고 물었다고 전해진다.[19] 톰슨의 시간표에 포함된 이런 보고들은 몇몇 사람들이 제93편을 격추시키려는 의도를 가지고 있었다는 것을 갈해준다.

그 지역에 전투기가 있었다는 보고로 인하여 제93편이 실제 요격되었다는 톰슨의 의심은 더욱 커진다. 추락 직전, CBS TV는 두 대의 전투기가 제93편을 뒤쫓고 있다고 보도했다. 그리고 관제관계자들은 언론과 접촉해서는 안 된다는 명령을 무시하고, 한 관제직원이 "F-16 전투기가 제93편을 근접추격하고 있었다 …… F-16은 민간항공기에 접근하기 위해 360도 회전을 했다"고 말한 것으로 전해진다.[20) 그 지역에 전투기가 있었다는 사실은 지상의 많은 목격자들에 의해 더욱 강하게 뒷받침되고 있다. ≪인디펜던트(Independent)≫지의 기사에 의하면, "적어도 6명 정도 실명을 밝힌 개인들이 …… 유나이티드 항공기가 추락한 사고 지점에서 몇 분 거리에 있는 곳에서 …… 두 번째 비행기가 낮게 날아가는 것을 보았다고 한다. 그들은 그 비행기가 후방엔진이 있고 눈에 띄는 마크는 없는 작고 하얀 전투기라고 표현했다."[21) FBI는 이 비행기가 페어차일드 팰컨 20(Fairchild Falcon 20) 상용 제트기라고 주장했다.[22) 그러나 한 여성은 다음과 같이 말했다.

아무 표시도 없는 하얀 비행기였지만 그것은 분명 군용기였다 …… 그것은 두 개의 후방엔진을 달고 있었고, 스포일러처럼 큰 수직안전판을 뒤에 달고 있었다 …… 그건 분명히 임원들의 상용 제트기는 아니었다. FBI는 내게 와서 근처에 비행기란 없었다고 말했다 …… 그러나 나는 비행기를 보았고 그것은 추락 직전에 거기 있었으며 내 머리 바로 위 40피트 정도 높이에 있었다. 그들은 내 이야기를 원하지 않았다.[23)

≪인디펜던트≫에 보도된 것처럼 그녀의 증언은 많은 공감을 얻었고, 다른 몇몇 사람들도 하얀 비행기를 보았으며, 톰슨이 인용한 사람들 몇 명은 후방엔진을 보았다거나 눈에 띄는 마크는 없었다는 등 상세한 부분까지 덧붙이고 있다는 것으로 확실히 뒷받침되고 있다.

비행기가 격추되었다는 더욱 강력한 증거는 그 소리를 들은 목격자들의 증언이다. 한 목격자는 그녀가 비행기의 엔진소리를 들은 다음 "아주 큰 '쿵' 하는 소리"를 들었고, 그 다음에 "두 번 더 '쿵' 소리를 들은 후에는 더 이상 비행기의 엔진소리를 못 들었다"고 말하고 있다. 다른 목격자는 "커다란 '쾅' 하는 소리"를 들었다고 하고 또 다른 이는 비행기가 돌면서 떨어지는 것을 보기 전에 "두 번의 큰 '쾅' 소리"를 들었다고 전한다. 또 한 사람은 "뭔가 문제가 있는 것 같은 소리"를 들었고 비행기는 그 후 "돌멩이처럼 갑자기 떨어졌다"고 한다. 다른 이는 "큰 '쾅' 소리"를 들었고 그 다음 비행기의 오른쪽 날개가 기울고 나서 땅으로 곤두박질치는 것을 보았다고 말한다. 그리고 샹스빌(Shanksville)의 시장은 '미사일소리'를 들었다는 두 사람을 알고 있으며, 그 중 한 명은 "베트남에서 복무한 사람인데 그 사람이 소리를 들었다고 한다"고 말한 것으로 전해진다. 톰슨은 일부 설명에는 모순된 부분도 있지만 "거의 모든 설명들이 미사일 공격이 있었음을 뒷받침한다"고 결론짓는다.[24]

이런 결론은 비행기 잔해의 위치에 대한 보고들에 의해 더욱 강화된다. 첫째, 엔진 하나에서 떨어진 0.5톤 무게의 잔해가 1마일 떨어진 곳에서 발견되었다. 한 신문기사는 이 사실에 대해 "홍미롭다"고 말했는데, 그것은 "F-16에 탑재된 열추적 공대공 미사일이라면 보잉 757의 두 개의 큰 엔진 중 하나를 목표로 삼았을 가능성이 높기 때문이다."[25] 하나 또는 두 개의 미사일 공격이 있었다는 주장에 들어맞는 사실이 또 있다. 톰슨도 언급하는 바이지만, 목격자들이 비행기에서 불타는 잔해가 떨어지는 것을 최고 8마일이나 떨어진 곳에서 보았다고 말했다는 것이다. 인디언 호(湖) 주위의 인부들은 "폭발소리를 들은 몇 분 후 색종이구름 같은 잔해들이 호수와 근처 농장들에 떨어지는 것"[26]을 보았다고 말했다. 실게로 이 잔해들은 시체조각으로 보이는 잔해들과 함께 추락지점으로부터 8마일이나 떨어진 곳에서 발견되었다고 전해진다.[27]

제93편이 격추되었을 것이라는 추론은 군부와 정부 관계자들의 뒤이은 발언들에 의해 더욱 강하게 뒷받침된다. 한 F-15 조종사는 오후 일찍 뉴욕 상공 순찰임무를 마치고 돌아오는 길에, F-16 전투기가 펜실베이니아에서 네 번째 비행기를 격추시킨 사실을 들었다고 말했다고 한다.[28] 이 소문은 상당히 널리 퍼져 있어서 9월 13일 군사위원

회가 마이어스 장군을 인터뷰할 때, 칼 리빈(Carl Levin) 의원은 국방
부가 그 어떤 비행기에 대해서든 조치를 취한 적이 있는지를 질문하
면서, "펜실베이니아에 추락한 비행기는 격추당했다는 말이 있다"고
언급하였다. 리빈 의원은 "그런 이야기들이 계속된다"고 덧붙였다.
비록 마이어스는 "군부는 그 어떤 비행기도 격추시키지 않았다"고
선언했지만,29) 국방부 차관인 폴 월포위츠는 "펜실베이니아에 추락
한 피랍비행기를 공군이 추적하고 있었다 …… 그리고 만약 필요하
다면 격추시킬 수 있는 위치에 있었다"고 말한 것으로 전해진다.30)

　톰슨은 정부가 비행기를 격추시킬 필요를 느꼈으리라고 생각하지
만 그것은 납치범들이 임무를 달성할 것 같아서는 아니다. 톰슨은 왜
제93편만이 공중에 머물러 있을 때 전투기 조종사들에게 납치된 비
행기들을 격추시킬 권한이 주어졌는가 하고 묻는다.31) 이것은 물론
톰슨이 이 비행기와 관련된 증거들을 보고 품게 된 심각한 의문이다.
그가 내놓는 암묵적인 대답은, 승객들이 납치범들로부터 비행기를
성공적으로 탈환하는 증거가 나타난 상황에서 이 비행기는 안전하게
착륙할 유일한 비행기가 되는데, 그것은 무엇보다 취조당할 납치범
들이 생존해 있을 가능성이 있음을 의미한다는 것이다. 따라서 해석
을 하면, 제93편에 관련된 증거는 앞에서 본 세 대의 비행기를 격추
시키지 못한 원인은 무능이 아니라는 결론을 내릴 수 있는 더 많은
근거를 보여주고 있다. 이 증거는 당국이 비행기를 격추시키고자 한
다면 무능이나 비협조 같은 것들 때문에 실패하지는 않았다는 것을
암시한다.

　이 비행기에 대한 증거는 앞의 경우들처럼 공격을 계획하는 데 미
군부 지도자들의 적극적인 관여가 있었음을 암시한다. 또한 보다시
피 이 경우에는 예상치 못한 상황전개 때문에 추가조치까지 취해야
했다. 제93편(그리고 제77편)에 관한 수정된 설명을 받아들인다면, 서

론에 열거한 여러 레벨의 정부공모 시나리오들 중에서 다섯 번째 단계 이하의 모든 시나리오들은 배제된다.

이 이야기의 흥미로운 부분은 제93편의 운명을 좌우한 요인이 공항에서 41분 늦게 출발한 사실이라는 점이다. 비행기 네 대 모두는 출발예정시각이 거의 비슷했고, 따라서 각각의 목표물들을 거의 같은 시간에 공격할 예정이었을 것이다. 다른 세 대의 비행기들은 출발이 10분에서 16분 정도만 지연되어 어느 정도 시간을 잘 맞췄다. 그러나 제93편은 출발이 41분이나 늦었기 때문에 납치범들이 비행기를 탈취했을 시각은 세계무역센터로 향한 두 대의 비행기가 이미 그들의 목표물에 도달한 때였다. 따라서 제93편에서 전화를 걸던 승객들은 자신들이 탄 비행기가 자살공격을 하리라는 사실을 알게 되었다. 따라서 세계무역센터로 향하던 두 대의 비행기에 탑승한 승객들과는 달리, 제93편에 있던 승객들은 그들이 분명히 죽게 되리라는 것을 알고 비행기의 탈환을 시도하기로 결심했다.[32] 비행기의 출발이 그렇게 늦어지지 않았더라면 승객들은 이런 시도를 하지 않았을지 모르고 따라서 이 비행기 또한 목표물에 명중했을지도 모른다.

나아가 이 비행기가 목표물에 명중했더라면, 우리는 지금 제93편이 맡은 임무가 어떤 면에서는 가장 파괴적이었다고 회고하고 있을지도 모른다. 국회의사당 건물의 소개는 미확인 비행물체가 워싱턴 상공을 가로지르고 있다는 것이 발견된 지 23분 뒤, 그 비행물체가 펜타곤을 공격한 지 10분 뒤인 9시 48분까지 시작되지 않았다. 만약 제93편이 거의 정시에 출발했더라면 어떻게 되었을까? 톰슨은 "제93편의 목표물은 국회의사당 건물이었다고 나중에 보도되었다. 만약 비행기의 이륙이 40분 지연되지 않았더라면, 대부분의 상원의원들과 국회 내의 사람들이 희생되었을 가능성이 있다"고 말한다.[33] 아마도 톰슨의 이런 발언은 의원들로 하여금 9·11에 대한 더욱 광범위한 조사에 착수하도록 유도하려는 것인지도 모른다.

또한 제93편에 대한 또 다른 중요한 가설은 그 목표가 백악관이었을 것이라고 하는데, 비판가들은 백악관 또한 왜 더 일찍 소개되지 않았는지 의문을 갖는다. 많은 보도에 의하면, 부통령 체니와 국가안보보좌관 라이스는 비밀요원들의 인도하에 9시 3분 백악관 지하벙커로 대피한 것으로 되어 있다.[34] 그러나 백악관 전체에 걸쳐 대피가 시작된 시각은 40분이나 지난 뒤인 9시 45분이었다.[35] 만약 9시 3분에 체니와 라이스가 위험을 감지했다면 왜 다른 사람들에게는 대피를 권하지 않았을까? 더욱이 델러스의 항공관제탑으로부터 고속의 비행기가 백악관을 향하고 있다는 보고를 받은 9시 25분 직후에라도 왜 백악관이 소개되지 않았는가? 이 의문은 제77편에 대한 공식설명에 따르면 더욱 심각해진다. 공식설명에 의하면, 승객들은 비행기가 백악관에 충돌할 것이기 때문에 모두 죽게 되리라고 들었다.[36] 만약 그게 사실이라면, 백악관의 소개는 펜타곤이 타격을 받은 시점으로부터 7분이 지날 때까지도 시작되지 않았기 때문에 펜타곤에서 일하던 사람들이 아니라 백악관에서 일하던 사람들이 죽었을 것이다. 그렇다면 우리는 또 다른 심각한 의문을 갖지 않을 수 없다. 펜타곤과 세계무역센터와 함께 백악관이나 국회의사당에서 희생을 초래할 계획이 있었는가?

4 대통령의 행동: 왜 그렇게 행동했는가?

공식설명에 대한 심각한 의문은 9·11의 비행기 네 대뿐만이 아니라 당일 부시 대통령의 행동에서도 비롯된다. 비판가들이 의문을 제기하는 부분은 많지만, 필자는 그 중 가장 심각한 부분들만 다루도록 하겠다.

대통령의 그날 일정은 플로리다의 사라소타 학교를 방문하여 학생들이 책을 읽는 것을 듣는 '사진 찍기 위한 행사'였다. 그는 오전 9시 직전에 학교에 도착해서, 적어도 공식설명의 한 버전에 의하면, 비행기 한 대가 세계무역센터에 충돌했다는 소식을 들었다. 비판가들은 그 시점에는 이 비행기와 다른 두 대의 비행기가 납치되었다는 것이 이미 알려진 때이기 때문에 대통령 또한 그 사실을 알았으리라고 가정할 수 있다고 지적한다. 따라서 알란 우드(Allan Wood)와 폴 톰슨(Paul Thompson)은 다음과 같은 문제를 지적한다.

제11편의 세계무역센터에 대한 충돌에 관한 첫 번째 언론보도는 충돌이

있은 지 2분 뒤인 8시 48분 정도에 시작되었다. CNN은 그 시각 정규방송을 중단했다…… 따라서 몇 분 내로 수백만 명이 소식을 접했지만, 부시는 10분이 더 지난 후에도 상황을 모르고 있었던 것으로 되어 있다.[1]

비판가들은 이 부분을 믿기 어려워한다.

배리 즈위커(Barrie Zwicker)는 경호업무를 비롯한 대통령의 여행업무 담당직원들은 "세계 최고의 통신장비를 가지고 있다"고 주장한다. 따라서 세계무역센터가 첫 번째 비행기에 의해 타격을 받은 시점으로부터 1분 내에 경호원들과 대통령은 그에 대해 알았을 것이라고 즈위커는 말한다.[2] 톰슨은 실은 부통령 체니가 실수로 사실을 실토했다고 지적한다. 9월 16일 '언론과의 만남(Meet the Press)'에서 있었던 인터뷰에서, 체니는 "경호진은 FAA와 유기적으로 협조한다. 그들은 세계무역센터가 …… 될 때 통화 중이었다"라고 말을 꺼내다가 멈췄다고 톰슨은 덧붙인다.[3] 따라서 대통령의 자동차 행렬에 있던 비밀요원들은, 대통령이 탄 차량에 함께 탄 요원들을 포함하여, 차량 행렬이 9시에 학교에 도착하기 전에 이미 세계무역센터에 대한 첫 번째 공격에 대해서 알고 있었을 것이다. 사실 공식설명 중에서도 백악관 언론비서관인 아리 플라이셔(Ari Fleischer)가 첫 번째 공격을 학교 가는 길에 알았다고 말한 부분이 있다. 이 발언을 언급하면서 톰슨은 "부시는 충돌 즉시 그 사건에 대해 들었을 것이고 다른 이들도 들었으리라고 생각하는 것이 합리적이다. 그럼에도 불구하고 부시와 다른 이들은 그가 학교에 도착하기 전까지 이를 듣지 못했다고 주장한다"고 덧붙였다. 물론 여기서 톰슨이 암시하는 의문은 이것이다. 만약 부시 대통령이 학교에 도착하기 전에 충돌에 대해 알고 있었다면, 왜 몰랐던 척한 것일까?

부통령이 실수로 밝힌 경호진과 FAA 간의 통화는 공식설명의 또 다른 부분에서 더 커다란 난점을 드러낸다고 비판가들은 지적한다.

비행기가 세계무역센터에 충돌한 사실을 알고 난 후, 부시 대통령은 충돌을 "끔찍한 사고"[4]라고 언급했다고 전해진다. 그러나 위에서는 일부분만 요약했지만 즈위커의 전체 진술을 보면, 그 시각이면 경호진과 대통령이 몇몇 비행기들이 납치되었음을 알았을 것이라고 한다. 그렇다면 어떻게 부시 대통령이 세계무역센터의 첫 번째 충돌을 사고라고 말할 수 있었을까? 여기서 생기는 심각한 의문에 대해 의견을 제시하면서 톰슨은 "부시와 그의 보좌관들은 국가비상사태가 발생하였다는 것을 모르는 척 연기를 하고 있었던 것인가? 만약 그랬다면 이유가 무엇인가?"라고 묻는다.[5]

아무튼 그 당시 대통령은 백악관 안보보좌관인 콘돌리자 라이스의 전화를 받고 최신정보를 알았다고 보도된다. 추측컨대 라이스는 대통령에게 모든 납치사실뿐만 아니라 CIA 국장인 조지 테넷(George Tenet)이 오사마 빈 라덴이 테러 공격을 감행하기 위해 납치를 지휘했다고 판단한 부분도 분명 알렸을 것이다.[6] 그러나 대통령은 학교의 교장에게 "민간 항공기가 세계무역센터에 충돌했고, 우리는 예정대로 하고 …… 아무튼 책 읽기는 계속하겠다"고 말했다고 한다.[7]

비판가들은 이 부분을 믿을 수 없다고 말한다. 납치된 비행기 한 대가 테러 임무를 이미 완수한 상황이고, 만약 주장하는 것처럼 납치를 예상치 못한 것이라면, 이는 미국이 역사상 최악의 테러 공격을 받은 것을 의미한다. 그럼에도 불구하고 국가원수는 모든 납치된 비행기들을 격추시킬 수 있는 준비태세를 군부에 확인하지 않고 오히려 준비된 일정대로 움직였다. 이 이상한 행동은 우드와 톰슨이 요약한 상황설명에서도 잘 나타난다.

오전 8시 48분경 …… 불타는 세계무역센터의 첫 사진들이 생방송으로 방영되었다 …… 그 시각, 연방항공관리국(FAA), 북미우주항공방위통제국

(NORAD), 국가군사지휘센터, 펜타곤, 백악관, 경호진, 그리고 캐나다의 전략지휘부 모두가 세 대의 민간항공기들이 납치됐다는 사실을 알았다. 그들은 비행기 한 대가 의도적으로 세계무역센터의 북쪽 타워에 돌진했다는 것을 알았다. 두 번째 비행기는 항로에서 한참 벗어나 있었고 더욱이 맨해튼을 향하고 있었다…… 그런데도 왜 오전 9시 3분에 — 미국이 테러 공격을 받고 있는 상황이라는 것이 분명해진 지 15분이 지난 후에 — 부시 대통령은 초등학교 2학년 아이들과 마주 앉아 예정대로 20분짜리 사진촬영용 행사를 가졌는가?[8]

부시의 행동은 그의 비밀요원들이 목표물 중 하나는 대통령일 것이라고 가정했으리라는 사실에 비추어보면 더욱 놀랍다. 실제로 두 번째 비행기가 세계무역센터에 충돌하는 텔레비전 보도를 보면서 한 비밀요원은 "여기서 나가야 한다"라고 말한 것으로 전해진다.[9] 그러나 요원들 중 한 명이 정말 그렇게 말했다 하더라도 결과에서 드러나다시피 그의 권유는 무시되었다. 반면 같은 시각 체니와 라이스는 백악관 지하의 벙커로 급히 피신했다고 보도되었다.[10] 그럼에도 불구하고 "어떤 이유에서인지는 모르겠지만, 비밀요원들이 부시는 빨리 데리고 나가지 않았다"고 ≪글로브와 메일(*Globe and Mail*)≫은 논평한다. 톰슨은 "왜 같은 시각 부시에게는 이런 일이 일어나지 않았는가?"라고 묻는다. "왜 경호진은 부시를 알려진 위치로부터 다른 곳으로 인도하지 않았는가?"[11] 이 질문을 파고드는 이유는 우드와 톰슨이 지적하다시피, "납치범들이 비행기를 부시가 있던 장소에 추락시켰을 수 있는데도 그의 요원들은 이를 막기 위해 아무 조치도 취하지 않았다는 뜻이기 때문이다."[12]

이처럼 무사태평인 듯한 행동은 거의 한 시간 동안 이어졌다고 비판가들은 지적한다. 정보전문가인 제임스 뱀포드는 다음과 같이 적었다.

국가가 공격당하는 상태라는 것을 방금 들었는데도, 국가원수는 더 이상의 세부사항에 대해 관심이 없는 듯했다. 그는 또 다른 위협이 있는가, 어디서 공격이 오고 있고, 어떻게 하면 국가를 또 다른 공격으로부터 가장 잘 보호할 수 있는가에 대한 질문들을 전혀 하지 않았다…… 그 대신 현대판 진주만의 상황에서, 그는 단순히 당면한 문제로 등을 돌렸다. 그것은 바로 오늘의 사진행사.[13]

이 사진행사는 위에서 말한 바와 같이, 초등학교 2학년 아이들이 애완염소에 대한 책을 읽는 것을 대통령이 듣는 행사였다. 부시가 교실에 들어온 지 몇 분이 지난 후, 그의 수석 보좌관인 앤드류 카드(Andrew Card)가 들어와서 그의 귀에 뭔가 속삭였고, 그것은 두 번째 공격을 전한 것으로 알려져 있다. 그러나 대통령은 잠시 멈춘 후에, 아이들에게 독서시범을 보이도록 하였다. 이 기괴한 행동을 강조하기 위해 뱀포드는 이렇게 덧붙였다.

부시 대통령이 그의 독서교육을 계속하고 있는 동안, 불타는 세계무역센터 안의 상황은 더욱더 절망적으로 악화됐다…… 몇 분 안에 사람들은 타죽거나 질식하기보다는 빨리 죽는 쪽을 택하여 뛰어내리기 시작했다.[14]

이런 일이 벌어지고 있는 동안, 대통령은 아이들이 "애완용 염소. 여자아이가 애완용 염소를 가지게 되었어요. 그러나 염소가 아빠를 화나게 했어요"라고 읽는 것을 듣고 있었다. 이렇게 몇 분 동안 들은 후, 부시 대통령은 "정말 잘 읽는군요. 와! 6학년이 틀림없어요!"라고 농담을 던졌다.[15]

대통령의 행동과 뉴욕에서 벌어지고 있는 일을 대조하는 것이 마음 상한다고 생각한 또 다른 사람은 비행기공격으로 타워에서 희생된 사람들 중 한 명의 부인인 로리 반 오큰(Lorie van Auken)이다. 대통령이 학생들과 수업하는 것을 담은 비디오를 입수해서 그녀는 그

것을 보고 또 보았고, 나중에 "나는 내 남편이 빌딩에서 불타고 있는 동안 대통령이 거기 앉아서 2학년 아이들의 말을 듣고 있는 걸 계속 보지 않을 수 없었다"고 말했다. 또한 보좌관에게서 국가가 공격당하고 있다는 것을 막 듣고도 대통령이 어떻게 농담을 할 수 있는지 그녀는 의아해했다.[16]

농담을 한 것뿐만 아니라 대통령은 전혀 비상사태에 있는 국가 원수처럼 행동하지 않고 그저 어슬렁거렸다. 실제로 ≪워싱턴 타임스≫의 백악관 출입기자인 빌 새먼(Bill Sammon)은 『파이팅 백(*Fighting Back*)』이라는 책에서, 부시가 "대놓고 시간을 끌고 있었다"고 적고 있다.[17] 중요한 점은, 대부분의 이슈와 관련하여 백악관의 견해를 대변하고 전체적으로 대통령에게 매우 동정적인 편인 이 책마저도 그렇게 쓰고 있다는 사실이다. 새먼에 의하면, 수업을 마치고 부시는 다음과 같이 말했다.

> 와! 여기 있는 사람들은 정말 책을 잘 읽습니다. 아주 대단합니다! 여러분의 읽기 실력을 보여주어서 대단히 고맙습니다. 내가 장담하는데, 여러분은 분명 연습도 많이 할 것입니다. 여러분, 연습 많이 하지요? TV 보는 것보다 책을 더 많이 읽지요? 그렇게 하는 사람? TV보다 책을 더 많이 보는 사람? (손들이 올라간다) 와, 그거 대단한데! 아주 좋아요. 연습은 아주 중요해요! 나를 초대해주어서 고마워요. 아주 인상적이었어요.[18]

그 다음에도 부시는 학생들에게 학교를 다녀야 하고 좋은 시민이 되어야 한다고 충고하면서 계속 이야기하였다. 그리고 그는 아이들의 질문에 대한 대답에서 그의 교육정책에 대해 말했다.[19] 새먼은 부시가 "세상에 아무 걱정도 없는 사람처럼" 그리고 "상상할 수 있는 가장 편한 태도로" 아이들과 웃으면서 이야기를 나눈 것으로 묘사한다. 그 후 기자가 대통령에게 뉴욕에서 무슨 일이 있었는지 들었냐고 물었을 때 부시는 "나중에 이야기하겠다"고 말한 다음, "대니얼스(담임)에게 다가와 악수를 나누고 또 다른 사진 한 컷을 위해 왼팔을 그녀의 뒤로 내렸다. 그는 아주 여유롭게 시간을 보내고 있었다……부시는 기자들이 사라질 때까지 계속 남아 있었다." 새먼은 부시를 사실상 "어슬렁거리는 원수"라고 표현한다.[20]

대통령의 행동에 대한 비판에 자극을 받았는지, 놀랍게도 백악관은 1년 후 다른 설명을 내놓았다. 부시의 수석보좌관인 앤드류 카드는 그가 대통령에게 세계무역센터의 두 번째 공격을 알리자, 부시가 "선생님과 학생들에게 매우 공손하게 실례한다고 말한 후" "몇 초 안에" 교실을 떠났다고 말한 것으로 알려졌다.[21] 새로운 이야기에서 카드는 "몇 초 지나지 않아 대통령은 교실에서 빠져나왔다"고 말했다.[22] 백악관은 9·11에 대한 그 어떤 거짓말에도 언론이 도전하지 않으리라는 것을 너무나 확신하여, 이 이야기가 비록 부시를 지지하는 새먼의 책이나 그날 녹화된 비디오와 완전히 모순되는 한이 있더라도 별 걱정 없이 이렇게 말했다. 우드와 톰슨은 비디오가, "이런 발언은 '몇 초 안에'가 700초 이상을 뜻하는 게 아닌 한 거짓말이라는 것을 보여준다"고 지적한다.[23]

아무튼 다시 진짜 역사로 돌아가, 마침내 대통령은 9시 16분에 그의 고문들을 만나기 위해 교실을 떠났고, 9시 29분에 발표한 전국적인 TV성명을 준비한 것으로 보도된다. 톰슨은 "성명은 발표된 대통령의 공식일정장소에서 정확한 그 시각에 실행되었고 ─ 그것은 바로 부시를 테러리스트들의 잠재적 목표물로 만드는 행위이다"라고 지적한다.[24] 그것은 부시뿐만이 아니다. 앤드류 카드와 칼 로브가 나중에, 왜 대통령은 두 번째 공격소식을 듣자마자 교실에서 빠져나오지 않았느냐는 질문을 받자, 그들은 대통령이 아이들을 당황하게 만들고 싶지 않았기 때문이었다고 답변했음을 톰슨과 우드는 지적한다. 그러나 톰슨과 우드는, "왜 부시는 아이들에 대해 걱정한다면서,

아이들과 학교에 있는 나머지 약 200명의 사람들을 테러 목표물로 만들지 않을 생각은 못했는가?"라고 묻는다.[25] 그 대답은 부시가 사실은 위험이 없음을 알았기 때문이라는 것일까?

아무튼 대통령과 그 일행은 예정된 차량으로 예정된 길을 따라 공항으로 향했고 그 사이에 그들은 펜타곤이 공격당했으며 대통령 전용비행기인 에어 포스 원(Air Force One)이 테러 목표물이라는 것도 들었다고 보도된다. 그럼에도 불구하고 군대의 에스코트 명령은 없었다. 톰슨은 "놀랍게도 그의 비행기는 그 어떤 전투기의 보호도 없이 이륙했다"고 말한다.[26] 아직도 미국의 영공에 3,000대가 넘는 비행기가 떠 있었고, 그 시각 몇 대의 비행기가 더 납치되었는지 전혀 알 수 없었다고 생각하면, 이 점은 특히 놀라워 보인다. 예를 들어 30분쯤 후 FAA는 6대의 비행기가 실종되었다고 말했고 — 이 숫자는 후에 체니가 언급했다 — 어떤 시점에서는 11대가 납치되었을지도 모른다고 의심했다고 톰슨은 보고한다.[27] 더욱이 칼 로브에 따르면, 경호진은 "에어 포스 원에 대한 구체적 위협"을 알았다고 한다.[28] 그렇다면 왜 24시간 비상대기 전투기를 보유한 근처의 군사기지 두 곳 중 하나에서 전투기를 호출하지 않았는가?[29]

그 상황에서 9·11의 희생자 가족들은 대통령이 보여준 이상한 행동에 대해 그냥 넘어가지 않았다. 예를 들면 어떻게 비행기가 펜타곤에 충돌할 수 있는가 하는 의문을 제기하면서 앞에서 언급된 크리스텐 브레이트와이저는 또 다음과 같이 말했다.

> 우리가 공격받고 있다는 것은 분명했다. 왜 경호진이 대통령을 밖으로 데리고 나가지 않았을까? 그는 플로리다의 지역TV에 생방송으로 출연했다. 테러리스트들이 플로리다에 있었다면 …… 왜 그가 25분이나 앉아 있었는지 알고 싶다.[30]

당시 대부분의 관심은 9시 55분 에어 포스 원이 이륙한 후 부시 대통령이 워싱턴으로부터 멀리 떨어진 곳에 오랜 시간 머물렀다는 사실에 기울어졌다. 일부 해설가들은 아마도 대통령이 두려워서 그랬을 거라고 추측했다. 실제로 이 점에 대해 대통령을 비판한 일부 기자들은 일자리를 잃었고[31] — 나중에 언론이 그 어떤 사실조작에 대해서도 도전하지 않으리라고 백악관이 자신한 이유를 그 사실로써 설명할 수 있을지도 모른다. 아무튼 비판가들은 중요한 의문은 왜 최초의 1시간 동안 두려움이 없어 보였는지에 있다고 말한다. 이 의문이 암시하는 바는 물론 심각한 것이다. 대통령과 적어도 경호진 선발대는 그가 목표물이 아님을 알았는가?

부시 스스로 나중에 한 말도 부시행정부가 공격에 대해 미리 알고 있었다는 아이디어를 더욱 암시해준다. "나는 교실 안으로 들어가기 위해 밖에 앉아 있었고, 비행기가 타워에 부딪치는 것을 보았다 — TV는 물론 켜져 있었고, 나 자신도 비행기를 조종해보았으며, 나는 '저기 참으로 불행한 조종사가 있다'라고 말했다."[32] 공식설명에 의하면, 적어도 15분 후까지[33] 부시는 TV에 접근할 수 없었다는 전제를 감안할 때, 부시의 증언은 의문을 낳는다. ≪보스턴 헤럴드≫의 기사는 다음과 같이 적고 있다.

그걸 생각해보라. 부시의 말은 그가 첫 번째 비행기가 타워에 부딪치는 것을 보았다는 뜻이다. 그러나 첫 번째 비행기가 부딪치는 비디오는 그 다음날까지는 없었다는 것을 우리 모두 알고 있다. 부시가 말하는 것은 그가 많은 미국인들이 목격한 두 번째 비행기의 충돌을 보았다는 것인가? 아니다. 왜냐하면 그는 카드가 그의 귀에 두 번째 비행기가 부딪쳤다고 속삭였을 때 교실에 있었다고 말했기 때문이다.

부시가 이 이야기를 여러 번 했다는 것을 지적하면서, 필자는 다음과 같이 묻는다. "어떻게 비행기가 첫 번째 빌딩으로 날아가는 것을 최고사령관이 ― 그 순간에 그대로 ― 볼 수 있었는가?"[34]

이것은 아주 훌륭한 질문이다. 그러나 이것은 기자 개인들이 제기했지만 여론매체들이 사장시킨 많은 훌륭한 질문들 중 하나에 불과하다. 그들은 대답을 찾아내지 않았다.

그러나 티에리 메이산은 그럴듯한 대답을 제시하고 있다. "대통령 자신이 선언한 바에 따르면, 미합중국의 대통령은 두 번째 충돌이 일어나기 전에 첫 번째 충돌 사진들을 보았다"는 것이다. 이것을 지적하면서 메이산은 부시가 보았다고 보도된 사진들은 "프랑스의 다큐멘터리 제작자인 줄스(Jules)와 기드온 노데(Gedeon Naudet)가 우연히 찍은 필름일 수는 없다"고 강조한다. 왜냐하면 "그들의 비디오는 사건 당시로부터 13시간 후까지 개봉되지 않았기 때문이다." 따라서 9·11 아침에 부시는 우리가 보고 또 본 첫 번째 충돌의 사진들을 보았을 수는 없다. 따라서 메이산은 이렇게 말한다.

> (사진들은) 그의 방문을 위해 학교 안에 준비된 안전통신실로 부시에게 실시간으로 전송된 비밀 이미지들이었을 것이다. 그런데 미 정보기관들이 첫 번째 공격을 찍을 수 있었다는 말은 그들이 사전에 정보를 가지고 있었다는 것을 뜻한다.[35]

메이산이 제시하는 것은, 달리 말하면, 비록 대통령이 비행기가 첫 번째 빌딩으로 충돌하는 것을 '생방송으로' 본 것은 아니지만, 적어도 그 자신이 말하는 것처럼 교실에 들어가기 전에는 보았다는 것이다.

■ ■ ■

공식설명을 비판하는 사람들의 견해를 요약하면, 9·11 당일 부시 대통령의 행동이야말로 최고 레벨의 정부와 군부 관계자들이 그날의 충격적 사건들에 대한 사전지식을 가지고 있었으며, 나아가 그 사건이 벌어지도록 용인했다는 앞의 추론을 강력히 뒷받침해주고 있다.36) 무엇보다 대통령의 행동이 보여주는 결정적인 의문들에 의하면, 앞서 제시된 가능한 시나리오의 리스트 중에서 처음 다섯 가지 시나리오 — 백악관은 그 어떤 공격도 예측하지 못했다는 전제에 기초한 것 — 를 배제할 수 있을 것으로 보인다. 최소한 부시 대통령과 그의 경호진이 보여준 행동은 백악관이 모종의 공격을 예상하였다는 여섯 번째 시나리오를 암시하는 것 같다. 더욱이 만약 우리가 부시가 교실에 들어가기 전에 TV를 통하여 첫 번째 세계무역센터의 충돌장면을 보았다는 증언에 대한 메이산의 추측을 받아들인다면 — 백악관이 테러의 목표물과 공격시간에 대한 사전지식을 가지고 있었다는 — 일곱 번째 시나리오도 가능해진다. 그 시나리오는 또한 부시 대통령과 경호진이 자신들은 공격의 목표물이 아님을 알고 있는 듯한 증거에 의해서도 뒷받침된다.

　요컨대 공식설명에 대한 비판가들이 보기에는, 모종의 정부공모에 관한 이 결론은 9·11 당일의 사건을 사건 전후의 관련 정보의 문맥과 종합해보았을 때 더욱 강력해진다. 이 더 큰 문맥이 제2부의 주제가 될 것이다.

제2부 더 큰 문맥

제2부 더 큰 문맥

5 미국정부 관계자들이 9·11에 대한 사전 정보를 가지고 있었는가?

공식설명에 대한 비판가들은 9·11이라는 사건을 더 큰 문맥에서 보는 방법은, 공식설명과 모순되는 네 가지 종류의 증거를 살피는 데서 출발한다고 주장한다. 이 장에서 필자는 미국 정부가 공격이 있기 전에 정보를 가지고 있었다는 첫 번째 종류의 증거를 조사하겠다.

부시행정부 주요 관계자들 중 많은 이들은 9·11은 전혀 예측할 수 없었던 사건이라고 주장했다. 예를 들어 부시의 국가안보 보좌관인 콘돌리자 라이스는 2002년 5월에 "나는 누군가 이들이 비행기를 세계무역센터에 충돌시키고, 또 다른 비행기를 펜타곤에 충돌시키며, 비행기를 납치해 미사일로 …… 사용하려는 시도를 예측할 수 있었다고 생각하지 않는다"[1]고 말했다. 그 다음 달에 발표된 대통령 교서에서 부시 대통령은 "내가 본 모든 것을 토대로 판단하더라도, 나는 그 누구도 9·11의 참사를 막을 수 있었으리라고 생각하지 않는다"[2]고 말하였다. 미 상·하원의 정보위원회가 실시한 합동조사의 최종보고서에 기재된 또 다른 주장은 다음과 같다. 비록 테러리스트들이 미국 내에 있는 목표물들을 공격하리라는 징후들은 일부 있었지만, "정보기관들이 일반적으로 예측한 내용은 2001년 상반기에 빈 라덴의 공격은 해외에 있는 미국 이익 관련 대상물을 목표로 할 가능성이 높다"[3]는 것이었다. 이런 일반적 주장은 세부적으로는 두 가지의 구체적 주장으로 분류될 수 있는데, 그 두 가지 주장 모두 공식 설명에 대한 비판가들로부터 도전을 받고 있다.

1. 그런 공격들의 '가능성'이 예견되지 않았는가?

두 가지 주장 중의 하나는, 누군가 비행기를 공격무기로 사용하리라는 가능성조차 상상해본 적이 없다는 것이다. 예를 들어 국방 관계자 중 한 명은, "우리 가운데 그 누구도 우리의 영공이 커다란 비행기에 의해 위협받으리라고는 상상하지 못했을 것이다. 내가 아는 한 그런 생각을 한번이라도 해본 사람은 없다"[4]고 말했다고 한다. 약 1년 뒤 백악관 언론비서관 아리 플레이셔도 "공격이 일어나기 전까지 그런 가능성을 상상해본 사람이 없었다고 말하는 게 타당하다고 생각한다"고 언급했다.[5]

그러나 비판가들은 이런 주장과 반대되는 증거들이 많다고 지적한다. 예컨대 1993년에 펜타곤의 위촉을 받은 전문가 패널은 유명한 건물을 폭격하기 위해 비행기가 미사일처럼 사용될 수도 있다고 주장했다. 그러나 이 부분은 이 패널의 보고서인 「테러 2000」에서 누락되었는데, 그것은 "국방부가 빼라"고 지시했기 때문이라고 저자 중 한 명은 말한다. 그러나 1994년에 이 전문가들 중의 한 명은 ≪퓨처리스트(*Futurist*)≫라는 잡지에 다음과 같은 글을 기고했다.

세계무역센터와 같은 목표들은 희생자를 야기할 것이 분명할 뿐만 아니라, 그 상징성 때문에 노력에 비하여 더 큰 효과를 거둘 수 있다. 성공 가능성을 높이기 위해서 테러리스트 그룹들은 동시다발적인 작전을 고려할 가능성이 높다.[6]

같은 해 세 대의 비행기가 무기로 사용될 목적으로 피랍되었고, 그 중 한 대의 납치는 알 카에다와 연계된 테러리스트 그룹과 연관된 것으로서 그들은 비행기를 그 유명한 에펠탑에 충돌시킬 계획을 가지고 있었음이 밝혀졌다. 1995년에 상원의원 샘 넌(Sam Nunn)은 ≪타임≫지의 커버스토리에서 테러리스트들이 무선조종 비행기를 미국 국회의사당에 충돌시키는 시나리오를 언급한 바 있다.[7]

또한 1995년에는 가장 중요하고 널리 보도된 사건이 있었다. 필리핀 경찰은 프로젝트 보진카(Bojinka)라는 계획을 담고 있는 알 카에다의 컴퓨터를 발견하였는데, 그 중 한 버전은 비행기를 납치해서 세계무역센터, 백악관, CIA 본부, 펜타곤과 같은 목표물을 타격하는 내용을 담고 있었다. 뒤에 9·11의 주모자로 지목된 바 있는 칼리드 셰이크 모하메드(Khalid Shaikh Mohammed)와 그의 친척인 람시 유세프(Ramsi Yousef)[8]가 만든 것으로 추정되는 이 계획은, 1993년에 세계무역센터 공격계획을 주도한 것과 관련하여 기소된 람시 유세프(여기서 모하메드 또한 기소되었다)의 1996년 재판과정에서도 다시 등장한다.[9] 유세프에 대한 선고일자는 1996년 9월 11일이었는데, 9·11은 그 5주년 기념일이었다고 아메드는 지적한다.[10] 더욱이 공격 후에 필리핀 조사관은 "이것은 바로 보진카다 …… 우리는 보진카에 대한 모든 것을 미국에 이야기해주었다. 왜 그들은 주의를 기울이지 않았을까?"라고 말했다고 톰슨은 보고한다.[11]

새로운 위협들에 대하여 대통령과 미 정보기관들에게 자문을 제공하는 국가정보위원회는 1999년도의 테러리즘에 대한 특별보고서에서 다음과 같이 말했다.

> (1998년에 있었던) 미국의 크루즈 미사일 공격에 대한 알 카에다의 예상
> 되는 보복은……수도에 대한 여러 형태의 테러 공격이 될 수도 있다. 알
> 카에다의 순교부대의 자살폭격기가 폭탄을 가득 실은 비행기를……펜타곤
> 이나 CIA 본부 또는 백악관에 추락시킬 수도 있다.[12]

특히 펜타곤의 경우는 2000년 10월에 납치된 비행기가 펜타곤에
추락하는 것에 대비한 비상훈련을 실시한 바 있다.[13]

요컨대 그런 공격의 가능성조차 생각해본 바 없다는 주장은 분명
사실이 아니라고 비판가들은 지적한다.

2. 공격에 대한 구체적 경고가 없었는가?

두 가지 주장 중 좀더 제한적인 내용인 두 번째의 주장은, 이런 공
격이 있을 가능성에 대한 경고들이 있었기는 하지만 9·11과 관련된
구체적 경고는 없었다는 것이다. 예를 들어 9·11이 있은 지 3일 후
에, FBI 국장인 로버트 뮬러(Robert Mueller)는 "내가 알고 있는 한 이
런 종류의 사건이 국내에서 벌어질 것이라는 그 어떤 경고도 없었
다"고 말했다.[14] 일년이 지난 후에도 그는 계속해서 "지금까지도 납
치범 본인들을 제외하고는 미국에서 이 음모를 미리 알았던 사람은
단 한 사람도 발견하지 못했다"고 주장했다.[15]

이 주장이 받아들여지고 있음은 상·하원 정보위원회가 실시한 합
동조사의 최종보고서를 통해서도 알 수 있다. 이 보고서에서 말하는
첫 번째 '발견'은 다음과 같다.

비록 정보기관이 오사마 빈 라덴과 그의 테러 행위들에 대한 많은 가치 있는 정보들을 수집하였지만, 그 어떤 정보도 2001년 9월 11일로 계획된 공격의 시간이나 장소, 구체적 성격을 밝혀내지는 못했다.

앞에서 본 것처럼, 실로 이 합동조사의 최종보고서에 의하면 정보기관들이 얻은 정보는 공격이 "해외에 있는 미국의 이익 관련 대상물"로 향하리라고 예측하게 만들었다고 한다. 그러나 사실은, 9·11이 있기 몇 개월 전부터 많은 구체적 경고들이 있었고, 2001년 5월에 이르러서는 미국에 대한 공격의 경고가 과거 그 어느 때보다 많았다고 보도된 사실을 놓고 볼 때, 미국의 정보기관들은 최고의 경계태세에 있어야 했다.16) CIA 국장인 조지 테넷(George Tenet)이 6월 28일 콘돌리자 라이스에게 보낸 다음과 같은 정보요약을 보면 이 경계태세가 더욱 강화되었어야 한다는 판단이 가능하다. "알 카에다의 중대한 공격이 앞으로, 그것도 몇 주 안에 일어날 가능성이 높다."17) 그런 상황에서 상당히 구체적인 또 다른 경고가 입수되었다.

예를 들면, 7월 하순에 탈레반의 외무장관은 오사마 빈 라덴이 가까운 시일 안에 미국 국내에서 수천 명을 살상할 수 있는 '거대한 공격'을 계획하고 있다고 미국 관계자들에게 제보했다.18) 7월 26일자 CBS 보도를 보면, 그 정보에 민간비행기가 공격에 이용될지도 모른다는 내용이 포함되어 있었으리라는 가능성이 제기된다. 그 보도에 의하면, "비록 FBI나 법무부 모두 …… 위협이 무엇이고, 언제 발견되었으며, 누가 위협을 가하는 것인지 밝히기를 거부했지만"19) — 위협에 대한 정보를 평가한 후 애쉬크로프트(Ashcroft) 법무장관이 비행기 여행을 포기하기로 결정했다는 것이다. 2002년 5월에는 그 위협이 알 카에다와는 아무 관련이 없다고 판단되었다고 주장하지만, AP 연합의 보도에 의하면, 그에 대한 질문을 받은 애쉬크로프트는 대답을 하지 않은 채 사무실을 떠났다고 한다. ≪샌프란시스코 크로니클

(*San Francisco Chronicle*)≫은 "FBI는 분명 뭔가 있다는 것을 알고 있었다 …… FBI는 애쉬크로프트에게 민간항공기를 이용하지 말라고 충고했다. 나머지 우리들은 위험을 감수했어야 했다"고 불평하였다. 이 경고성 정보와 관련하여 CBS의 댄 라더는 나중에 "왜 그 정보가 대중들과 공유되지 않았는가?"라고 질문했다.[20]

8월과 9월에는 더 많은 경고가 있었다. 알 카에다에 침투한 한 모로코 요원은 빈 라덴이 1993년의 폭탄공격으로 세계무역센터를 무너뜨리지 못한 것에 실망하여, "2001년 여름이나 가을에 뉴욕에서 거대한 규모의 작전을" 계획하고 있다고 보고했고, 그 정보에 대해 의논하기 위해 미국으로 호출되어온 것으로 보인다.[21] 전직 CIA 요원인 로버트 베어(Robert Baer)는 자신이 한 아랍 왕자의 군사 자문으로부터 들었다고 하면서, CIA의 테러대응센터(Counter-Terrorism Center)에 '거대한 테러 행위'가 벌어지기 직전이라고 제보한 것으로 보도되었다.[22] 몇몇 외국 정보기관들도 관련정보를 보내온 것으로 알려진다. 예를 들면 러시아의 푸틴 대통령은 8월에 "25명 정도의 테러리스트들이 펜타곤과 같은 중요한 정부건물에 대한 공격을 포함하여 미국에 대한 공격을 준비하고 있음을, 우리 정보국이 부시 대통령에게 강력히 경고하도록 지시한 바 있다"고 나중에 말했다. 러시아의 정보국장 또한 수차례에 걸쳐 "우리는 분명히 경고했다. 그러나 그들은 적절한 주의를 기울이지 않았다"고 말했다.[23] 요르단이나 이집트, 이스라엘[24] 또한 경고를 보낸 것으로 보도되었고, 특히 이스라엘은 9·11 며칠 전에 오사마 빈 라덴과 연계된 것으로 보이는 200명 정도의 테러리스트들이 "거대한 작전을 준비하고 있다"고 경고하였다.[25]

뒤에 널리 알려진 당시의 공식적인 경고 중의 하나는, 부시 대통령에 대한 8월 6일자 정보 브리핑에 포함된 영국으로부터의 메모였다. 이 메모에서 영국 정보기관은 알 카에다가 여러 대의 비행기를 납치해서 미국에 대한 공격을 계획하고 있다고 말했다. 그러나 백악관은 이 경고를 비밀에 붙였고, 9·11 이후 대통령은 그 어떤 경고도 받은 바 없다고 거듭 주장했다. 그러나 2002년 5월 15일자 CBS 저녁뉴스는 영국 정보국으로부터 온 이 메모의 존재를 폭로하였다. 콘돌리자 라이스는 메모가 "불분명하고 내용이 빈약했으며" 한 페이지 반밖에 되지 않았다고 말하면서 그 중요성을 무시하려고 시도했다. 그러나 신문보도에 의하면 그것은 11페이지나 되었다.[26] 언론보좌관 아리 플래이셔는 분명한 어조로 "대통령은 자살폭격을 결심한 이들이 비행기를 미사일로 사용하리라는 정보를 절대로 보고받지 않았다"고 말했다.[27] 하지만 며칠 뒤에 ≪가디언≫지는 "메모(8월 6일자)에 의하면 납치된 비행기가 미사일로 사용될 것이며, 계획된 목표물은 미국 내에 있었다는 데 의심의 여지가 없었다"고 보도했다.[28] 부시행정부의 진실성을 의심할 수밖에 없는 이유는, 메모에 아무런 구체적인 내용이 없다고 주장하면서도 이를 공개하는 것을 거부했다는 사실 때문이다. 마이클 무어(Michael Moore)가 질문하는 것처럼, "만약 아무런 구체적인 내용이 없다면, 왜 공개하지 못하는가?"[29]

아무튼 설사 그 정보가 너무나 일반적인 것이라고 생각되어 9·11을 막을 수 없었다고 하더라도, 주식시장은 더 구체적인 정보를 보여주었다. 정보기관들은 임박한 재난들에 대한 힌트를 얻기 위해 주식시장을 감시한다고 비판가들은 지적한다. 9월 11일 바로 며칠 전에 세계무역센터의 22층을 모두 차지하고 있는 모건 스탠리 딘 위터(Morgan Stanley Dean Witter)와 공격에 이용된 유나이티드 항공사나 아메리카 항공사의 주식에 대해 엄청나게 많은 양의 '풋 옵션(put options)'이 팔린 것으로 드러난다.[30] 이 두 항공사들의, 그리고 오로지 이 두 항공사들의 주식거래가 "세계무역센터 공격이 있기 전 3일간

1,200퍼센트나 늘어났다."31) 풋 옵션을 산다는 것은 주가가 내려간다는 데 돈을 거는 것이고 실제 그것은 아주 유리한 내기였다. ≪샌프란시스코 크로니클≫지가 언급하는 바와 같이 "테러 공격에 대한 반응으로 주가가 떨어졌을 때 옵션의 가치는 100배나 올라갔고, 수백만 달러의 이익을 가져다주었다." 만약 어떤 투기 그룹이 위의 세 회사의 주식들에 대한 몇 천 개의 풋 옵션 중 대부분을 구매했다면, 이 그룹은 천만 달러 이상의 이익을 얻었을 것이다. 이처럼 보기 드문 풋 옵션 구매는 "투자자들이 …… 공격에 대해 사전지식을 가지고 있었을 것이라는 의심을 불러일으킨다."32)

여기서 더욱 중요한 점은, 이와 같은 사건의 전개를 지켜본 정보관계자라면 그 누구라도, 특히 다른 모든 경고들을 감안하건대, 내부에서 이런 정보를 가지고 있는 누군가가 가까운 장래에 아메리카 항공기와 유나이티드 항공기가 공격에 사용될 것이며, 그 목표물은 세계무역센터가 될 가능성이 높다는 것을 알았으리라고 쉽게 결론지을 수 있다는 점이다. 또한 정보관계자들이 이러한 이례적 사건들을 탐지하기 위해 주식시장을 감시한다는 데에는 의심의 여지가 없다고 아메드는 덧붙인다. 그는 LA 경찰국의 전직 형사이자 조사기자인 마이클 루퍼트(Michael Ruppert)가 "CIA가 오래전부터 그와 같은 거래들을 테러리스트들의 공격이나 미국의 이익에 반하는 경제적 조치들에 관한 잠재적 신호로 간주하여 감시하였음은 아주 잘 기록되어 있다"고 말한 것을 인용한다. 아메드는 "UPI 또한 미국이 후원하는 에실론(Echelon) 정보네트워크가 주식거래를 주의 깊게 감시한다고 보도하였다"라고 덧붙였다.33)

여기서 흥미로운 부분은, 2001년 3월에 부시 대통령에 의하여 CIA의 사무국장(executive director)으로 승진한 '투덜이(buzzy)' A. B. 크롱가드(A. B. Krongard)가 1998년까지는 유나이티드 항공의 풋 옵션을

사들인 주요 은행 중 하나인 도이치 뱅크의 경영진이었다는 것이다.[34] 물론 이 사실이 암시하는 바는, 크기나 중요성에서 마사 스튜워드의 내부자 거래는 비교도 안 되는 엄청난 내부자 거래가 있었을지도 모른다는 것이다.

아무튼 비판가들은 더욱 구체적인 정보가 전자도청을 통해서 확보된 것으로 보인다고 주장한다. 9·11 직전에 FBI는 "큰 것이 오고 있다" "그들은 대가를 지불할 것이다"와 같은 내용의 통신을 도청한 것으로 보도된다.[35]

■ ■ ■

9월 9일, 빈 라덴이 그의 어머니에게 말한 내용을 도청한 해외의 정보국이 메시지를 미국의 정보국에 전달한 것으로 전해지는데, 거기서 빈 라덴은 "이틀 안에 큰 뉴스가 있을 것입니다. 그리고 한동안 저에게서 소식을 듣지 못할 것입니다"라고 말했다.[36] 그리고 다음 날인 9월 10일, 미국 정보국은 알 카에다의 한 구성원이 "내일은 우리에게 위대한 날이 될 것이다"라고 말한 대화를 도청했다고 전해진다.[37] 도청된 여러 통화 중에는 국가안전국(National Security Agency)이 2001년 여름 동안 프로젝트 보진카와 1993년 세계무역센터 폭탄공격, 그리고 USS 콜(USS Cole) 폭격을 주동한 자들 중의 한 명이라고 추정되는 모하메드 아타와 칼리드 샤이크 모하메드 간의 통화를 감청한 것도 포함되어 있다고 보도된다.[38] 2001년 9월 10일자 도청에 의하면, 아타는 모하메드로부터 9·11공격에 대한 최종승인을 받은 것으로 보도된다. 이 도청내용을 보도한 2002년 9월 15일자 ≪인디펜던트≫ 기사에 의하면, 도청이 언제 통역되었는지에 대한 정보는 공개되지 않았다고 한다.[39] 그러나 미국 정보국이 2001년 6월에, 칼리드 셰이크 모하메드가 "미국으로 테러리스트들을 보내는 것"[40]에 관심이 있다는 것을 알았다는 사실을 감안할 때 이 메시지를 해석하는 것은 최우선과제였으리라고 가정할 수 있다.

그러나 미 정보기관들은 나중에 9·11 이틀 전에 받은 매우 구체적인 메시지들이 사건 이후의 시점까지 해석되지 않았다고 주장한다. 이 주장과 관련하여 중요한 사실은, 성공적인 테러 공격을 축하하는 빈 라덴의 보좌관 두 명의 통화를 미국 정부관계자가 도청한 바 있다고 상원의원 오린 해치(Orrin Hatch)가 전했다는 점이라고 톰슨은 지적한다. 9월 12일자 뉴스 브리핑에서 국방장관 럼스펠드는 해치의 배신행위에 대해 강한 유감을 표시한 것으로 알려졌고, 이 부분은 미국 정부가 사실은 이런 종류의 통화들을 실시간으로 감청하고 있음을 보여주는 것이나 마찬가지이다.[41] 구체적 정보를 받았을 뿐만 아니라 9월 10일에 이미 그 내용이 해석되었을 것이라는 판단은, 그날 "안보 문제 때문이라고 볼 수밖에 없는 이유로, 펜타곤의 주요 관계자들이 갑자기 다음날 아침의 여행계획을 취소했다"는 ≪뉴스위크≫의 보도에 의해 더욱 뒷받침된다.[42]

우리 앞에 놓여 있는 이 모든 정보들을 가지고 우리는 "정보기관들이 입수한 그 어떤 정보로도 2001년 9월 11일로 예정된 공격의 시간과 장소, 구체적 성격을 밝혀내지 못했다"라고 결론지은 합동조사 최종보고서를 제대로 평가할 수 있다. 합동조사는 이 결론과 위에 거론한 아주 구체적인 정보들 간의 모순을 무마하기 위해, "2001년 9월 8일부터 9월 10일 사이에, NSA는 임박한 테러 행위의 가능성에 관한 일부 통화들을 도청하였으나, 그 내용을 해석하지 않았거나 아니면 9월 11일 이후까지 유포하지 않았다"[43]고 말하고 있다. 그러나 이런 결론이 NSA 구성원들의 증언 외에 다른 증거에 기초한 것인지 아닌지를 파악하는 것은 흥미로울 것이다. 또한 합동조사과정에서, 9

월 10일에 왜 "펜타곤의 최고위 관계자들이 다음날 아침의 여행계획을 갑자기 취소했는지"를 파악하려고 시도했는지의 여부도 흥미로운 부분이다. 그리고 합동조사의 관계자들이, 왜 NSA가 9월 8일 이전에 이미 많은 구체적 보고들을 입수한 상황에서 9월 8일부터 9월 10일까지 도청한 경고성 정보들을 해석하고 유포하지 않았는지 — 다시 말하면, 그렇게 하지 않았다는 NSA의 주장이 정말 신빙성 있는지 — 를 조사했는가를 파악하는 것도 흥미로운 일이다.

아무튼 아메드는 미국 정부관계자들이 공격에 대한 구체적 정보를 사전에 가지고 있지 않았다는 콘돌리자 라이스의 증언을 언급하면서, 그것은 '명백한 거짓말'이라고 결론지었다.[44] 미켈 초수도브스키는 부시행정부의 구성원들이 공격을 사전에 알고 있었느냐는 논의를 언급하면서 "물론 그들은 알았다"고 말했으며, "미국 국민들은 의도적이고 고의적인 사기를 당했다"고 덧붙였다.[45] 공식설명에 대한 비판가들은 이런 결론을 뒷받침할 수 있는 확실한 증거들을 제공하였다. 이번 장에서는, 적어도 미국의 정보기관들이 공격에 대한 구체적인 정보를 가지고 있지 않았다는 처음 두 가지 시나리오를 더욱 약화시키는 증거들을 포함한 자료들이 다루어질 것이다. 나아가 이 증거들 중 일부에 의하면, 적어도 백악관은 임박한 공격에 대한 구체적인 정보를 가지고 있지 않았다는 위의 여섯 가지 시나리오를 모두 배제할 수 있을 것으로 보인다. 따라서 이 장에서 요약된 증거들이 더 많은 자세한 조사를 통하여 유효한 것으로 판명된다면, 일곱 번째와 여덟 번째를 제외한 다른 모든 시나리오들은 배제될 수 있을 것이다.

9·11의 공식설명을 비판하는 이들은 미 정부관계자들이 음모를 노출할 가능성이 있는 조사들을 적극적으로 방해했다는 증거까지·포함하면, 정부공모에 대한 누적적 증거는 더욱 강력해진다고 믿고 있다.

6 정부관계자들이 9·11 이전에 조사를 방해했는가?

앞 장에서 논의된 일부 경고성 정보가 누설된 후, 미국 정부관계자들은 항상 너무나 많은 정보가 들어오고 종종 중요한 정보와 나중에 거짓정보나 사소한 보고로 판명되는 '소음(noise)'을 구분하기가 쉽지 않다고 주장하면서 이 경고성 정보들의 중요성을 평가절하했다. 9·11과 같은 큰 재해가 생긴 후에, 관계자들이 관련된 몇몇 정보들만 골라 그 '점들을 연결'했어야 한다고 사후에 몰아붙이는 것은 공평하지 않다고 그들은 주장한다. 그러나 그런 주장이 앞의 장에서 논의된 경고성 정보들을 무시한 데 대한 정당한 근거가 될 수 있다고 하더라도(비판가들은 그럴 수 없다고 주장하지만), 거기에 그치지 않고 만약 알 카에다나 그와 관련된 개인들을 조사하는 것을 정부기관들이 고의적으로 저지했다면 정부공모가 사실이라는 결론은 더욱 강력해질 것이라고 비판가들은 말한다. 그리고 실제로 그 증거들이 존재한다고 주장한다.

1. 오사마 빈 라덴과 알 카에다 추적에 대한 반대

9·11에 대한 공식설명을 의심하는 중요한 이유 중의 하나는, 미국 정부관계자들이 빈 라덴을 사살하거나 체포하기 위해 할 수 있는 모든 노력을 다하기는커녕 기회가 있었음에도 불구하고 그런 노력을 하지 않았다는 증거라고 비판가들은 말한다. 나는 여기에 아메드와 톰슨이 발굴해낸 몇몇 에피소드를 요약하였다.

1998년 12월, CIA 국장 조지 테넷은 정보기관들에게 한 메모를 돌린 것으로 전해진다. 그 메모에서 그는 "우리는 전쟁 중이다"라고 했고, "나는 이 노력에 있어 CIA 내부나 또는 더 큰 정보공동체에 있는 그 어떤 자원이나 인력도 아끼지 않고 동원할 것이다"라고 덧붙였다. 그러나 추후 의회의 합동조사결과 드러난 바에 의하면, 그 어떤 중요한 예산변동도 없었고 이 선언을 들은 FBI 요원들도 불과 몇 명 없었다.[1]

2000년 12월 20일, 반테러리즘 전문가인 리처드 클라크(Richard Clarke)는 'USS 콜' 폭파(10월에 있었던)에 대한 대응조치로서 알 카에다를 '격퇴(roll back)'하기 위한 계획을 제출하였다. 클라크 계획의 요지는 빈 라덴의 '성역을 제거하기 위해' 아프가니스탄에서 비밀작전을 극적으로 늘리는 것이었다. 클린턴 행정부는 불과 몇 주 안에 출범할 부시행정부에 이 계획을 넘겨주었다. 그러나 1월에 부시행정부는 그 계획을 거부하였고 아무 행동도 취하지 않았다.[2]

ABC 뉴스에 방영된 보도에 의하면, 방위정보국(Defense Intelligence Agency: DIA)의 요원인 줄리 설즈(Julie Sirrs)는 2001년에 두 번 아프가니스탄으로 여행을 갔다. 첫 번째 여행에서, 그녀는 북부동맹의 지도자인 아마드 마수드(Ahmad Masood)를 만났다.[3] 두 번째 여행에서, 그녀는 빈 라덴이 마수드를 암살하려는 증거를 포함한(그리고 8장에 나

오겠지만 마수드는 실제로 9월 9일에 암살되었다) '귀중한 정보'들을 가지고 돌아왔다. 그러나 그녀는 공항에서 안전요원에게 자료를 압수당했고 뒤이어 DIA와 FBI의 조사를 받았다. 그녀는 자신이 아프가니스탄에서 얻은 정보를 그 어떤 고위 정보관계자들도 들으려 하지 않았다고 말했다. 결국 그녀의 비밀정보 사용허가는 취소되었고 그녀는 DIA를 떠났다.[4]

2001년 3월, UN의 러시아 영구 사절단(Russian Permanent Mission)은 빈 라덴과 '빈 라덴의 모든 기지들, 그의 정부 중개자, 외국 고문들을 적은 리스트'를 포함한 그의 거처에 대한 '전례 없이 구체적인 보고서' — 그들의 말에 따르면 빈 라덴을 사살할 수 있는 수준의 충분한 정보 — 를 UN 안보리에 비밀리에 제출하였다. 그러나 부시행정부는 아무 행동도 취하지 않았다. ≪제인정보리뷰(Jane's Intelligence Review)≫의 편집자인 알렉스 스탠디시(Alex Standish)는 9·11은 정보실패의 결과가 아니라 "빈 라덴에 대항하여 행동하지 않으려는 정치적 결정"의 결과였다고 후에 결론지었다.[5]

2001년 여름, 오사마 빈 라덴은 500만 달러의 현상금이 걸린, 미국이 '가장 원하는 수배자'였고 미국 정부는 그를 죽이려고 한 것으로 되어 있다. 그럼에도 불구하고 유럽의 가장 신뢰성 있는 취재원들의 보고에 의하면, 7월에 빈 라덴은 두바이(아랍에미리트)에 있는 미국 병원에서 2주간 머무른 것으로 나타난다. 빈 라덴은 미국 외과의사인 테리 캘러웨이(Terry Callaway)의 치료를 받았을 뿐만 아니라 사우디 정보국의 국장은 물론 7월 12일에는 CIA 지역요원인 래리 미첼(Lary Mitchell)의 방문도 받은 것으로 보도된다. 비록 CIA는 이 보도들을 부인하였지만 병원이나 빈 라덴 자신, 그리고 닥터 캘러웨이는 단지 언급을 거부하는 것으로 알려졌고 뉴스매체들은 기사가 옳다는 주장을 굽히지 않았다.[6]

"이 폭발적인 이야기는 유럽에서는 널리 보도되었지만, 미국에서는 거의 알려지지 않았다"고 톰슨은 지적했다.[7] 이 이야기가 11월에 알려진 후 초수도브스키는, 빈 라덴을 찾는 것은 "건초 더미 속에서 바늘을 찾는 것"과 유사하다고 말한 국방장관 럼스펠드의 발언을 인용하면서, "그러나 미국은 2001년 7월에 두바이에서 그를 체포하고 신병을 인도받을 수 있었다. 하지만 그랬다면 전쟁을 벌일 핑계가 없었을 것이다"[8]라고 말한다.

2.. 부시, 빈 라덴, 그리고 사우디 왕가의 비밀 커넥션

비판가들이 제기하는 심각한 의문 중 하나는, 부시행정부와 오사마 빈 라덴 그리고 사우디 왕가 간의 실제 관계가 대중에게 알려진 것과는 상당히 다른 것이 아닌가에 있다. 그리고 이 같은 의심에는 몇 가지 근거가 있다. 첫째, 사우디에서 가장 부유하고 영향력 있는 가문 중 하나인 빈 라덴 가문과 부시 가문은 20년이 넘도록 비즈니스 관계를 유지해왔다.[9] 둘째, 비록 오사마 빈 라덴은 그의 테러 행동으로 인하여 가문에서 버림받은 검은 양처럼 — 그래서 '선한 빈 라덴'이 '악한 빈 라덴'과 확연히 구분될 수 있도록 — 묘사되었지만, 오사마와 그의 가족간에 친밀한 관계가 지속되었다는 많은 증거가 있다.[10] 셋째, 오사마 빈 라덴이 미국의 가까운 우방인 사우디아라비아로부터 계속 비밀원조를 받고 있었다는 증거가 있다.[11] 의심을 갖게 하는 네 번째 근거는, 9·11 직후 미국정부가 사우디아라비아 정부와 공조하여 많은 빈 라덴 가문의 일원들이 미국 내 항공금지조치가 해제되기도 전에 제트기를 타고 미국에서 출국할 수 있도록 도와주었다는 보도이다.[12] 의심을 할 수밖에 없는 다섯 번째 이유는, 상·

하원 정보위원회에서 실행한 9·11에 대한 합동조사의 최종보고서가 2003년에 마침내 발표되었을 당시 미국 정부는, 주로 사우디아라비아와 관련된 내용이라고 알려진 28페이지 정도의 분량을 삭제할 것을 강요한 바 있다. 마지막으로, 간단히 말해서 납치범으로 지적된 사람들의 대부분은 사우디아라비아 출신이었다.

이와 같은 의심의 근거들은 사우디 정부와 오사마 빈 라덴, 그리고 알 카에다의 지속적 유대에 관해 알고 있는 인물들의 신뢰성 있는 보고에 의해 더욱 강화된다.

2001년 8월 22일, '오사마 빈 라덴과 그의 알 카에다 테러리스트 네트워크에 대한 미국 정부의 가장 강력한 추적자'로 알려진 반 테러리즘 전문가인 존 오닐(John O'Neill)은 그의 알 카에다 조사에 대한 계속적인 방해를 이유로 FBI를 그만두었다.[13]

FBI 최고위직 중 하나에 있었던 오닐은 그에 앞선 7월에, 알 카에다에 대한 조사를 훼방하는 주요 장애물은 "미국 석유회사의 이해관계와 사우디의 역할이다"라고 말하면서, 백악관의 방해에 대해 불평한 것으로 보도된다. 그리고 "모든 대답, 곧 오사마 빈 라덴의 조직을 분해하기 위해 필요한 모든 것은, 사우디아라비아에서 찾을 수 있다"라고 덧붙였다.[14] 오닐의 평가는 "빈 라덴과 그의 갱단은 (문어의) 촉수에 불과하다. 그 머리는 사우디아라비아에서 안전하게 미국의 힘에 의해 보호되고 있다"라고 적은 타리크 알리(Tariq Ali)의 주장과 상통한다고 아메드는 평한다.[15]

흥미롭게도 최근 9·11에 대한 공식설명의 대부분을 지지하는 저자인 제랄드 포즈너(Gerald Posner)도, 진지한 조사라면 그 어떤 것이라도 사우디아라비아에 초점을 맞추어야 한다는 아이디어를 지지한 바 있다.[16] 비록 익명이지만 미국 정부의 두 개의 출처로부터 독자적으로 제공받은 정보에 기초하여, 포즈너는 2002년 3월 후반에 파키

스탄에서 체포된 알 카에다의 최고위층 스파이 중 한 명인 사우디아
라비아 출신의 아부 주바이다(Abu Zubaydah)에 대한 미국의 심문내용
을 보도한다. 심문은 마취·최면용 나트륨티오펜탈(펜토탈나트륨)을 사
용하여, 사우디아라비아인으로 위장한 두 명의 아랍계 미국인이 실
시했다. 그의 동포로 보이는 사람들의 존재에 안도되어 주바이다는
매우 말이 많아졌다.[17]

  자신의 구명을 위하여 주바이다는 알 카에다의 구성원으로서 사우
디의 고위 공무원들을 위해 일했다고 주장했다. 자기주장을 확인해
보라고 조사관들을 독촉하면서, 그는 파드 왕(King Fahd)의 조카 중
한 명인 아메드 빈 살만 빈 압둘-아지즈 왕자(Ahmed bin Salman bin
Abdul-Aziz: 거대한 출판재벌의 회장이고 켄터키 더비의 우승마인 워 엠블
렘을 배출해낸 주식회사 순종동물의 창시자)에게 전화해보라고 하였다.
주바이다는 그들에게 아메드 왕자의 전화번호를 기억해내 일러주기
까지 하였다. 9·11로 인하여 모든 것이 바뀌었으며 따라서 아메드
왕자는 더 이상 알 카에다를 지지하지 않을 것이라고 심문을 맡은
사람들이 말하자, 주바이다는 그들에게 아무것도 변하지 않을 것이
라고 말했다. 왜냐하면 아메드 왕자는 미국이 9·11공격을 받을 것을 사전
에 알고 있었기 때문이라는 것이다. 주바이다는 자신의 주장을 확인해줄
수 있는 파드 왕의 또 다른 두 명의 친척들 — 술탄 빈 파이잘 빈 터
키 알-사우드 왕자(Sultan bin Faisal bin Turki al-Saud)와 파드 빈 터키
빈 사우드 알-카비르 왕자(Fahd bin Turki bin Saud al-Kabir) — 의 전화
번호 또한 기억해내어 그들에게 알려주었다.

  그로부터 채 4개월도 되기 전에, 포즈너로 하여금 주바이다의 증
언이 사실이었을지도 모른다는 생각을 갖게 한 사건들이 벌어졌다. 8
일에 걸쳐, 거명된 세 명의 사우디인들이 모두 사망했다. 7월 22일
43세의 아메드 왕자가 심장마비로 사망하고, 다음날 41세의 술탄 빈

파이잘 왕자는 자동차사고로 사망한 것으로 보도되었다. 그리고 1주일 후 21세의 파드 빈 터키왕자는 '탈수증으로 사망했다.'[18]

주바이다는 또한 오사마 빈 라덴과 사우디 정보국 국장인 터키 빈 파이잘 왕자(Turki bin Faisal)의 회동에도 몇 번 참석했다고 말했다. 한 번은 1998년 칸다하르(Kandahar)에서 진행된 회동이었는데, 그 자리에서 터키 왕자는 알 카에다가 사우디 왕국을 공격하지 않겠다는 약속을 지키는 한 사우디는 알 카에다를 계속 지지할 것이고 오사마의 인도를 요구하지 않겠다고 약속했다는 것이다. 그러나 — 9·11이 있기 10일 전에 사우디 정보국장직에서 파면된 후 영국 주재 대사가 된 — 터키 왕자는 그에 대한 증언에도 불구하고 살아남았다.[19]

아무튼 사우디 왕가와 오사마 빈 라덴 그리고 알 카에다 간의 이러한 커넥션에 대한 설명을 보면, 미국이 빈 라덴을 체포하지 못하고 있는 것은 사우디 왕가와 빈 라덴 가문, 그리고 부시행정부 간의 긴밀한 관계와 연관이 있는 것인지도 모른다. 조사기자인 그레고리 팔라스트와 데이비드 팔리스터(Gregory Palast and David Pallister)가 쓴 기사에 의하면, "빈 라덴 가문에 대한 철저한 조사가 정치적 이유로 인하여 방해받고 있다"고 오랫동안 불평해온 미국 정보요원들이 부시행정부 출범 이후 그 상황은 더 악화되었다고 말한다는 것이다. 그들은 "빈 라덴 가문의 구성원이나 사우디 왕족들에 관한 조사에 있어 '물러나 있으라'는 지시를 받았다"고 말했다고 한다.[20] 팔라스트는 이 점에 대해 보충설명을 하면서 "우리가 진주만 이후 정보공동체의 가장 거대한 실패로 보이는 사건을 경험했다는 점에는 이의가 없다. 그러나 우리가 지금까지 파악한 바에 의하면, 그것은 실패가 아니라 지시였다"[21]라고 말한다. 미국의 첩보요원들은 "몇몇 조사들(빈 라덴 가문에 대한)이 효과적으로 사장되었다"고 말함으로써 팔라스트의 결론을 뒷받침해주고 있다.[22]

문제는 조사에 대한 방해가 빈 라덴과 그의 가족들에 대한 것에
국한되지 않는다는 점이다. 아메드와 톰슨은 유력한 실마리를 제공
하는 조사들이 방해되거나 시작조차 못한 몇 가지 경우를 지적한다.
이런 경우들은 9·11공격은 후회스럽지만 납득할 수는 있는 정보의
실패에서 비롯된 것이라는 합동조사의 결론과 특히 관련이 있다. 합
동조사는 정보기관들이 스스로 시인하는 것보다 더 많은 경고를 받
았다는 점을 지적하면서도, 그들이 일부 중요한 단서들을 놓치기는
했지만 "그것은 단지 사람들이 …… 당황했을 때 일어날 수 있는 실
수이다"[23]라고 말함으로써 정부기관들을 부분적으로 면책해주었다.
그러나 다음 경우들 중 몇몇 경우에서 현장의 요원들은 당황한 것이
아니라 무시되었다.

3. 피닉스의 FBI를 무시하다

2001년 7월 10일, 피닉스의 FBI 요원 켄 윌리엄스(Ken Williams)는
지금은 잘 알려진 한 메모를 FBI 본부의 반테러국에 보냈다. 그것은
비행교육을 받는 일련의 중동인들의 의심스러운 행동에 대한 경고였
다. 윌리엄스는 2000년에 그들을 조사하기 시작했다. 그러나 2001년
초반, 방화사건담당으로 전보되었고, 이 점을 두고 피닉스의 한 퇴직
요원은 9·11 이후 FBI 국장인 뮬러(Mueller)에게 "왜 최고의 테러리
즘 조사관을 빼내서 방화사건에 투입했는가?"라고 질문했다. 윌리엄
스는 그 메모를 쓴 시점으로부터 한 달도 안 되어 비행학교 조사건
에서 손을 떼야 했다. 빈 라덴의 추종자들이 테러를 목적으로 비행교
육을 받고 있을지도 모른다고 주장하면서, 그는 의심스러운 비행학
교 학생들을 추적할 수 있는 국가 프로그램을 추천했다. 그러나 FBI

본부는 그런 프로그램을 실행하지 않았다.[24]

4. 미니애폴리스의 FBI를 방해하다

2001년 8월 중순 미니애폴리스에 있는 한 비행학교의 직원은, 보잉747 시뮬레이터로 훈련하기 위해 등록한 사카리아스 무사우이(Zacarias Moussoui)가 747을 실제로 '무기로'[25] 사용할 계획을 세우고 있다는 의혹을 알리기 위해 그 지역 FBI에 전화를 걸었다. 미니애폴리스 FBI 요원들은 무사우이를 체포했고, 그에 대해 많은 수상한 점들을 발견한 후, FBI 본부에 그의 노트북 컴퓨터와 다른 소지품을 수색할 수 있는 영장을 요청했다. 그러나 FBI 본부는 무사우이에 대한 또 다른 정보를 프랑스로부터 입수하였음에도 불구하고 — 프랑스 관계자들은 그 정보를 통해 그가 분명히 위협적 인물임을 알려주었다[26] — 그 정보가 "무사우이의 컴퓨터를 조사할 수 있는 수색영장의 발부를 정당화하기에는 너무나 불확실했다"고 주장했다.[27] 그러나 프랑스의 정보보고서를 이미 읽은 미니애폴리스의 요원들은 '격분했고' 그 중 한 명은 무사우이가 '세계무역센터를 향해 뭔가를 몰고 날아갈지도' 모른다고 추측했다.[28] '노트북 컴퓨터를 수색하는 것에 필사적이 된' 미니애폴리스 요원들은 FBI 본부를 통해 해외정보감시법(Foreign Intelligence Surveillance Act: FISA)에 의한 수색영장을 요청하였는데, 그 대부분의 경우 승인된 전례에 비추어 그 영장이 틀림없이 발부될 수 있을 것으로 믿었다.[29]

그러나 수색영장 요청건은 FBI 본부의 급진근본주의부서(Radical Fundamentalist Unit: RFU)로 넘겨졌고, 그곳의 한 요원은 무사우이 때문에 사람들을 "어지럽게 만들고 있다"며 미니애폴리스의 FBI 감독관을 비판했다. 그러나 그는 이 감독관에게 RFU의 대장이 피닉스의 켄 윌리엄스로부터 받은 메모에 대해서는 거론하지 않았다.[30] 미니애폴리스로부터의 요청은 그 다음에 RFU 요원인 '방해꾼(Spike)' 매리언 보먼(Marion Bowman)에게 넘겨졌고, 그는 무사우이가 체첸의 반군 그룹을 거쳐 알 카에다와 연결되어 있다는 증거를 인멸하는 작업을 진행함으로써 이름값을 했다. 그 후에 FBI 부국장은, 이 왜곡된 요청을 두고, 수색영장을 발급할 만큼 증거가 충분하지 않다고 말하면서 그 요청을 FISA에 보내지도 않았다.[31] 미니애폴리스의 법무공무원 콜린 라울리(Coleen Rowley)는 "왜 FBI 요원이 고의적으로 작전을 사보타주했을까?"라고 물었다. 미니애폴리스 사무실에 있는 다른 요원들은 요청을 저지한 본부의 직원들이 "오사마 빈 라덴을 위해 일하는 …… 스파이이거나 아니면 비밀공작원일 수밖에 없다"는 농담을 했고, 다른 한 요원은 FBI 본부가 "이번 작전을 좌절시키려 하고 있다"고 결론지었다.[32]

위의 내용과 합동조사의 최종보고서가 '발견'한 사실을 비교하는 것은 흥미로운 일이다. 합동조사의 최종보고서는 "미니애폴리스 지역본부의 요원들은 물론이고, 급진근본주의부서(RFU)와 국가안보법부서(National Security Law Unit)를 포함한 FBI 본부의 직원들은 FISA에 의한 절차가 지루하고 어려울 것이라고 생각했기 때문에 FISA에 의한 명령을 얻어내는 법적 기준을 오해하고 있었다"고 말한다. 합동조사가 발견한 바에 의하면 사보타주는 없었고, 모든 것은 오해에서 비롯되었으며, 미니애폴리스에서조차 오해가 있었다고 한다. 그러나 뒤에 논의될, 콜린 라울리의 독설로 가득 찬 메모가 공공연하게 알려진 지 수개월 후에 합동조사가 발표되었다는 사실을 감안할 때, 어떻게 미니애폴리스의 요원들이 오해한 것이라고 생각할 수 있었는지 의문이 아닐 수 없다.

아무튼 미니애폴리스의 FBI 요원들은 무사우이의 컴퓨터와 다른 개인적 물건들을 9·11공격 이후까지 조사할 수 없었다.[33] 그 조사를 지켜본 전직 FBI 부국장은 컴퓨터에는 "9·11과 관련하여 …… 그 어떤 중요한 내용도" 없었다고 말했지만, ≪워싱턴 포스트≫는 "조사되지 않고 있던 사카리아스 무사우이의 소유물"은 그가 "함부르크의 주요 납치조직"은 물론 "CIA의 감시하에 있던 말레이시아의 알카에다 동료"와 연계되어 있음을 알려주기 때문에 "예상했던 것보다 더욱 가치 있는 것이었다"고 말한 의회 조사관들의 발언을 전하고 있다.[34] ≪뉴욕 타임스≫는 무사우이의 경우를 통해 "FBI와 다른 기관들이 왜 비행기 납치를 저지하지 않았는가 하는 새로운 의문들이 제기되었다"고 결론지었다.[35]

앞서 인용된 대로, 9·11이 벌어진 지 3일 후에, 최근 임명된 FBI 국장 뮬러는 "내가 아는 한 국내에서 이런 형태의 작전이 벌어질 것이라는 그 어떤 경고 신호도 없었다"라는 발언을 했다. 콜린 라울리와 다른 미니애폴리스 요원들은 뮬러에게 무사우이의 사례를 알려줌으로써 "앞으로 그의 공식적인 발언들이 수정될 수 있도록" 그의 사무실을 접촉하려고 노력했다. 그러나 뮬러는 2002년 5월 8일자 상원 청문회에서 "공격을 예상하고 저지하기 위해 정보기관들이 할 수 있었던 일은 아무것도 없었다"고 증언한 것을 포함하여 계속 유사한 발언을 했다.[36] 그러나 청문회의 보고에 의하면, 뮬러는 9·11 한 달 전에 FBI 요원 한 명이 "고위급 회의에서 무사우이가 뉴욕의 세계무역센터 빌딩에 비행기를 충돌시키기 위해 교육을 받고 있을지도 모른다고 추측"한 것을 마침내 시인하지 않을 수 없었다.[37] 2주 후에, 라울리는 FBI가 무사우이의 사례를 어떻게 다루었는지에 대한 긴 메모를 발표하였고, ≪타임≫지는 그것을 "미국 주요 법집행 기관의 무관심에 대한 거대한 기소"라고 명명했다.[38] 이 메모가 공개된 후 뮬러는 "납치범들을 잡을 수 있었던 일부 단서를 우리가 입수했을 가능성이 없었다고 잘라 말할 수는 없다"면서 그의 공식적인 입장을 다소 수정했다.[39]

5. 시카고의 FBI를 막다

1998년에 FBI 요원 로버트 라이트(Robert Wright)는 1998년의 미국 대사관들에 대한 폭탄공격에 사용된 자금이 시카고에 거주하는 사우디의 대부호로부터 흘러왔다는 의심을 가지고 시카고의 테러리스트 점조직을 추적하기 시작했다. 2001년 1월, 조사가 더욱 무르익어가고 있다는 그의 믿음에도 불구하고 그는 사건을 종결하라는 지시를 받았다. 6월에 그는 FBI가 테러 공격을 막으려 하기보다는 "테러 공격이 발생하면 누구를 체포할지 알 수 있도록 정보를 수집하는 데 그치고 있다"고 FBI를 고발하는 내부메모를 썼다.[40] 2002년 5월에, 라이트는 그 사건에 대한 책을 출판하는 것을 FBI가 허용하지 않는 데 대해 고소한다고 발표했다. 그는 그의 조사를 방해하려는 상사들의 행위를 "막는다", "방해한다", "차단한다", "협박한다", "위협한다", 그리고 "보복"과 같은 단어들로 표현하고 있다.[41] 그 후의 인터뷰에서 그는 "잠자는 개는 자게 내버려두는 것이 낫기 때문에" 그의 사건을 종료하라는 지시를 받았다고 말하면서, 그러나 "그 개들은 잠들어 있지 않았고 훈련받고 있었으며 준비하고 있었다 …… 9·11은 FBI의 국제테러리즘부서(International Terrorism Unit)의 무능력이 낳은 직접적 결과이다"라고 말했다. 이 사건을 함께 맡았던 시카고의 연방검사 마크 플레스너(Mark Flessner)는 여기에는 "법무부와 FBI에 강력한 모종의 힘이 있었고, 그 힘은 (형사사건이 만들어지는 것을) 전

혀 허용하지 않았다"고 말하면서, 무능력과는 다른 무엇인가가 분명 있다고 생각했다.[42]

6. 뉴욕의 FBI를 막다

2001년 8월 28일, 뉴욕의 FBI 지국은— 나중에 납치범 중 한 명으로 발표된— 칼리드 알미다르(Khalid Almihdhar)가 'USS 콜'의 폭탄 공격에 개입되었다고 믿었기 때문에 FBI 본부로 하여금 수사를 시작하도록 설득하려고 했다. 그러나 알다미르의 경우 세부적인 첩보정보 없이는 '콜(Cole)'에 대한 수사와 연계될 수 없다는 근거로, 뉴욕의 요청이 거부되었다. 뉴욕의 한 요원은 이메일(e-mail)에서 자신의 좌절감을 다음과 같이 표현했다. "이 일로 무슨 사건이 벌어졌든— 언젠가는 누군가가 죽을 것이다— 그리고 …… 대중들은 우리가 왜 조금 더 효과적이지 못했는지 이해하지 못할 것이다 …… 특히 우리에게 가장 위협적인 존재인 UBL(Usama bin Laden)이 최대한의 '보호'를 받고 있는 지금의 상황에서 (FBI의) 국가안보법부서가 그때 가서 그들의 결정에 책임지기를 바라자."[43]

7. 스파이를 위한 정의

시벨 에드먼즈(Sibel Edmonds)와 캔 디커슨(Can Dickerson)은 모두 9·11 이후 FBI의 통역인으로 고용되었다. 에드먼즈는 곧 그녀의 상관에게 디커슨이 FBI의 수사를 받고 있는 특정 외국 단체를 위해 일한 적이 있고, 그가 이 조직에 관한 민감한 정보를 잘못 통역하거나 전혀 통역하고 있지 않다고 보고를 올렸다. 더욱이 에드먼즈는 그녀의 상관에게, 디커슨이 그녀가 이 조직을 위한 스파이로 일하는 것을 거부한 데 대해 위협을 가했다고 보고했다. 그러나 에드먼즈는 수차례에 걸친 그녀의 불평에 대해 FBI가 반응을 보이지 않았다고 하며, 따라서 3월에는 법무부의 감사국장에게 편지를 쓰기에 이르렀다. 하지만 그 후 얼마 되지 않아 그녀는 해고당했다. 이에 대해 그녀는 고발 때문에 파면되었다고 주장하면서 소송을 제기했다. 10월에 FBI 국장 뮬러의 요청을 받은 법무장관 애쉬크로프트는 "미국의 외교정책과 국가안보이익을 보호하기 위한" 국가비밀특권에 호소하면서 판사에게 에드먼즈의 소송을 기각하도록 요청했다.[44] 물론 비판가들은 FBI의 조사대상인 외국 조직을 위해 일하는 스파이가 그 조사를 방해하고 있다는 주장을 무시하는 것이 왜 미국의 국가안보를 보호하는 것인지 의아하게 생각한다.

8. 시퍼즈와 FBI 요원들 대 미국정부

2001년 9월 13일 — 1998년 미 하원 사법위원회의 조사위원회위원장(Chief Investigative Counsel)이었고 1999년에 클린턴 대통령에 대한 탄핵을 맡은 검사장이었던 — 데이비드 시퍼즈(David Schippers)는 그가 FBI 요원들로부터 받은 정보에 기초하여 '맨해튼 아래쪽'에 대한 공격계획이 있음을 6주 전에 법무장관 어쉬크로프트에게 경고하려고 시도했음을 공개적으로 발표했다. 이 발표와 그 후의 성명에서 시퍼즈는, 요원들이 9·11 몇 달 전에 이미 공격의 날짜와 목표물들과 함께 납치범의 이름과 자금 조달처를 알고 있었다고 말했다. 시퍼즈는 또한 FBI가 이 조사들을 축소시키고, 그 후 요원들에게 정보를 대중에게 공개하면 기소될 것이라는 위협했다고 주장했다. 이런 상황에서 FBI 요원들이 시퍼즈 자신에게 그의 영향력을 동원하여 정부가 공격을 막을 수 있는 행동을 취하게 해달라고 요청했다고 말한다. 이런 그의 노력이 실패로 돌아간 후 시퍼즈는 몇몇 요원들이 연방정부를 상대로 한 소송에서, 소환되더라도 기소될 걱정 없이 제대로 이야기할 수 있도록 그들의 변론을 맡기로 동의했다.[45]

이 소송을 보건대 시퍼즈는 — 이 사건에 힘을 보탠 사법 파수꾼(Judicial Watch)과 같은 공익법무법인과 마찬가지로 — 무관심한 목격자가 아니다. 아메드는 보수적 잡지인 ≪뉴 아메리칸(*The New American*)≫에 실린 윌리엄 노만 그릭(William Norman Grigg)의 기사도 시퍼즈의 주장을 확증해주고 있다고 지적한다. 그릭은 세 명의 FBI 요원들을 인터뷰한 후 그들이 "시퍼즈에게 제공된 정보는 9·11 이전에 이미 FBI 내부에서 널리 알려진 것이었다"는 사실을 확인했다고 보도했다. 그들 중 한 명은 FBI 현장요원들 중 일부 — '가장 노련한 친구들' 중 일부 — 였고 "9월 11일에 일어난 일들을 거의 정확하게 예측했다"고 말한 것으로 전해진다. 그는 또한 "이와 같은 (경고들)이 어떻게 워싱턴에 의해 무시되었는지가 FBI 내부 전체에" 알려져 있다고 말했다.[46]

이런 보고들은 어떻게 합동조사가, 앞의 장에서 거론된 바와 같이, 정보기관들이 입수할 수 있었던 그 어떤 정보로도 "2001년 9월 11일로 계획된 공격의 시간과 장소, 그리고 구체적 성격을 확인할 수 없었다"고 결론지을 수 있었는지 더욱 의아하게 만든다. 최소한 하나의 미국 정보기관은 이와 같은 매우 구체적인 사전정보를 가지고 있었던 것으로 보인다.

9. 비자와 감시 리스트 위반

9·11 직후, 납치범으로 지목된 이들이 저지른 몇몇 부정행위가 알려졌다. 예를 들어 주모자로 지목된 모하메드 아타(Mohamed Atta)는 2000년에 비자가 만료되도록 방치하였고 비행교육을 받음으로써 그의 비자법을 어겼으며, 테러리스트들과 커넥션이 있는 것으로 알려져서 FBI의 감시하에 있었음에도 불구하고 2001년에 세 번이나 미국 재입국이 허용되었다. 더욱이 9·11 음모에 50명이 넘는 사람들이 관련된 것으로 보도된다. ≪미디어의 정확성(*Accuracy in Media: AIM*)≫은 이러한 사실들을 기초로 다음과 같이 비판한다.

> 그럼에도 불구하고 음모자들은 아무런 방해 없이 계획을 진행했다. 인상적인 것은, 이들이 안전하다고 느낀 것으로 보이며, 법 집행부로부터 거의 위협을 받지 않았다는 것이다 …… 그들은 아무런 방해 없이 미국을 떠나고 또 들어왔다. 그 중 일부는 이른바 말하는 '감시 리스트'에 올라 있었던 것으로 보도된다 …… 그럼에도 불구하고 그것은 그들에게 아무런 문제도 되지 않았던 것으로 보인다.[47]

물론 비판가들은 무능력이 아닌 다른 무엇인가로 이 행태를 설명할 수 있지 않을까 하고 의심한다.

10. 납치범들의 진정한 정체에 대한 의문

엄밀하게 말하면 이 문제는 이번 장에서 다룰 이슈는 아니지만, 필자는 왜 필자가 '납치범'이라는 말을 하면서 '주장되는(alleged)'이라는 말을 붙이는지를 설명해야 할 것 같다. 9·11에 관한 풀리지 않은 의문들 중 하나는, 납치가 정말 나중에 거명된 사람들에 의해서 실행된 것인가 하는 점이다. 공격 직후 얼마 되지 않아 FBI가 9·11의 납치범으로 지목한 것으로 보도된 최소한 5명의 남자들은 아직도 생존해 있다는 기사들이 등장했고, 이런 이야기들은 '신원도용'에 대한 다른 보도들에 의해 뒷받침되고 있다.[48] 워싱턴의 사우디 대사관은 압둘라지즈 알 오마리(Abdularziz al-Omari: 세계무역센터 북쪽 타워에 충돌한 제11편을 조종한 것으로 추정됨), 모한드 알 셰리(Mohand al-Shehri), 살렘 알 하즈미(Salem al-Hazmi), 그리고 사에드 알 밤디(Saeed al-Bhamdi) 모두 생존인물이며 현재 사우디아라비아에 살고 있다고 말했다고 메이산은 보고한다. 메이산은 또한 다섯 번째 납치범으로 주장되는 왈리드 M. 알 셰리(Waleed M. al-Shehri)는 "런던에 있는 아랍어 일간지인 ≪알쿠즈 알 아라비≫와 인터뷰했다"고 말한다.[49] 한 보도는 "수사관들이 전체 자살부대가 가짜 인물들로 구성되어 있을 가능성에 대해 연구하고 있다"고까지 말했다.[50] 그러나 FBI 국장인 뮬러는 나중에 "이 시점에 있어 우리는 책임질 19명의 납치범을 확실하게 알고 있다"고 주장했다.[51] "그럼에도 불구하고 많은 이름과 사진이 틀린 것은 이미 알려진 사실"이라고 톰슨은 말한다. "우리가 그들의 진정한 이름을 알게 된다면, 아마도 수치스러운 사실들이 밝혀질지도 모른다."[52]

　납치범들이 '근본주의' 무슬림이었다는 공식설명에 대하여 의심을 불러일으키는 또 다른 보고는, 2001년 5월과 8월 사이에 모하메드 아타를 포함하여 납치범이라고 지목된 몇 명이 라스베이거스를 적어도 여섯 번 정도 방문했다는 것이다. 거기서 그들은 술을 마시고 도박을 하고 스트립 클럽에서는 스트리퍼들로 하여금 그들의 무릎 위에서 춤을 추게 한 것으로 보도된다.[53] 이것이 독실한 신자가 그들의 창조주를 만나기 위한 자살공격임무를 실행하기 직전에 할 일인가?

　뿐만 아니라 납치범이라고 주장되는 이들 중 일부를 그 비행기들과 연관 짓기 위한 증거를 고의적으로 만들어냈다는 의심의 여지도 있다. 예를 들어 9월 11일, 관계자들은 제11편에 미처 실리지 못한 아타의 가방 두 개를 발견했다. 이 가방에는 보잉비행기에 관한 항공 시뮬레이션 설명서, 코란, 종교적 카세트테이프, 다른 납치범들을 위한 정신적 준비에 대한 노트, 아타의 유언장, 패스포트, 그리고 국제 면허증을 포함한 다양한 것들이 들어 있었다. ≪뉴욕커(New Yorker)≫의 기자는 다음과 같이 적고 있다.

> 많은 조사관들은 항공설명서와 같은 테러리스트의 신원과 준비내용을 밝혀준 초기단서의 일부가 발견되도록 의도된 것이라고 믿는다. 전직 고위 정보관계자는 "남겨진 모든 흔적은 FBI가 추적할 수 있도록 고의적으로 남겨진 것"이라고 내게 말했다.

톰슨은 왜 아타가 "비행기가 파괴될 것을 알면서도" 그의 유언장을 가져올 생각을 했을까 하고 묻는다.[54] 또 다른 수상한 점은, 9·11 다음날 세계무역센터에서 몇 블록 떨어진 곳에서 발견된, 납치범이라고 주장되는 사탐 알 수카미의 패스포트이다.[55] 한 신문은 — 이 패스포트가 아타가 가지고 있던 것이라고 널리 보도된 사실(그러나 그 보도는 오보였다)에 주목하면서 — "아타의 패스포트가 그 지옥 같은 불덩이에서 탈출할 수 있었을 것이라는 아이디어는 믿기 어렵다"고 적고 있다.[56]

이런 이야기들은 9·11에 대한 진실이, 앞에서 거론한 공식설명이 그에 반하는 증거들이 암시하는 것보다 훨씬 더 사실과 거리가 멀지도 모른다는 것을 제시해준다. 예를 들어 메이산은, "FBI가 납치범들의 리스트를 만들어냈고, 그로부터 서구에 대한 적들의 합성사진을 그려냈다"고 주장한다.[57] 그러나 필자는 이 문제를 더 이상 추궁하지 않겠다.

■ ■ ■

분명히 이번 장은 세 번째 시나리오보다 약한 그 어떤 주장도 반박할 수 있는 증거를 추가적으로 제시하고 있다. 왜냐하면 최소한 하나의 미국 정보기관 ─ FBI ─ 이 음모에 대한 사전지식을 가지고 있었으며, 이 음모가 발각되는 것을 막기 위해 의도적인 조치들을 취했음을 드러내고 있기 때문이다.

아메드는 "정보기관에서는 때로는 (파괴적인) 행위들이 허용되는데, 그것은 정책결정자들이 생각할 때 그로 인해 '더욱 큰 선'에 이를 수 있다고 판단될 때이다"라는 전직 FBI 요원인 타이론 파워즈(Tyrone Powers)의 말을 인용한다. ≪뉴 아메리칸≫의 기자 그릭과 인터뷰한 FBI 요원 중 한 명은 "우리가 보는 것보다는 더 많은 무엇인가가 분명히 있을 것이다 …… 당연히 사람들은 알아야 한다 …… 생각하기조차 소름끼치지만 그러나 다른 아젠다의 한 부분으로서 이 일이 벌어지도록 용인되었을 것이다"58)라고 말했다. 공식설명에 대한 비판가들은 이 아젠다가 무엇인지에 대해 몇 가지 의견을 가지고 있다.

7 미국 정부관계자들이 9·11을 용인할 이유가 있었는가?

미국정부가 벌이고 있는 아프가니스탄과 이라크 전쟁은 "테러리즘에 대한 전쟁"의 일부라고 묘사되어왔다. 달리 말하면 이 전쟁들은, 9·11테러 공격에 대한 대응이라고 정당화되었다. 그러나 공식설명에 대한 비판가들은 사실 이 전쟁들은 공격이 있기 오래전부터 부시행정부의 아젠다였다고 말한다. 더욱이 이 전쟁들은 더 큰 아젠다의 일부분이라고 그들은 주장한다.

1. 아프가니스탄을 공격하기 위한 9·11 이전의 계획

아프가니스탄과 관련해서 아메드는 여러 출처에 근거하여,[1] "아프가니스탄에 대한 군사적 침공은 탈레반 정부에 대한 미국의 정책이 날로 변화하는 것에 발맞추어 9·11 훨씬 이전부터 계획되었다"는 것이 공공연한 사실이라고 주장한다.[2] 아메드와 톰슨 모두 이 계획의 배후에 있는 근본적인 목적 중의 최소한 한 가지는 센트가스(CentGas: Central Asia Gas Pipeline)로 알려진 석유회사들의 컨소시엄과 관련하여 거대한 프로젝트를 추진하는 것이라고 주장한다. 사우디아라비아의 델타 오일을 포함하고 있는 이 컨소시엄은 투르크메니스탄에서부터 인도양까지 원유와 가스를 수송하기 위하여 아프가니스탄과 파키스탄을 통과하는 파이프라인을 건설하기 위해 미국의 거대한 석유회사 중 하나인 유노칼(Unocal)의 주도로 만들어졌다. 2000년 9월, 그러니까 9·11이 있기 일년 전에 미국정부가 발표한 「에너지정보사실 보고서」는 다음과 같이 말하고 있다.

> 에너지의 관점에서 볼 때, 아프가니스탄이 갖는 중요성은 중앙아시아에서 아랍해까지 원유와 천연가스를 수송하여 수출하기 위한 잠재적 통로가 될 수 있는 지정학적 위치에서 비롯된다. 이 잠재성은 아프가니스탄을 통해 수출될 몇 십 억 달러의 원유와 가스의 파이프라인 계획을 포함한다.[3]

한때 유노칼과 워싱턴은 자신들의 프로젝트를 진행시킬 수 있을 만큼 충분히 안정된 조건을 탈레반이 제공하길 희망했지만 얼마 지나지 않아 그들은 이 희망을 접었다.

일부 배경설명을 덧붙이면서, 아메드와 톰슨은 탈레반이 처음부터 파키스탄의 ISI(Inter-Services Intelligence)와 공조한 CIA와 사우디의 경제적 지원에 의해 만들어졌다고 설명한다.[4] 아메드 라시드(Ahmed Rashid)의 유명한 저서 『탈레반(Taliban)』에 의하면, 미국이 탈레반을 지지한 데에는 파이프라인 프로젝트가 크게 작용하였다고 한다.

> 그 당시 부상하는 세력인 탈레반의 무자비함과 파이프라인 거래 성사의 적극적인 태도에 감명받아, 국무부와 파키스탄의 ISI는 탈레반에 무기와 자금을 지원하기로 동의했다.[5]

탈레반이 ISI를 통해 사우디아라비아와 CIA로부터 제공된 경제적 지원 덕택에 1996년에 카불을 정복했을 때, 유노칼은 탈레반이 파이프라인을 건설하고 보호할 수 있을 만큼 충분한 안정을 제공하기를 기대했다. 사실 "탈레반과 유노칼 간의 초기합의(파이프라인 프로젝트에 대한)는 카불 함락 한참 전에 이루어졌다"고 보도된 바 있다.[6] 유노칼은 탈레반에 경제적 지원까지 일부 제공한 것으로 알려졌다.[7] 탈레반이 계속해서 ISI의 목적에 봉사하고 있었다는 사실은 탈레반 군대가 1998년에 북부 아프가니스탄의 주요 도시를 막 정복하려고 할 때, ISI의 한 관계자가 "나의 아이들과 나는 마자라 샤리프로 들어간다"라는 메시지를 보낸 사실에 의해 증명된다고 톰슨은 지적한다.[8] 아무튼 탈레반은 이 도시를 점령한 후 전체 파이프라인 노선을 포함한 아프가니스탄의 대부분을 장악하였다. 센트가스는 "진행할 준비가 되었다"고 발표하였다.[9]

하지만 그해 하반기 탈레반이 충분한 안정을 제공할 수 있는지에 대해 의구심을 가지기 시작한 유노칼은 센트가스에서 발을 뺐다. 그 후 "미국은 탈레반에 점점 더 적대적이 되었고, 탈레반 정부와 기본적 유대는 유지하면서도 비군사적 해결책을 통해 지역적 패권을 확보할 수 있는 다른 가능성을 탐색하기 시작했다."[10]

비군사적 해결책을 찾으려는 최후의 시도는 2001년 7월 베를린에서 있었던 4일간의 미팅에서 이루어진 것으로 보도된다. 부시행정부는 '통일된 국가'의 공동정부를 만들 수 있도록 탈레반에 권력을 공유하도록 강요하였다. 미팅에 참가한 파키스탄 대표 니아즈 나이크(Niaz Naik)에 의하면, 미국인들 중 한 명이 "탈레반이 예의바르게 행동하거나 …… 아니면 우리가 다른 옵션 …… 군사적 옵션을 사용할 것이다"라고 말했다고 한다. 또 다른 미국인은 탈레반에 "당신들은 우리가 제공하는 금으로 된 카펫을 받아들이거나, 아니면 폭탄의 카펫 아래 묻힐 것이다"라고 말한 것으로 전해진다.[11] 비록 그 미국인들 중 한 명은 나중에 그런 협박사실을 부인하였지만, 다른 한 명은 "나는 미국이 탈레반에 너무나 넌더리가 나서 일부 군사적 행동을 취할지 여부에 대한 토론이 어느 정도 있었다고 생각한다"고 전한다.[12]

더욱이 BBC 보도에 의하면, 나이크는 미국 고위층 관계자로부터 "아프가니스탄에 대한 군사적 행동은 — 아프가니스탄에 눈이 내리기 전인 늦어도 10월 중순에 — 시작될 것"이라고 들었다고 했다.[13] 미국이 아프가니스탄을 폭격하기 시작한 것이 10월 7일임에 주목하면서, 톰슨은 "9·11이 있기 수개월 전에 미국이 말한 정확한 시기에 공격이 시작된 것이 우연인가?"라고 묻는다.[14] 이것이 단순한 우연이 아니라는 추측은 뒤에 다음과 같이 말한 퇴역 사우스캐롤라이나주 방위군인의 증언에 의해 뒷받침된다.

> 내 부대는 2001년 7월에 훈련을 위한 보고를 했는데, 갑자기 그리고 뜻밖에 앞으로 두 달 동안 계획된 모든 활동들은 2001년 9월 14일 실시될 동원 훈련을 위해 중지될 것이라는 통보를 받았다. 우리는 주말에도 열심히 일했고 8월에는 예정에 없었던 날에 훈련하기까지 했다. 8월 말에 이르러 우리가 기다린 것은 오로지 전화 한 통이었고, 우리는 가방과 장비를 갖추어 완전히 준비된 수송차량에 뛰어오를 준비가 되어 있었다.[15]

만약 이 증언이 사실이라면, 9월 14일 이전에 공격이 발생하리라는 것은 7월에 이미 알려져 있었다. 니아즈 나이크 또한 단순히 우연이 개입된 것이라고 생각하지 않는다. BBC는 그가 "세계무역센터 폭파가 있은 후에 미리 마련되어 있었던 미국의 이 계획이 더 발전되었고, 이 계획은 2~3주 내에 실행될 것이 틀림없다"고 말했다고 보도하였다.

나이크는 또한 만약 탈레반이 즉각적으로 빈 라덴을 인도한다 하더라도 워싱턴이 계획을 포기할 것인지는 의심스럽다고 하였는데, 왜냐하면 "더 큰 목적은 탈레반 정부를 무너뜨리고, 임시정부를 수립하는 것이기 때문이다"라는 것이다.[16] 아메드와 톰슨은, 파이프라인 프로젝트 추진계획은 물론 이 '더 큰 목적'에 대한 나이크의 판단이 타당하다는 것은 한 이스라엘 신문이 다음과 같이 언급한 사실에 의해 확인된다고 주장한다.

> 대규모 미국 기지들의 지도를 바라보면, 그것들이 인도양으로 향하는 예정된 원유 파이프라인 노선과 완벽하게 일치한다는 사실을 발견할 수 있다. …… 내가 만약 음모론을 믿는 사람이라면, 나는 빈 라덴이 미국 스파이라고 생각하겠다.[17]

톰슨과 아메드는 또한 신임 아프가니스탄 총리인 하미드 카르자이(Hamid Karzai)와 부시 대통령의 아프가니스탄 특사인 잘라미 칼릴자드(Zalamy Khalilzad) 모두 이전에 유노칼에 고용된 바 있었음을 지적한다. 이와 같은 인사는 "미국의 아프가니스탄에 군사적 개입을 감행한 배경에 있는 근본적 이익이 무엇인지를 보여준다"고 아메드는 덧붙인다.[18] 아메드는 또한 10월 10일에 이미 미국 국무부가 파키스탄 석유장관에게 "최근의 지정학적 사태의 진전을 감안할 때" 유노칼이 파이프라인 프로젝트를 시작할 준비가 되어 있다고 알려준 사실에 주목한다.[19] 이러한 배경에 기초하여 아메드는 9·11은 미국의 아프가니스탄 전쟁의 원인이었다기보다는 '방아쇠'였다고 결론 내린다.[20]

2. 이라크 공격에 대한 9·11 이전의 계획

2002년 3월 초의 성명에서 부시 대통령은 오사마 빈 라덴에 대해 별로 걱정하지 않았지만 "이라크는 매우 염려스럽다"고 덧붙였다.[21] 톰슨과 아메드는 이것이 근래의 걱정이 아니며, 아프가니스탄 전쟁처럼 이라크 전쟁은 9·11 이전에 미국의 관계자들이 이미 계획한 것이라고 믿는다.

이와 같은 주장에 대한 증거 중 일부는, 서론에 잠깐 거론한 『미국 방위의 재건: 새로운 세기를 위한 전략, 군대 그리고 자원(*Rebuilding America's Defenses: Strategy, Forces, and Resources for a New Century*)』이라는 문서에서 찾을 수 있다. 이 문서는 딕 체니, 도널드 럼스펠드, 폴 월포위츠(국방부 차관), '스쿠터' 루이스 리비(체니의 참모장) 등 부시행정부의 내부자가 된 많은 사람들이 창설한 신보수주의 싱크 탱크인 새로운 미국의 세기를 위한 프로젝트(the Project for the New American Century: PNAC)에 의해 출판되었다.[22] (톰슨이 인용한) 『미국방위의 재건』의 다음 문장은, 2003년의 이라크 전쟁이 이들의 당시 주장처럼 사담을 제거할 필요 때문이었는가 하는 의문과 관련이 있다.

> 미국은 수십 년간 걸프 지역의 안보에서 좀더 영구적인 역할을 추구해왔다. 비록 이라크와의 해결되지 않은 분쟁이 직접적인 정당성을 제공해주기는 하지만, 걸프 지역에 상당한 미군이 주둔할 필요는 사담 후세인 정권의 문제를 초월하는 것이다.[23]

달리 말하면, 중요한 목적은 사담 후세인을 핑계로 '직접적인 정당성'을 획득하고 '걸프 지역에 상당한 미군을 주둔'시키는 것이었다. 에드워드 허만(Edward Herman) 또한 전쟁에 대한 대중적 설명의 진실성을 평가하는 데 이 문서가 갖는 중요성을 지적하면서, "부시행정부의 주요 구성원들은 2000년에 이미 새로운 미국의 세기를 위한 프로젝트의 출판을 통해 '사담 후세인을 무너뜨리는' 목표를 발표하였다"고 지적한다.24)

이 그룹은 그 이전인 1998년 1월에도 클린턴 대통령에게 "사담 후세인 체제를 권좌에서 제거하는 것"을 목표로 하는 전략을 받아들이도록 촉구하는 편지를 보냄으로써 이 목표를 천명한 바 있다. 도널드 럼스펠드, 폴 월포위츠, 그리고 리처드 펄이 또 다른 이들과 함께 서명한 이 편지는 클린턴에게 "걸프 지역에서 우리의 사활적 이익을 보호하기 위해 군사적 조치를 포함하여 필요한 조치들을 취하라"고 촉구하였고, "UN 안보리의 만장일치를 고집하는 오류 때문에 미국의 정책이 계속 활동 불능 상태로 있을 수는 없다"고 덧붙였다.25)

9·11이 이라크에 대한 공격의 이유가 아니라 구실에 불과했다는 주장을 뒷받침하기 위하여 톰슨은 펜타곤이 공격당한 지 몇 시간밖에 지나지 않았을 때 국방장관 럼스펠드가 "S. H.(사담 후세인)를 칠 수 있을 정도로 좋은지 판단하기 바람. UBL(오사마 빈 라덴)뿐만 아니라. 광범위하게 나가자. 다 쓸어 담아라. 관련이 있건 없건. 최고의 정보를 빨리 원한다"고 적은 메모에 대한 보도를 인용한다.26) 톰슨의 주장은, 다음날 국가안보회의에서 럼스펠드가 사담 치하의 이라크를 테러와의 전쟁의 첫 번째 라운드로 삼아야 한다고 말했다는 밥 우드워드(Bob Woodward)의 전언27)을 인용한 존 필저(John Pilger)의 보고에 의해 더욱 뒷받침된다.

더욱이 비판가들은 전쟁이 발표된 목표가 아니라 석유나 지역적 지배와 더 관련이 있었다는 그들의 주장을 강화하기 위해, 전쟁 중과 그 후에 있었던 관계자들의 행동과 발언을 지적할 수도 있다. 부시와 블레어 행정부는 사담 후세인이 대량살상무기를 통하여 인접 국가들은 물론 영국과 미국까지도 위협할 수 있기 때문에 그것을 제거하기 위해 전쟁을 해야 한다고 주장했지만, 이런 판단의 배경이 된 정보는 왜곡되었거나 나아가 조작되었을 수도 있다는 것이 널리 보도되었다. 블레어 정부에 생태문제에 대한 조언을 해주는 '지속 가능한 발전위원회'의 위원장인 조나단 포릿 경(Sir Jonathan Porritt)은 이라크의 석유에 접근할 가능성이야말로 동맹군이 3월에 이라크를 공격하기로 한 결정에 있어 "커다란 요소"였다고 공식적으로 밝혔고, "나는 이라크가 세계에서 두 번째로 많은 석유 매장량을 가지고 있지 않았더라면 전쟁은 일어나지 않았을 것이라고 생각한다"고 덧붙였다. 부시의 전직 재무장관인 폴 오닐(Paul O'Neill)은 부시행정부가 석유라는 주된 목적 때문에 처음부터 이라크에 대한 공격을 계획했다고 말한다.[28]

스테판 고완스(Stephen Gowans)의 말에 의하면, 석유가 가장 중요한 요소였다는 것은 다음의 사실에 의해서도 드러난다.

> 일단 군대에 바그다드로 진입하라는 명령을 내린 후에, 펜타곤의 아젠다 중 최우선 목록은 남부 이라크의 유전을 확보하는 것이었다. 그리고 바그다드에서 혼돈상태가 발생했을 때, 미군은 약탈을 일삼는 갱들과 방화범들이 "기획부, 교육부, 관개부(Minister of Irrigation), 무역부, 산업부, 외무부, 문화부 그리고 정보부"를 엉망으로 만들도록 내버려 두었다…… 그러나 모든 석유재산과 관련된 고문서와 파일이 있고, 워싱턴이 손을 대고 싶어 안달이 난 석유부는 모든 것이 조용했다. 왜냐하면, 밀집된 탱크와 장갑차들이 그곳을 둘러싸고 있었기 때문이다.[29]

이라크가 공격을 받은 주된 이유가 대중에게 알려진 이유 때문이 아니라는 의심은, 부시가 9·11 이후에 '테러와의 전쟁'을 또 다른 나라들에 대한 공격의 구실로 이용하려고 계획했다는 증거를 통해서도 나타난다. 예를 들어 ≪뉴스위크≫의 기사에 의하면, 이라크 공격에 앞서 부시의 일부 조언자들은 사우디아라비아, 이란, 북한, 시리아 그리고 이집트까지 공격하자고 주장했다고 한다. 영국의 한 고위관

계자는 "모두가 바그다드에 가고 싶어 한다. 진정한 남자는 테헤란에 가고 싶어 한다"고 말했다.[30]

그 '진정한 남자' 중 한 명은 PNAC의 창설멤버인 리처드 펄(Richard Perle)이다. 그는 미국의 '테러에 대한 전쟁'을 다음과 같이 묘사했다.

> 이것은 총력전이다. 우리는 다양한 적들과 싸우고 있다. 적들은 많다. 우리가 우선 아프가니스탄을 처리하고 그 후 이라크를 처리할 것이라는 이야기들은 모두…… 이것은 일을 처리하는 데 완전히 틀린 방법이다. 만약 우리가 세계에 대한 우리의 비전을 성취할 수만 있다면 그리고…… 그냥 총력전을 펼칠 수만 있다면…… 우리의 후손들은 앞으로 우리의 위대함을 찬양하는 노래를 부를 것이다.[31]

이와 같은 비전은 악명 높은 광신(fanaticism)일 뿐이다.

미국이 벌이고 있는 테러와의 전쟁을 바라보면서 '테러리즘'을 정의하는 것이 매우 작위적이고, 자기이익을 위한 방법으로 활용되어 왔음을 이제 더 잘 알게 됐다. 메이산은 "부시에게는 미국의 리더십에 대한 그 어떤 형태의 격렬한 반대도 테러리즘으로 정의된다"고 말한다.[32] 리처드 포크(Richard Falk)는 이와 비슷하게, "테러리즘에 대한 전쟁은 미국의 전 지구적 이익에 적대적이라고 인식되는 모든 비국가적 혁명군을 상대로 한 것"임이 즉각 명확해졌다고 말한다. 달리 말하면, 정말 무슨 일이 일어나고 있는가 하면, "글로벌 테러에 대한 전쟁의 연막 뒤에는 제국건설의 프로젝트가 진행되고 있는 것이다."[33] 필리스 베니스(Phyllis Bennis)도 이에 동의하면서 "(테러리즘)에 대한 전쟁은 누군가에게 정의의 심판을 받게 하는 것이 절대 아니었다. 그것은 정의로운 복수라는 이름 아래 이루어지는 정복이며 미국의 전 세계적 권력을 엄청나게 확산시키는 것이었다."[34] 초수도브스키, 마하잔, 그리고 셀 수 없는 많은 비판가들도 같은 지적을 하였다.

아무튼 지금은 부시행정부가(블레어 정부도 마찬가지로) 이라크를 공격하는 이유에 대해 거짓말을 했다는 공감대가 널리 형성되어 있다. 이제 이 질문을 더 확장하여 부시행정부가 아프가니스탄, 이라크 전쟁과 나아가 더 큰 아젠다의 실행을 정당화하기 위해 이용했던 9·11 사건 자체에 대해서도 거짓말을 한 것은 아닌지 조사해보아야 할 것이다.

3. 새로운 진주만은 도움이 될 것이다

이 더 큰 아젠다와 관련하여 아메드와 톰슨 모두 전직 국가안보보좌관인 지그비뉴 브리진스키(Zbigniew Brzezinski)가 1997년에 쓴 저서인 『거대한 체스보드: 미국의 우위와 그 지정학적 전략의 절대적 과제(The Grand Chessboard: American Primacy and its Geostrategic Imperatives)』를 언급한다. 브리진스키는 유라시아 대륙을 세계 권력의 열쇠로 묘사하고 있으며, 그 중에서도 거대한 석유매장량을 보유하고 있는 중앙아시아를 유라시아 지배의 열쇠로 표현하고 있다. 이 주장을 요약한 다음 아메드와 톰슨은, 이 지역에 대한 지배를 획득함으로써 '미국의 우위'를 계속적으로 확보하기 위해서는 미국 국민들로부터 "외교정책 이슈들에 대한 합의"를 얻어내야 할 것이라는 브리진스키의 말을 지적한다. 그러나 그런 합의를 얻어내는 것은, '미국이 해외에서 독재자가 되기에는 국내에서 너무나 민주적이기 때문에' 어려운 일이다. 그리고 이 점은 '미국의 권력사용을 제한하는 기능을 하는데, 특히 군사적 위협의 면에서는 더욱 그렇다.' 미국인의 특성 중 단점에 대한 분석을 계속하면서, 브리진스키는 "권력추구는, 갑작스러운 위협의 경우나 국내의 복지가 위협되는 경우를 제외하고는, 대중의 열광적 지지를 확보할 수 있는 목표가 아니다"라고 설명한다.[35] 따라서 그는 "진정으로 거대하고 널리 인식된 직접적인 외부로부터의 위협을 제외하고는" 외교정책 이슈들에 대해 필요한 합의를 획득하기는 어려울 것이라고 조언한다.[36] 아메드는 이 문장을, 브리진스키가 "미국 권력의 대외적 실현"에 대해 모호한 태도를 가지고 있는 미국의 대중은 "제2차 세계대전의 경우에는 주로 일본의 진주만공격이 가져다 준 충격적 효과 때문에 미국의 참전을 지지했다"고 말한 앞의 문장과 연결한다.[37]

만약 이 두 문장을 함께 읽는다면, 브리진스키가 필요하다고 말하는 "널리 인식되는 직접적인 외부로부터의 위협"이란 진주만 스타일의 사건이라는 것이 아메드의 요점이다. 전직 국가안보 보좌관인 브리진스키의 책은 정부에 조언을 제공하는 수백 권의 책 중 한 권에 불과하다고 치부될 수는 없다. 비록 브리진스키가 민주당 대통령(지미 카터)의 조언자이기는 했지만, 그는 부시행정부로부터 상당히 존경받은 것으로 알려진 강경파 인물이다.

따라서 브리진스키가 진주만 스타일의 사건을 희망하는 것으로 보이는 책을 출판한 지 3년이 지난 다음, 앞서 언급된 새로운 미국의 세기를 위한 프로젝트(PNAC)가 비슷한 문장을 담고 있는 것은 아마도 단순한 우연은 아닐 것이다. 앞에서 이 문장을 인용하기는 했지만, 그 문장이 문맥상 '군사분야의 혁명'을 완성하고 이를 통해 팍스 아메리카나 '미국식 평화'를 좀더 효과적으로 구현하기를 요구하고 있음을 다시 한번 강조하고자 한다. 이 문서의 저자들에 따르면, "새로운 진주만과 같은 재앙적이고 촉매적인 작용을 하는 사건이 없이는" 필요한 변화는 불행히도 매우 천천히 진행될 것이라고 한다.[38] 달리 말하면, 새로운 진주만이 발생하기만 한다면 막대하게 필요한 자금을 단기간에 확보할 수 있기 때문에 군사분야의 혁명을 좀더 빨리 완성할 수 있다는 것이다. 이러한 예측과 기대가 있었기 때문에 서론에서 인용된 것처럼 존 필저가 "2001년 9월 11일의 공격은 '새로운 진주만'을 제공하였다"고 주장한 것이다.[39] 미국의 지배를 주창하는 이들은 어떤 변화를 원하고 있으며, 새로운 진주만은 이를 달성하는 데 도움이 되었는가?

4. 미사일방어와 우주 진주만

'군사분야 혁명'의 핵심은 우주에서 무장체제를 갖추고 이를 통해 우주를 지배하는 프로그램에 있다. 이 프로그램은 브리진스키와 새로운 미국의 세기 프로젝트가 요구하는 'NORAD'를 위한 막대한 추가자금 중 대부분을 필요로 할 것이다. 이 프로그램의 목적은 『2020년을 위한 비전』이라는 문서에 아주 명백하게 나타나 있는데, 그것은 다음과 같은 사명을 선언하는 데서 출발한다. "미국의 우주지배 ― 미국의 이익과 투자를 보호하기 위해 군사작전으로 우주적 차원의 지배를 도모하는 것."[40] 즉, 그 주요목적은 미국 본토를 보호하는 데 그치는 것이 아니라 해외에 투자된 미국의 이익을 보호하는 것이다. 이 문서는 과거에는 "국가들이 그들의 상업적 이익을 보호하고 강화하기 위해 해군을 건설했다"는 사실과 오늘날 우주지배의 중요성을 비교함으로써 이 점을 더욱 명백하게 한다. 지금의 계획대로라면 그것은, 미국의 납세자들로부터 1조 달러 이상을 걷어서 미국의 엘리트 계급의 상업적 이익을 보호하기 위하여 우주를 지배하고자 하는 것이다.[41]

『2020년을 위한 비전』이라는 문서는 민주주의를 강화하거나 아니면 인류에 봉사한다는 식의 감정적 프로파간다를 전혀 다루지 않는다. 오히려 어쩌면 무모할 정도로, "세계경제의 글로벌화는……가진 자와 못 가진 자의 격차를 더욱 크게 할 것이다"라고 솔직하게 밝히고 있다. 즉, 세계경제에 대한 미국의 지배가 강화될수록 가난한 자는 더 가난해질 것이고 부자는 더 부자가 될 것이다. 그로 인하여 못 가진 자는 미국을 더욱더 증오하게 될 것이므로 미국은 그들이 미국에 협력하도록 만들 필요가 있다. 미국은 이 프로그램의 주창자들이 초기에 말한 '글로벌 우주전쟁터 지배'를 통하여 이를 달성할 수 있다. 그러나 일부에서 이 표현이 너무나 노골적이라고 생각해서 오늘날에는 "전 스펙트럼 지배(Full Spectrum Dominance)"라는 말을 쓰고 있다(이것이 앞서 인용한 라울 마하잔의 책 제목의 단초가 되었다). 이 용어는, 미국이 이미 지배하고 있는 육·해·공뿐만 아니라 우주까지 지배하는 것을 의미한다. 포크는 이 "우주의 무장을 통한 세계 지배의 아메리칸 프로젝트"를 논하면서, "그처럼 엄청난 권력을 추구하는 제국건설의 야망은 전례 없는 최악의 지정학적 탐욕이며, 이를 폭로하고 너무 늦기 전에 좌절시켜야 한다"고 말한다.[42]

이 프로그램과 관련하여 유일하게 공개적으로 토론이 진행된 부분은, 레이건 행정부 시대에 선제 전략적 방어(Strategic Defense Initiative)라고 불렸고, 지금은 미사일 방어 방패(Missile Defense Shield)라고 불리는 방어적 측면뿐이다. 이런 이름들만 보면 미국의 우주에 대한 목표가 순전히 방어인 것처럼 보이지만, 소위 말하는 이 방패는 프로그램의 세 부분 중 한 부분에 불과하다. 또 다른 한 부분은, 미국에 반대하는 모든 적을 확인할 수 있을 정도로 정밀하고, 지구의 모든 부분에든 초점을 맞출 수 있을 정도로 뛰어난 기술적 수준의 감시체제를 우주에 설치하는 것이다. 이 부분은 이미 거의 완성단계에 도달했다.[43] 이 프로그램의 세 번째 부분은, 그 비공식적 명칭인 '스타워즈(Star Wars)'

가 기술적인 명칭보다 그 실체를 더 정확히 알려주듯이, 레이저 기관포를 포함한 실제 무기들을 우주에 배치하는 것이다. 한 저자가 말하는 것처럼, 이 기관포들은 '크루즈 미사일을 폭죽으로 보이게 만들 정도의' 잠재적 공격능력을 보유하고 있다.[44] 미국의 인공위성에 레이저 무기를 탑재하면, 미국은 적대국이 쏘아 올리려는 모든 종류의 군사용 인공위성도 파괴할 수 있고, 나아가 "다른 이들이 우주를 사용할 수 없게 할 수 있다(이 부분은 실제로 발표된 목적의 일부분이다)." 이로써 미국의 우주지배는 완전해지고 그 지배를 영원히 유지할 수 있게 되는 것이다. 미국 우주지배 프로그램의 목적이 공격에 있음은 이 프로그램에 관련된 한 부서의 다음과 같은 로고에서도 드러난다. "우주로부터 당신의 면전에(In Your Face from Outer Space)."[45]

그러한 공격적 목표를 솔직하게 선언한 것은 이 문서만이 아니다. 마하잔이 지적하는 것처럼, PNAC의 한 문서는 다음과 같은 "주목할 만한 자백"을 했다.

> 탈냉전시대에는 미국과 미국의 우방이 …… 억지(deterrence)의 주요 목표였고, 그 억지력을 소유하기를 가장 강력히 희망하는 국가들은 이라크나 이란, 북한과 같은 국가들이다. 아주 작은 탄도미사일을 겨우 만들 수 있는 수준이지만 다른 면에서는 취약한 깡패체제에 의해 미국 본토가 공격당한다면 …… 재래식 군사력을 투입하는 것은 …… 더욱 복잡하고 무리한 방법이다. 효과적인 미사일방어 시스템을 건설하는 것은 미국의 우위를 유지하는 데 필수불가결한 요소이다.[46]

달리 말하면, 비록 '미사일방어 방패'라는 이름만 들으면 그것이 미국을 공격으로부터 방어하기 위해 고안된 시스템인 것 같지만, 그 진정한 목적은 미국이 다른 국가들을 공격하고자 할 때 그 다른 국가들이 억지력을 갖는 것을 막으려는 데 있다. 더욱이 이 발언을 통하여 우리는, 나중에 부시 대통령이 이란, 이라크, 북한을 '악의 축'

이라고 부른 이유가, 그들이 사악하게도 미국이 그들을 상대로 군사 공격을 못하게 하는 억지능력을 개발하기를 희망했기 때문임을 알 수 있다. 이 프로젝트가 공격적인 용어로 묘사하고 있는 미군의 역할은 2002년에 부시행정부가 발표한 '국가안보전략(National Security Strategy)'과 완전히 일치한다. '국가안보전략'은 '미국방위의 재건'이 추천한 대부분을 구현하고 있을 뿐만 아니라 "우리에게 최선의 방어는 최고의 공격"이라고 말한다.[47] 이 공격에서 가장 중요한 새로운 부분은 미국의 육·해·공군을 보완하는 훌륭한 우주군이 제공하는 '전 스펙트럼 지배'이다.

국방장관이 되기 바로 직전인 2001년 1월, 도널드 럼스펠드는 '미국 국가안보 우주경영과 조직평가 위원회'의 위원장으로서 임무를 마쳤다. 비공식적으로 '럼스펠드 위원회'라고 불린 이 위원회는 1월 둘째 주에 리포트를 출판했다.[48] 이 위원회가 제안한 목표는 "미군과 다른 군사권력 간의 비대칭성을 확대하는 것"이라고 알려진다. 이 리포트는 1972년의 ABM 조약을 종료시킬 것(부시행정부는 즉각 행동을 취했다)을 주창하였을 뿐만 아니라 다른 모든 군과 정보기관들을 우주군에 예속시키는 것을 포함하여 엄청난 변화를 추천하였다. 군대와 정보기관을 그처럼 급격하게 재편하는 것이 통상 거대한 저항을 불러일으킬 것을 인식하여, 리포트는 다음과 같이 덧붙인다.

역사를 보면, 경고신호를 무시하고 변화에 저항하다가 '가능성이 없을 것 같던' 외부적 사건이 발생하고 나서야 그 변화를 반대해온 관료들이 비로소 행동을 취한 경우가 너무나 많다. 문제는, 미국이 책임감 있게 행동할 만큼 현명하고, 우주에서 미국의 취약성을 줄일 수 있을 만큼 충분히 빨리 행동할 수 있는가에 있다. 아니면 과거처럼 국가와 국민을 마비시키는 공격 — '우주 진주만' — 만이 국가를 자극하고, 미국정부로 하여금 행동을 취하게 만들 것인가.[49]

우리는 여기서 부시행정부의 중심인물이 '국가를 자극하기' 위해 또 다른 '진주만'이 필요할지도 모른다고 제안하는 것을 보게 된다.

이 보고서는 미국이 우리가 보기에 도저히 방어할 수 없을 것 같은, 하늘로부터의 공격을 당한 시점으로부터 정확히 9개월 전인 2001년 1월 11일에 발표되었다. 그리고 이 공격에 대한 주요 반응은 미국이 취약하다는 느낌이었다. 위 리포트를 발표한 위원회의 위원장은 이 공격과 "우주에서의 미국의 취약성"이라는 느낌을 이용하기에 아주 좋은 위치에 있었다. 메이산이 지적하듯이, 9·11 오후 6시 45분에 시작한 기자회견에서 국방장관인 된 럼스펠드는 9·11공격을 당시 상원군사위원회 위원장이었던 민주당 위원 칼 르빈(Carl Levin)을 위협하는 데 이용하였다(이때는 부시행정부 집권기 중에 잠시 민주당이 상원을 지배하던 시기였다). 생중계되고 있는 가운데 럼스펠드는 이렇게 말했다.

> 르빈 의원, 당신과 의회의 다른 민주당원들은 펜타곤이 추구하는, 특히 미사일 방어를 위한, 막대한 국방예산의 증가를 위해서는 간단히 말해서 돈이 충분치 않다며 우려를 표시했고, 당신은 그 때문에 사회복지자금을 건드려야 할지도 모른다고 두려워했소. 당신은 이번 일을 통해 국방예산을 늘릴 필요가 있는 비상사태가 이 나라에 존재하고, 만약 필요하다면 사회복지자금을 사용해서라도 방위비를 지출해야 한다 — 국방예산을 늘려야 한다 — 는 것을 납득했는가?[50]

9·11공격은 럼스펠드가 생각하는 '우주 진주만'을 제공한 것으로 보이고, 그는 이 사건을 이용할 준비를 놀라울 정도로 잘 해둔 것으로 보인다.

더욱이 만약 미국 정부관계자들이 9·11공격을 조장하는 데 관련되었다면, 우주지배에 지대한 관심을 가진 이는 럼스펠드뿐만이 아닌 것이다. 이 계획의 또 다른 주요 주창자는 NORAD의 사령관으로서 9·11 당시 항공교통 통제를 담당한 우주지배국의 현직 국장 랄프 에버하트(Ralph E. Eberhart) 장군이다.[51] 또한 합동참모총장으로 임명 되기 위한 과정에 있었고 9·11 당시 임시 합동참모총장이었던 리처 드 마이어스 장군 또한 미국 우주지배국의 전직 국장이었다. '스타워 즈 장군(General Starwars)'이라고 알려진 그는 미국 기업들이 세계의 가진 자와 못 가진 자 간의 격차를 벌이고 있는 동안 펜타곤이 미국 의 상업적 이익을 보호할 수 있도록 우주에 대한 절대적 지배를 확보 하려는 의도를 명확히 표현한, 『2020년을 위한 비전』의 작성을 총괄 하였다. 따라서 미국의 우주지배의 주창자인 세 명의 인물이야말로 9· 11 당시 "손을 떼라"는 명령(그런 명령이 정말 있었다면)을 내리고 감 독하는 데 가장 직접적으로 관여했을 사람들이다.

∎∎∎∎

이번 장에 요약된 증거는 펜타곤과 부시행정부의 관계자들이 — 아프가니스탄과 이라크에 대한 계획에서부터 우주무장을 위한 막대 한 자금을 희망하는 데 이르기까지 — 9·11공격을 직접 계획한 게 아니라도 최소한 이를 용인할 많은 이유들을 가지고 있었음을 보여 준다. 더욱이 일부 증거들은 최소한 일곱 번째 시나리오 — 백악관이 공격에 대한 구체적 지식을 사전에 가지고 있었다는 것 — 가 사실일 수 있음을 보여준다. 예를 들면 아프가니스탄에 눈이 내리기 전에 전 쟁을 시작할 수 있도록 어떤 공격이 있을 것이라는 발언과 같은 증 거이다. 또한 일부 증거는 백악관이 계획에 관여하였다는 여덟 번째 시나리오까지 암시한다. 비록 부시행정부의 주요 인물들이 분명 '새 로운 진주만'을 희망하기는 했지만 공격을 계획한 것은 아니고, 단지 다른 이들의 계획을 사전에 알았으며, 그들은 공격이 절대 방해받지 않도록 했다는 견해도 물론 가능하다. 그러나 새로운 진주만의 발발에 걸려 있는 모든 것들을 생각할 때, 합리적인 사람이라면 백악관이 이를 우연에 맡겨두지만은 않을 것이라고 결론지을 수 있다.

5. 전례: 노스우즈 작전(Operation Northwoods)

이제까지 요약된 모든 정보는 9·11공격에 있어, 미국의 정보기관들과 펜타곤 그리고 백악관까지 관련된 미국의 공모가 있었음을 가리키는 강력한 증거라고 볼 수 있다. 하지만 이 증거가 아무리 설득력 있다 하더라도, 많은 사람들과 대부분의 미국인들은 '미국에 대한 공격'이 자신들의 지도자들에 의해 계획된 내부적 소행이었을지도 모른다는 생각을 거부할 것이다. 대통령, 부통령, 그들의 각료, 미국 정보기관들, 미국 군부지도자들 모두의 주된 책임은 미국과 미국 국민을 보호하는 일이다. 비록 9·11에 대한 공식설명이 수많은 풀리지 않은 의문을 남긴다고 하더라도, 많은 미국인들은 미국의 정치·군사 지도자들이 9·11공격을 계획했다는 주장은 물론 이를 은밀히 공모했다는 주장조차 올바르지 못하다고 생각할 것이다. '새로운 진주만'이 발생할 경우 기대되는 이익이 무엇이든 우리의 군사·정치 지도자들은 그런 사건을 일으키는 계획에 가담하지 않았을 것이다. 우리는 이런 식의 음모론이 허황된 것임을 선험적으로 안다고 생각한다. 왜냐 하면 미국의 군사·정치 지도자들은 간단히 말해 그런 일을 하지 않을 것이기 때문이다.

그러나 그 선례라고 할 수 있는 계획이 1962년에 있었다. 최근에 관련문서가 기밀문서에서 해제되었기 때문에 지금은 우리가 그에 대해 알고 있다. 이 계획의 배후에는 아이젠하워 대통령이 CIA에 그의 재임 후반기에 쿠바를 침공할 평계를 만들어내라는 지시를 한 사실이 있었다. CIA는 '카스트로 체제에 반대하는 비밀작전 프로그램'을 작성했는데, 그 목표는 "미국이 개입한 사실이 전혀 드러나지 않는 방법으로, 카스트로 체제를 쿠바국민의 진정한 이익에 더 많이 봉사할 수 있고 미국이 받아들일 수 있는 인물로 교체하는 것이었다."[52] 아이젠하워는 이 계획을 승인했다. 그러나 차기 대통령인 존 케네디는 그가 받아들인 CIA의 계획이 피그만(Bay of Pigs)에서 실패로 끝나자 쿠바에 대한 권한을 CIA에서 박탈해서 국방부에 할당했다. 1962년 초 합동참모총장인 라이먼 렘니처(Lyman Lemnitzer)는 노스우즈 작전(Operation Northwoods)이라고 불리는 계획을 케네디에게 보고했다.[53]

모든 합동참모들이 서명하고 최고기밀문서라고 표시된 '국방장관을 위한 각서'라는 제목의 이 계획은, '미군의 쿠바침략에 정당성을 제공하는 구실'을 묘사하고 있었다.[54] '작전참모를 위한 각서, 쿠바 프로젝트'에 의하면, 미국의 개입 결정은 "미국과 쿠바 간의 긴장이 고조된 상황에서, 미국의 정당한 불만이 개입이라는 결과를 낳는 것이다." 이 각서는 "궁극적 목적을 은폐하는 것"이 중요하다고 말한다. "쿠바 정부의 이미지를 서반구의 평화를 위협하는 무분별하고 무책임하고 걱정스럽고 예측 불가능한 이미지로 발전시킴으로써" 구체적으로는 유엔에, 그리고 일반적으로는 세계 여론에 영향을 끼치는 것이 이 계획의 기본인식이었다.[55]

이 계획은 그런 이미지를 만들기 위해 가능한 행동들의 시리즈를 나열하고 있다. 예를 들면 "우리는 공산 쿠바 테러 캠페인을 마이애미 지역, 플로리다의 다른 도시들, 그리고 워싱턴에서도 만들 수 있다…… 우리는 플로리다로 향하는 쿠바인들이 가득 탄 보트를 침몰시킬 수도 있다(진짜든 가짜든)."[56]

"9·11에 진정으로 무슨 일이 일어났는가" 하는 질문에 대해 제시된 일부 시나리오(제1장 참조)를 감안할 때 다음의 아이디어는 특히 흥미롭다.

　쿠바 전투기가 공인된 민간항공기를 공격하여 격추시킨 것처럼 보이는 사건을 만들어내는 것이 가능하다…… 예정지는 쿠바를 지나는 항로를 선택하기만 하면 된다. 승객들은 휴가 중인 대학생 그룹일 수도 있다……

a. 에글린(Eglin) AFB에 있는 비행기를 색칠하고 번호를 매겨 마이애미 지역에 있는 CIA의 비밀조직에 소속된 공인 민간항공기와 똑같이 만든다. 정해진 시간에 이 가짜 비행기는 진짜 민간항공기를 대신할 것이고 세심하게 준비된 가명을 가진, 선별된 승객들이 탑승할 것이다. 진짜 등록된 비행기는 무인비행기로 전환될 것이다.

b. 무인 비행기와 진짜 비행기의 출발시간은 두 비행기가 플로리다 남쪽에서 랑데부할 수 있도록 계획한다. 랑데부 지점에서 승객을 태운 비행기는 최저 고도로 하강해서 승객들을 탈출시키고 비행기를 원래 상태로 복원시켜 놓을 준비가 되어 있는 에글린 AFB의 보조 필드로 직행한다. 무인비행기는 그 동안 계속해서 예정된 항로로 날아갈 것이다. 쿠바 상공에 들어서면, 무인 비행기는 국제 재난 주파수인 '메이데이(MAY DAY)'에 쿠바 미그 전투기의 공격받고 있다는 메시지를 발송할 것이다. 송신은 무선신호에 따라 비행기가 파괴됨으로써 중단될 것이다.[57]

　이 계획과 다른 일부 계획들에 의하면, "국가적 분노의 파도를 일으키기 위해"[58] 미국 신문에 희생자명단을 발표하기는 하겠지만, 사실은 이 속임수에는 희생자가 발생하지는 않는다. 하지만 '쿠바인들이 가득 탄 보트를 격침시키는 것'과 같은 계획이 보여주듯이, 모든 계획에서 희생자가 없는 것은 아니다. 더욱이 최소한 하나의 계획은 미국인들의 생명을 희생시키는 것이다. "메인(Maine) 사건을 기억하라"는 그 아이디어에 의하면, "우리는 관타나모에서 미국 선박을 폭파시키고 쿠바에 책임을 뒤집어씌울 수 있다"는 것이다.[59]

모든 참모총장들이 이 계획을 승인하였음에도 불구하고 케네디는 이를 거부하였다. 비록 군부 지도자들은 그런 계획을 만들어낼지 모르지만 미국의 대통령이라면 그처럼 야비한 계획에 절대 동의하지 않을 것이라고 말하는 이들은 케네디의 이 거절을 증거로 들 것이다. 그러나 다른 상황에서 다른 대통령들은 다른 결정을 내릴 수 있다. 예를 들어 1890년대 초, 글로버 클리블랜드 대통령은 하와이 합병계획을 거부했고, 그의 국무장관은 그 계획이 "여러 투기꾼들의 이기적이고 불명예스러운 책략"이라고 생각했다. 그러나 차기 대통령인 윌리엄 매킨리는 이 책략을 받아들였다(멕킨리는 쿠바, 푸에르토리코, 필리핀에 대한 통제를 확보하기 위하여 메인호 침몰사건을 스페인과의 전쟁을 정당화하기 위한 사건으로 이용한 인물이다).[60] 따라서 피그만에서의 실패라는 수치스러운 특정한 사건이 생긴 직후에 케네디가 특정 계획을 거부했다는 사실 때문에 다른 모든 대통령이 모든 상황에서 지정학적 목표를 달성하기 위한 계획들을 거부하리라고 판단할 수는 없다.[61] 설사 그것이 미국인을 포함한 무고한 인명을 희생시키는 사건이라고 하더라도 말이다.

■ ■ ■ ■

이 장의 증거들은 요컨대 9·11 이후에 미국이 벌이고 있는 전쟁은 " '국제테러리즘에 반대하는 캠페인'이 아니다. 이것은 정복전쟁이다. …… 그리고 미국 국민은 의도적이고 고의적으로 그들의 정부에게 사기를 당했다"는, 앞에 부분적으로 인용된, 미켈 초수도브스키의 결론을 더욱 강하게 뒷받침해주고 있다.[62] 다음 장에서는 이런 결론을 내린 비판가들이 제시하는 또 다른 종류의 증거들을 소개하겠다.

8 미국의 정부관계자들이 9·11 이후에 생포와 수사를 막았는가?

비판가들은 9·11에 발생한 '새로운 진주만'은 사전에 수립된 아젠다를 실행하는 역할을 했다고 주장한 다음, 미국이 9·11 이후에 보여준 행동은 이런 주장을 증명해준다고 말한다. 그 행동 중 일부분인 아프가니스탄과 이라크 전쟁에 대해서는 앞의 장에서 설명하였다. 이번 장에서는 공식설명의 허구성을 드러내는 9·11 이후의 미국의 또 다른 행동 예들에 관한 증거를 요약하기로 한다.

1. 오사마 빈 라덴과 알 카에다에 대한 추적반대(Anti-Hunt)를 계속하다

아프가니스탄 전쟁은 알 카에다와 빈 라덴을 뿌리 뽑기 위한 것 — 부시 대통령의 말을 빌리면 빈 라덴을 "죽었든 살았든" 잡는 것 — 이라고 하지만, 아메드와 톰슨은 진정한 목적은 딴 데 있음이 틀림없다는 상당한 증거를 제공한다. 왜냐하면 정부와 군부 지휘관들이 빈 라덴과 알 카에다가 탈출할 수 있도록 노력을 아끼지 않는 것처럼 보이는 몇몇 경우가 있었기 때문이다.

예를 들어 카불에 거주하는 많은 사람들에 의하면, 최고지도자를 포함한 것으로 보이는 알 카에다의 수송대가 2001년 11월 초에 엄청난 규모의 탈출에 성공했다. 그 지역의 한 사업가는 이렇게 말했다.

> 우리는 어떻게 그들 모두가 전날 밤에 죽지 않았는지 이해되지 않는다. 왜냐하면 적어도 1,000대의 자동차와 트럭으로 이루어진 수송대가 왔기 때문이다. 비록 매우 어두운 밤이었지만, 미군 조종사들이 헤드라이트를 보기는 아주 쉬웠을 것이다. 주요 도로들은 저녁 8시부터 새벽 3시까지 꽉 막혀 있었다.

톰슨은 "모든 인공위성 카메라의 초점이 카불지역에 집중되어 있던 당시 상황을 고려할 때 어떻게 그만한 규모의 부대가 미국에 의해 발각되지 않고 도시를 탈출할 수 있었을까?"라고 묻는다.[1]

또한 11월 초 미국 정보기관들은 알 카에다 전투원들과 지도자들이 잘랄라바드(Jalalabad) 지역으로 이동하는 것을 본 후 빈 라덴이 도착했다는 보고를 올렸다. ≪나이트 리더(Knight-Ridder)≫ 신문에 의하면 뒤이어 이런 일이 벌어졌다.

> 미국의 정보분석가들은 빈 라덴과 퇴각하는 전투원들이 국경을 넘어갈 준비를 하고 있다고 결론지었다. 그러나 전쟁을 총괄하고 있던 중앙지휘부는 이 탈출을 저지할 그 어떤 조치도 취하지 않았다. 익명을 전제로 제보한 한 정보관계자는 "적어도 11월 초부터 이 지역이 파키스탄으로의 대이동 거점이 될 것이란 사실은 명백했다"고 말한다. "이 모든 것이 알려져 있었고, 그럼에도 불구하고 그에 대비해 아무 조치도 취해지지 않았다는 데 솔직히 우리는 놀라움을 금치 못했다."[2]

그 후 얼마 지나지 않은 11월 14일, 북부동맹은 잘랄라바드를 공략했다. 그날 밤 빈 라덴을 포함하고 있음이 틀림없는 1,000명 또는 그 이상의 알 카에다와 탈레반 전투원들을 태운 '수백 대의 차량' 수송대가 잘랄라바드를 탈출하여 토라 보라(Tora Bora) 요새에 도착했다. 미군은 인근의 잘랄라바드 공항을 폭격하기는 했지만 수송대는 전혀 공격하지 않았다.[3]

11월 16일 고위 지도자들을 포함하여 약 600명 정도의 알 카에다와 탈레반 전투원들이 토라 보라 지역에 대한 폭격을 피해 탈출하기 위하여 대이동을 시작해서 아프가니스탄으로부터 탈출한 것으로 보도된다. 토라 보라 지역에서 파키스탄으로 가는 주요 도로는 두 개밖에 없는데, 미군 전투기들은 그 중 하나만 폭격했다. 따라서 그 600여 명은 나머지 한 도로를 통하여 무사히 탈출할 수 있었다. 다음 몇 주에 걸쳐서도 수백 명이, 대체로 미국의 폭격이나 파키스탄 국경보초의 방해 없이, 이 탈출경로를 계속 사용한 것으로 보도된다.[4] 한 아프가니스탄 정보장교는 미군이 가장 당연한 탈출경로를 막기 위해 군대를 주둔시키지 않은 데 대해 놀라움을 금치 못했다고 말한 것으로 보도된다. 나중에 ≪텔레그래프(*The Telegraph*)≫지는 "돌이켜보면, 그리고 토라 보라 전투에 참여한 많은 이들의 설명에 의하면, 그것은 거대한 제스처 게임처럼 보인다"고 말했다. 목격자들은 자신들이 받은 충격을 표현하면서, 미군은 많은 고위 지도자들을 포함한 것으로 생각되는 탈레반과 알 카에다 군대를, 파키스탄으로 향하는 길을 열어둔 채 나머지 세 면만 완전 봉쇄했다고 말한다. 아프가니스탄의 새로운 정부의 한 정보국장은 "파키스탄과의 국경이 열쇠였다. 그러나 아무도 그 어떤 관심도 두지 않았다"고 말한 것으로 인용된다.[5]

나중에 노스캐롤라이나의 페예테빌에 주둔했던 한 특수부대 군인은 11월 28일, 빈 라덴이 은둔하고 있던 토라 보라 동굴을 미군이

포위하고 있었지만 조치를 취하는 데는 실패했다고 말했다. 그에 의하면, 특수부대가 명령을 기다리고 있는 동안 두 대의 헬기가 빈 라덴이 있는 곳이라고 생각되던 지역으로 날아갔고, 승객들을 실은 후 파키스탄 쪽으로 날아갔다는 것이다. 익명을 전제로 제공된 이 증언은 《뉴스위크》가 많은 토라 보라의 지역주민들이 "의문의 검은 헬기가 밤중에 산에 내려서 알 카에다의 최고 지도자들을 실어날았다"[6]고 주장했다는 것을 독립적으로 보도한 사실에 의해서도 더욱 신빙성을 얻는다고 톰슨은 지적한다. 톰슨은 이 이야기가 보도된 같은 날에, 6월부터 시작해서 페예테빌의 군인 다섯 명 — 적어도 세 명은 아프가니스탄에서 최근 돌아온 특수부대 대원들 — 과 그들의 부인들이 타살이나 자살로 보이는 사건으로 죽었다는 다른 보도가 있었음을 덧붙인다.[7]

2001년 12월 말, 신임 아프가니스탄 내무장관인 유니스 콴누니(Younis Qanooni)는 ISI가 빈 라덴을 아프가니스탄에서 탈출하도록 도왔다고 주장했다.[8] 공식설명에 대한 비판가들의 입장에서 보면, 부시행정부가 9·11 이후에 있어 파키스탄을 자신들의 파트너로 여겨왔다는 사실을 감안할 때 이 주장은 매우 중요하다.

2002년 3월에는 부시 대통령 스스로 자신이 빈 라덴을 사살하거나 잡는 데 관심이 없다고 말했다. 부시 대통령은 "그는 이제 별 볼일 없는 사람이다 …… 나는 그에게 그다지 많은 시간을 할애하지 않는다 …… 나는 정말 그에 대해 별로 걱정하지 않는다"고 말했다. 부시의 선언이 암시하듯이, 전쟁이 사실은 처음부터 빈 라덴을 잡는 것을 목표로 한 것이 아니라는 의심은 한 달 후에 리처드 마이어스 장군에 의해 명백하게 선언되었다고 톰슨은 지적한다. 그는 "처음부터 목표는 절대 빈 라덴을 잡는 것이 아니었다"[9]라고 말했다. 또 다른 미국 정부관계자는 "우리의 목표를 너무나 좁게 잡으면, 만약 운

이 좋아 빈 라덴을 잡게 되는 경우 국제적 노력이 때 이르게 붕괴될 위험이 있다"고 말한 것으로 전해지는데, 이 발언은 더욱 많은 것을 밝혀준다.[10] 이 모든 의미를 이해하려면 9·11 발생 일주일 후에 조지 몬비오트(George Monbiot)가 쓴 아래의 글을 읽으면 된다.

> 만약 오사마 빈 라덴이 존재하지 않는다면, 그를 만들어낼 필요가 있었다. 지난 4년 동안, 미국 대통령이 국방예산을 늘리려고 하거나 또는 군비제한조약에서 빠져나오려고 할 때마다 그의 이름이 호명되었다. 그는 부시 대통령의 미사일방어 프로그램을 정당화하기 위해서도 이용되었다…… 지금 그는 선을 위한 십자군원정이 필요로 하는 악의 화신이 되었다. 얼굴 없는 테러의 얼굴…… 서방정부에서 그의 효용가치는 공포를 불러일으키는 그의 힘에 있다. 몇 십 억 파운드의 국방예산이 걸려 있을 때 깡패국가들과 테러리스트 장군들은 무엇보다 그들이 부채이기 때문에 자산이 된다.[11]

몬비오트의 발언은 '국제적 노력의 때 이른 붕괴'에 대한 미국 정부관계자들의 우려와 함께 왜 '빈 라덴에 대한 사냥'이 성공하지 못했는지에 대한 설명을 제공해준다.

2. 파키스탄 ISI의 역할을 은폐하다

앞에서 보았듯이 CIA와 그에 상응하는 파키스탄의 ISI는 1990년대에 탈레반을 만들어내고 승리를 확보하는 과정에서 함께 일했다. 이 점은 "파키스탄 ISI를 통해 흘러간 미국의 지원 없이는 1996년에 탈레반이 정부를 형성할 수 없었을 것"이라는 초수도브스키의 평가에 의해서도 뒷받침된다.[12] 더욱이 그는 ISI가 없었다면 카불의 탈레반 정부가 존재하지 않았을 것처럼, "미국 정부의 확고한 지지가 없었다면 파키스탄에 강력한 군사-정보기관이 없었을 것"라고

말한다.[13)]

CIA와 ISI의 긴밀한 관계의 역사는 1980년대로 거슬러 올라간다. 그 당시 ISI는 지역 정보기관이었고, CIA는 ISI를 통해 1979년부터 시작된 아프가니스탄에서의 비밀공작을 실행했다. CIA와 ISI는 소련군에 맞서 싸울 무자헤딘(Mujaheddin)을 형성하기 위해 급진적 무슬림을 전 세계에서 모집했다.[14)] 오사마 빈 라덴도 원래 이 일을 돕기 위해 파키스탄에서 불려왔다. 비록 그는 CIA와 계약을 맺고 있었지만, "파키스탄의 정보 장군들과 마찬가지로 CIA는 그에게 독자적 지휘권을 주었고" — 아메드는 여기서 존 쿨리가 말한 내용을 인용하고 있다 — 빈 라덴은 그 독자적 지휘권한과 그의 축적된 부를 이용하여 1985년에 알 카에다를 조직하기 시작했다.[15)] 1980년대 후반 파키스탄 대통령인 베나지르 부토(Benazir Bhutto)는 무자헤딘 운동이 얼마나 강력해졌는지를 알게 된 후 부시 대통령에게 "당신은 프랑켄슈타인을 만들고 있다"고 말했다.[16)] CIA가 탈레반을 만들기 위해 ISI와 일한 후인 1990년대 후반, CIA 요원들을 알고 있던 동남아시아 전문가인 셀리그 해리슨(Selig Harrison)은 요원들에게 그들이 "괴물을 만들고 있다"고 경고한 것으로 전해진다.[17)]

알 카에다와 탈레반뿐만 아니라 ISI 자체도 괴물이 되고 있다는 말이 전해졌다. CIA의 선동으로 소련군을 약물중독자로 만들기 위해 헤로인을 생산하기 시작한 ISI는 소련이 아프가니스탄에서 철수한 이후 헤로인을 서방국가들에 밀수출하기 시작하였고, 거기서 얻은 거대한 이익을 자체조직 양성에 이용했다. 그 결과 ISI는 "정부의 모든 분야에 거대한 힘을 미치는, 정부에 필적할 만한 기관"이 되었다고 한 분석가는 말한다. ≪타임≫지는 "악명 높은" ISI는 "보통 '국가 내의 국가' 또는 파키스탄의 '보이지 않는 정부'라고 불린다"고 말함으로써 이 분석을 확인시켜 주었고, ≪뉴욕커≫의 한 기사는 ISI

를 두고 "그 자체가 정부"라고 불렀다.[18]

한쪽에는 CIA와의 연계, 그리고 또 다른 한쪽에는 알 카에다, 탈레반과의 연계를 가진 ISI의 역사는 이 관계들이 한번도 깨지지 않았다는 사실에 비추어볼 때 아주 중요하다. "오사마와 CIA가 연계되어 있었던 것은 소비에트-아프간 전쟁 당시인 '흘러간 옛날' 이야기"라는 견해를 반박하면서 초수도브스키는, "CIA는 '호전적 이슬람 네트워크'와의 관계를 한번도 끊은 적이 없다"고 주장한다.[19] 그리고 아메드는 2001년 3월 셀리그 해리슨이 "CIA는 아직도 ISI와 밀접한 관계를 가지고 있다"고 한 말을 인용한다.[20]

이 관계에 대해서는 아메드와 초수도브스키의 정치적 관점과는 상당히 다른 견해를 가진 조사가인 제럴드 포스너도 인정하고 있다. 필자는 앞에서, 자신의 알 카에다 활동들은 사우디 정부 관계자들을 위한 것이었다고 주장한 아부 주바이다에 대한 심문에 대해 언급하면서 포즈너의 보고를 인용한 바 있다. 주바이다는 또한 자신의 활동은 파키스탄 정부 관계자들을 위한 것이라는 말도 했다. 포즈너는 "주바이다는 이렇게 말했다"고 보고한다.

> 1966년 빈 라덴이 ISI 내부에서 이슬람 세력에 가장 우호적인 일부 인사들과 밀접한 관계에 있는 고위층 군장교인 무샤프 알리 미르(Mushaf Ali Mir)와 거래를 체결했을 때 주바이다는 그 자리에 있었다고 한다. 그 관계는 여전히 원활하고 빈 라덴과 알 카에다에게 보호와 무기, 물자를 제공하는 관계였다는 것이다.[21]

포즈너는 또한 주바이다가 언급한 세 명의 사우디 관계자들이 4개월 내에 사망한 것처럼 무샤프 알리 미르도 7개월 후 같은 운명을 맞게 되었다고 보고한다. 2003년 2월 20일 그와 그의 부인, 그리고 그의 가까운 측근들은 최근에 점검을 마친 그의 군용기가 화창한 날에 추락함으로써 죽음을 당했다.[22] 따라서 포스너는 비록 대부분의 이슈에서는 미국의 공식입장을 받아들이지만 이 부분에서는, 선으로 묘사된 파키스탄을 악으로 묘사된 빈 라덴, 알 카에다와 차별화하려는 미국의 시도에 반하는 증거를 제시한다.

아무튼 ISI가 계속해서 CIA나 알 카에다 양측과 가까운 관계를 유지하고 있었다는 사실의 중요성은 9·11 바로 직후에 있었던 한 발견으로 인해 더욱 명백해질 수도 있었다. 이 발견은 바로 ISI 요원인 사에드 셰이크(Saeed Sheikh)가 플로리다에 있는 모하메드 아타의 은행계좌로 10만 달러를 송금했으며, 이 송금은 다름 아닌 ISI 국장 마무드 아마드의 지시에 의한 것이라는 사실이다.[23] 즉, CIA와 계속해서 긴밀한 관계를 가지고 있던 ISI가 9·11의 주모자로 지목된 인물에게 비밀리에 자금을 보낸 사실이 발각된 것이다. ≪아장스 프랑스-프레스(Agence France-Press)≫지가 "파멸적 연계(damning link)"라고 칭한 이 관계는 인도 정부가 처음 미국 정부에 알린 것으로 보도된다.[24]

이 송금사실이 가진 잠재적 중요성은, 마무드 아마드 장군이 9·11 당일 — 사실은 9월 4일부터 9·11 며칠 후까지 — 워싱턴에 있었다는 것이 알려짐으로써 더욱 커졌다. 이 시기에 그는 CIA 국장인 조지 테넷과 9월 9일까지 만난 것으로 보도되었고, 그 후 펜타곤, 국가안보회의, 국무부의 정부관계자들뿐만 아니라 상·하원의 정보위원회 위원장들을 만났다. 파키스탄의 유력 신문인 ≪뉴스(The News)≫는 9월 10일 다음과 같은 중요한 논평을 게재하였다. " (아마드 장군의) 방문이 흥미로운 이유는 그런 방문의 역사 때문이다. 예전에 (그의) 전임자가 워싱턴을 방문했을 때는, 파키스탄의 국내정치는 며칠 내로 엉망진창이 되었다." 여기서 엉망진창이라는 것은, 무샤라프(Musharraf) 장군이 정권을 접수한 1999년 10월 12일의 쿠데타를 말한다고 톰슨은 지적한다. 그 후 무샤라프는 쿠데타의 성공에 결정적 역할을 한

아마드 장군을 ISI 국장으로 임명했다.25)

이 방문을 계기로 큰일이 또다시 일어났는데, 그 큰일이란 9·11 뿐만이 아니었다. 9월 9일 북부동맹의 지도자인 아마드 마수드가 암살로 희생되었는데, 북부동맹은 이를 ISI의 공작이라고 선언했다. 이 암살이 ISI 국장과 CIA 국장 사이의 오랜 대화 직후에 발생했다는 점은, 미국이 오랫동안 '민족주의적 개혁가로 인식되었던 마수드를 약화시키려고' 노력했다는 사실에 비추어 특히 중요하다고 초수도브스키는 지적한다. 이 암살은 "미국의 이익에 기여한 것"이라고 주장하면서, 초수도브스키는 마수드가 죽은 후에 "북부동맹은 여러 파벌로 산산조각이 났다. 마수드가 암살되지 않았더라면 그는 아프가니스탄에 대한 미국의 폭격으로 세워진 포스트-탈레반 정부의 수반이 되었을 것이다"라고 덧붙인다.26) 이 의견은 앞서 제6장에서 논의된 바 있는, 줄리 설스가 방위정보국으로부터 받은 처우를 설명해줄 수도 있다.

마수드 암살사건의 중요성은, 수사관 존 오닐이 알 카에다 조사에 대한 방해 때문에 FBI를 사퇴한 일에서도 암시된다. 마수드가 암살된 바로 다음날인 9월 10일, 오닐은 세계무역센터 북쪽 타워의 새 사무실에 입주해서 보안책임자가 되었고, 9·11 희생자 중 한 명이 되었다. 9월 10일 밤 그는 그의 동료에게 "뭔가 큰일이 일어날 것 같다. 아프가니스탄에서 여러 일들이 정렬되는 모양이 좋게 보이지 않는다"고 말한 것으로 보도된다.27)

9·11에 대한 공식설명의 비판가들의 입장에서 보면, ISI 국장이 워싱턴을 방문하고 있는 동안 마수드가 암살되었다는 사실이, 워싱턴이 이 방문을 조용히 유지하려고 한 이유 중의 하나였을지도 모른다. 아무튼 초수도브스키의 견해에 따르면, 2002년 5월 16일자 콘돌리자 라이스의 기자회견 기록에 비추어볼 때 부시행정부는 아마드

장군이 워싱턴에 있다는 사실이 널리 알려지기를 원하지 않았다. 연방뉴스 서비스는 다음과 같은 대화가 오간 것으로 기록하고 있다.

질문: 당신은 ISI 국장이 9월 10일과 11일 워싱턴에 있는 동안, 10만 달러가 파키스탄으로부터 이 지역에 있는 그룹들에게 송금되었다는 보도들을 알고 있는가? 그리고 그는 왜 여기에 있었는가? 그는 당신이나 행정부의 그 누구와 만나고 있었는가?

미즈 라이스: 나는 그와 같은 보도를 보지 못했고, 그는 분명 나를 만나고 있지 않았다.

파키스탄 정보기관의 국장이 국가안보회의와는 만났지만 대통령의 국가안보보좌관과는 만나지 않았다는 말을 믿을 수 있는가 하는 의문 외에도, 초수도브스키가 지적하는 바와 같이, 또 다른 수상한 점은 백악관 버전의 사본이 이렇게 시작한다는 것이다.

질문: 라이스 박사, 당신은 (들리지 않음) 9월 11일에 워싱턴에 있었다는 보도들에 대해 알고 있는가?

사본의 이 버전은 — 연방뉴스 서비스의 기록과 달리 — 언급되고 있는 사람이 'ISI 국장'이라는 정보를 포함하고 있지 않으며, 이 버전은 그날 오후 CNN의 <인사이드 폴리틱스(Inside Politics)> 쇼에서 보도된 버전이다.[28]

미국 정부관계자들이 ISI와의 연계를 감추고 싶어 했다는 의심은 초수도프스키가 제기하는 또 다른 증거, 곧 FBI가 파키스탄과 관련된 부분을 보고함에 있어 구체적으로 아마드 장군, 아에드 셰이크 또는 ISI를 거명하지 않았다는 사실에 의해서도 암시된다. 예컨대 ABC 뉴스의 브라이언 로스(Brian Ross)는 연방당국이 "파키스탄 은행들로부터 10만 달러 이상의 흐름을 추적했다"고 말한 것을 들었다고 보도했다. 로스는 또한 ≪타임≫지에 의하면, "그 자금 가운데 일부를 추적하면 …… 오사마 빈 라덴과 연계된 사람들에게 바로 거슬러 올라간다"고 보도했다.[29] FBI는 자금이 "오사마 빈 라덴과 연결된 사람들"로부터 흘러왔다는 식으로 보고함으로써, 관심을 아마드 장군이나 사에드 셰이크, 그리고 ISI로부터 돌리려 하였다. 망신스러운 일이 될 수도 있는 이 송금사실은 그렇게 각색되어 오히려 공격의 주된 책임이 오사마 빈 라덴에게 있다는 공식설명에 이용되었다.

뒤에 나타난 증거는 사에드 셰이크가 더 많은 자금을 아타에게 이체했음을 보여준다. 톰슨은 2000년에 10만 달러가 이체되었고, 2001년 8월 11일에 또 다른 10만 달러가 이체되었는데, 10월에 불거져 나온 이야기가 어느 이체를 말하는 것인지 분명하지 않다고 말한다.[30] 또한 ≪뉴욕 타임스≫는 '무스타파 아메드'라는 사람이 총 32만 5,000달러를 플로리다에 있는 아타의 계좌로 이체하였다고 주장했고, ≪가디언≫과 CNN을 포함한 일부 언론은 이 이름이 사에드 셰이크의 가명이라고 생각했다.[31] 이 사람이 마지막으로 아타의 계좌에 송금을 한 것은 9월 8일과 9일이었다.[32] 톰슨은 "사에드가 빈 라덴의 재정관리자로 알려진 인물이었기 때문에 마지막 순간의 송금은 9·11 공격에 알 카에다가 관련되어 있음을 증명하는 '연기 나는 총(smoking gun)'이라고 선전되었다"고 보고한다. 그러나 "문제는 사에드가 ISI를 위해서도 일했기 때문에 이 송금사실은 마찬가지로 9·11공격에 ISI가 개입했음을 보여주는, 연기 나는 총이 아니가?"라고 톰슨은 묻는다.[33]

초수도브스키는 아타에게 보낸 ISI의 자금을, 그 주에 워싱턴에 있었던 ISI 국장의 존재와 함께, "9·11의 배후에 있는 잃어버린 고리"라고 부르면서 거기서 한발 더 나아간다. 그의 주장은 요컨대 다음과 같다.

9·11의 테러리스트들은 자발적으로 행동한 것이 아니다. 자살납치범들은 조심스럽게 계획된 첩보작전의 도구였다. 증거들을 보면 알 카에다가 파키스탄의 ISI로부터 지원을 받는다는 것이 확인된다. 그리고 ISI는 CIA 덕분에 존재한다(는 것도 충분히 기록되어 있다).34)

따라서 초수도브스키는 이 증거가 "미국의 군부-정보기관 내부의 주요 인물들"에 의한 공모 가능성을 보여준다고 믿는다. 그리고 "이것이 부시행정부의 공모로 이어지려면 아직도 더 분명히 증명될 필요가 있다. 현 시점에서 최소한 기대할 수 있는 것은 진상조사이다"라고 덧붙인다.35)

이 송금사실을 파고들면 9·11에 미국이 직접 개입되어 있을지도 모른다는 가능성에 몰두하고 있는 사람은 초수도브스키만이 아니다. 아메드와 자레드 이스라엘 모두, CIA와 ISI의 오랜 커넥션은 미국의 경제적 원조가 ISI를 통해 알 카에다로 넘어간 것을 의미하는 것은 아닌지에 대해 의문을 갖고 있다.36) 이 가능성은 또한 ≪피츠버그 트리뷴-리뷰(Pittsburgh Tribune-Review)≫에 의해서도 제기되었다. "사에드 셰이크의 권력은 ISI가 아니라 우리 CIA와의 커넥션에서 오는 것이라고 무샤라프 정부의 많은 이들이 믿고 있다. 그 이론에 의하면 …… 사에드 셰이크는 돈을 주고 산 인물일 뿐이다."37)

CIA의 자금조달에 대한 주장이 추측이라는 것을 인정하면서, 아메드는 다음에 일어난 일을 보면 적어도 워싱턴이 알 카에다와 ISI의 지속적인 관계에 대해 조사하는 것을 원치 않음을 알 수 있다고 믿는다. 아프가니스탄에 대한 폭격 직전인 10월 8일, 아마드 장군은 ISI에서 사임했다. 비록 공개적으로는 그가 은퇴할 때라고 결심한 것으로 발표되었지만, ≪타임스 오브 인디아(Times of India)≫는 다음과 같이 말한다. "진실은 더욱 충격적이다." 이 더욱 충격적인 사실은 인도가 미국 정부관계자들에게 아마드 장군의 지시에 의한 송금의 증거를 보내준 후, "미국 당국이 그의 제거를 원하자" 그가 조용히 면직되었다는 사실이다.[38] 아메드는 이와 같은 행동이야말로 은폐를 암시한다고 생각한다.

미국이 앞장서서 ISI의 역할에 대한 전면적인 조사를 벌일 것이라고 생각하겠지만, 사실은 뒤에서 ISI 국장을 …… 조용히 물러나게 함으로써 …… 조사가 진척되는 것을 막았다.

납치 주모자라고 알려진 모하메드 아타에게 아마드 장군이 자금을 보냈다는 사실이 어떤 식으로든 알려지는 것을 피하면서, 인사이동이라는 구실로 당시의 ISI 국장을 스캔들 없이 물러나도록 압력을 넣음으로써 미국은 이 문제에 대한 모든 조사를 효과적으로 차단하였다. 미국은 이와 같은 사실들이 널리 알려지는 것을 막았고, 9·11테러 공격에 명백하게 가담한 ISI 국장을 자유롭게 놓아주었다.

이런 냉소적 정책의 배후에 어떤 동기가 있든 간에, 세계무역센터와 펜타곤 공격의 주동자를 지원한 군사정보기관을 조사하고 기소하기보다는 보호하는 일에 더 많은 관심이 있어 보이는 미국의 반응은 적어도 미국정부의 간접적 공모를 상당 정도 드러내는 것이라는 데는 반론의 여지가 없다.[39]

초수도브스키 또한 "부시행정부가 이런 ISI와의 연결고리를 수사하기를 거부하는 것"을 심각하게 생각한다.[40]

ISI와 9·11을 연결할 수 있는 또 다른 고리는, 미국정부가 9·11공격의 배후자라고 지목한 (보진카 프로젝트, 1993년의 세계무역센터 폭탄공격, 그리고 'USS 콜'에 대한 공격까지 계획한) 칼리드 샤이크 모하메드(Khalid Shaikh Mohammed)이다. 보도에 의하면, 1999년에 그는 함부르크에 있는 아타의 아파트를 여러 차례 방문했다.[41] 앞에서 본 것처럼, 9·11 하루 전 그는 NSA가 도청한 전화통화에서 아타에게 최후 승인을 해줬다. 이 모든 사실은 일반적으로 알려져 있다(다만 NSA에

의하면 9·11 이후까지 그 통화의 내용을 해석하지 않았다는 조건이 붙는
다). 그러나 파키스탄인인 모하메드가 ISI와 연결되어 있었다는 것은
거의 거론되지 않았다. 이 문제에 대해 대부분의 사람들이 침묵을 지
키고 있는 반면, 그 침묵을 깨고 목소리를 낸 극소수 중의 한 사람이
'테러리즘과 비재래식 전쟁에 대한 국회특별전문위원회'의 국장을
지낸 조지프 보단스키(Josef Bodansky)이다. 그는 2002년에 모하메드가
ISI와 관련이 있고 ISI가 모하메드를 보호해주었다고 말했다.[42] 만약
이 말이 사실이라면, 9·11 하루 전에 모하메드 아타는 ISI 요원 한 명(사에
드 셰이크)에게 돈을 받았고, 또 다른 ISI 요원(칼리드 샤이크 모하메드)으로
부터 최종승인을 받은 것이다. 나아가 우리는 앞으로, 사에드와 모하메
드가 ISI와 연관된 또 다른 작전에서 밀접하게 함께 일했다는 증거를
보게 될 것이다.

3. ISI가 조사되어야 하는 더 많은 증거

  9·11 공식설명에 대한 비판가들은 미국 정부관계자들이 미국 내
에서 ISI와 알 카에다 스파이들 간의 연계를 분명히 은폐하려 했다는
사실 외에도, 9·11을 이해하려는 그 어떤 진정한 시도도 ISI에 초점
을 맞추어야 함을 알려주는 또 다른 이야기들이 있다고 보고한다. 이
이야기들 중 일부는 조사기자들과 관련이 있다.

  2001년 11월, 크리스티나 램(Christina Lamb)은 ISI와 탈레반의 연계
를 조사하기 위해 파키스탄에 가 있었다. 그러나 ISI는 그녀를 체포
하여 추방했다.[43]

  《워싱턴 포스트》의 기사에 의하면, 《월 스트리트 저널(*Wall Street
Journal*)》 기자인 다니엘 펄(Daniel Pearl)은 2002년 1월 말 파키스탄에

서, "파키스탄 과격분자들과 신발에 숨긴 폭발물로 미국 비행기를 폭파하려 했다고 기소된 리처드 C. 레이드(Richard C. Reid) 간의 연계를" 조사하는 중에 납치되었다. ≪보스턴 글로브≫에서 레이드가 알 푸크라(al-Fuqra)라는 종교단체와 연관이 있을지도 모른다는 이야기를 읽은 펄은, 자신이 납치되었을 때 그 종교지도자인 알리 질라니(Ali Gilani)를 만날 계획이었던 것으로 보인다. 질라니는 사에드 셰이크나 ISI 모두와 관련이 있는 것으로 보도된 바 있다. ≪워싱턴 포스트≫의 기사는 계속해서 "그 조사를 하는 와중에 펄은 파키스탄 비밀정보조직들에 관련된 분야로 길을 잘못 든 것인지도 모른다"고 말한다.[44] 따라서 미국의 언론은 일찍부터 ISI가 펄의 운명에 책임이 있다는 의심을 가졌다.

납치범들이 단순히 보통 테러리스트들이 아니었다는 것은 특히 미국이 파키스탄에 F-16 전투기들을 팔라는 그들의 요구사항을 통하여 드러났다. 톰슨은 "그 어떤 테러리스트 그룹도 F-16에 관심을 보인 적은 없었다. 그러나 이 요구와 또 다른 요구사항들은 파키스탄 군부와 ISI의 희망사항이었다"고 말한다.[45] UPI는 1월 말, 미국의 정보국은 납치범들이 사실 ISI와 연결되었다고 믿는다고 보도했다.[46] 하지만 그 이후, 펄에 관한 이야기에서 ISI는 좀처럼 거론되지 않았다.

펄이 살해되었다는 것이 알려진 후, 모하메드 아타에게 10만 달러를 송금한 ISI 요원인 사에드가 납치에 관여했다는 것 또한 알려졌다. ISI는 사에드를 체포하여 비밀리에 1주일 동안 감금했고, 사에드나 ISI 모두 그 1주일 동안 무슨 일이 있었는지를 논하기를 거부했다. 파키스탄 경찰은 그 후 펄의 죽음을 사에드의 소행으로 돌렸다. 사에드는 처음에는 자백했지만 교수형을 받자 자백을 철회했다. 톰슨은 "사에드가 ISI에 수감되어 있던 그의 '실종된 1주일' 동안 가벼운 형량을 받기 위한 비밀거래를 성사시켰고, 그 거래가 나중에 파기된 것인가?"라고 묻는다.[47] 아무튼 사에드가 체포된 때로부터 그에 대해 유죄판결이 있기 전의 기간에 일부 뉴스 기사는 알 카에다와 그의 연계를, 다른 일부는 ISI와 그의 연계를 언급했고, 또 다른 일부는 그가 양쪽 그룹 모두와 연계되었을지도 모른다고 언급했다. 그러나 대부분의 기사들은 어떤 커넥션도 거론하지 않았다고 톰슨은 보고한다. 더욱이 2002년 7월 사에드의 유죄가 확정되었을 때는 "그 어떤 미국 신문도 사에드를 알 카에다나 ISI와 연결시키지 않았다." 톰슨은 "언론이 ISI와 9·11공격의 연관을 암시할 수 있는 그 어떤 뉴스도 보도하기를 두려워하는가?"라고 묻는다.[48]

더욱이 펄의 경우 칼리드 샤이크 모하메드가 관련되었다는 보고들에 대해서도 같은 질문을 할 수 있다. 1997년, 전직 CIA 요원인 로버트 베어(Robert Baer)는 카타르의 전직 경찰로부터 — 필리핀에서 보진카 프로젝트가 발각되자 모하메드는 카타르로 도주했다 — 모하메드가 빈 라덴의 핵심 보좌관 중 한 명이라는 말을 들었다.[49] 그 후 베어는 펄에게 모하메드에 대해서 말해주었고, 따라서 펄은 레이드와 모하메드의 연계에 대해서도 조사하고 있었는지 모른다. 아무튼 나중에 수사관들은 레이드가 모하메드의 지휘 아래 활동했다고 믿게 되었다.[50] 그들은 또한 모하메드가 납치의 전모를 지휘했다고 믿게 되었다.[51] 더욱이 2002년에 모하메드가 ISI와 연관되었다고 주장한 조지프 보단스키는 펄의 살인을 지시한 자가 모하메드였다고 주장했고,[52] 2003년 10월에 존 룹킨(John Lupkin) 기자는 "미국 정부관계자들이 지금 모하메드가 펄을 죽였다고 믿게 하는 새로운 정보를 가지고 있다"고 말했다.[53] 그러나 이 이야기에서 ISI와의 연계 가능성에 대한 내용은 없다. 펄은 '이슬람 호전주의자들'에 대해서 조사하고 있었던 것으로 전해진다. 그리고 모하메드와 연계된 단 하나의 조직은 알 카에다라고 한다.

아무튼 9·11의 배후조종자로 지목된 칼리드 샤이크 모하메드는 또한 다니엘 펄의 납치와 살해의 배후조종자라고 생각된다. 만약 그게 사실이라면, 펄이 9·11의 진실을 발견할지도 모른다는 두려움 때문에 살해당했을 것이라고 추론하는 것은 그다지 큰 비약이 아니다. 그리고 만약 모하메드가 실제로 ISI와 연계되었다면, 그 부분은 9·11에 대한 ISI의 개입을 의심하게 하는 또 다른 이유가 된다.

ISI와 기자들에 관한 또 다른 이야기는, ≪뉴스(The News)≫가 2002년 2월에 ISI와 사에드의 관계에 대한 기사를 게재하는 것을 파키스탄 정부가 막지 못한 일에서 비롯되었다. 이 기사에 의하면, 사에드는 인도의회 공격에 대한 그의 개입사실을 인정하였을 뿐만 아니라 ISI가 그의 공격을 지원하고 계획, 실행하도록 도와주었다고 말했다고 한다. 그 후 얼마 지나지 않아 ISI는 ≪뉴스≫에게 이 기사를 위해 일한 네 명의 기자들을 해고하라는 압력을 가했고, 신문 편집자에게는 사과를 요구했다. 기자들은 해고되었고, 편집자는 다른 나라로 달아났다.54) 이런 보도들을 요약하면서 톰슨은, "이 정보는 '다니엘 펄의 살인에는 눈에 보이는 것 이상의 무엇인가가 있다'라는 제목의 기사에서 얻은 것이고, 분명한 사실로 보인다"고 덧붙인다.55)

ISI가 많은 것을 숨겨야 하는 것처럼 보인다는 사실과, 모하메드 아타에게 송금한 ISI 요원이 미국 기자를 납치하고, 추측컨대 살해하기까지 했다는 사실을 종합하면, ISI에 대해 알아낼 수 있는 모든 것을 파악하기 위해 미국의 정보기관들이 사에드를 인터뷰하기를 간절히 원할 것이라고 사람들은 생각할 것이다. 예를 들면 ≪워싱턴 포스트≫는 "ISI는 열리기를 기다리는 공포의 집이다. 사에드는 할 이야기가 있다"고 보도했다.56) 그러나 2002년 2월 말, 미국에 수감되어 있던 탈레반의 두 번째 최고위 관계자인 물라 하지 압둘 사마트 카크사르(Mullah Haji Abdul Samat Khaksar)는 그가 "ISI 요원들이 아직도 탈레반과 알 카에다를 혼동하고 있다”는 정보를 자진하여 제공한 것으로 보도되었음에도 불구하고 수개월이 지난 지금까지도 CIA를 기다리고 있을 뿐이라고 ≪타임≫지는 주장하였다. 인도의 ≪익스프레스(Indian Express)≫는 수개월이 지난 후에도 왜 미국 정보기관들이 파키스탄의 감옥에 앉아 있는 사에드를 심문하지 않는지 의아해한다.[57] 공식입장의 비판가들에게는 이런 수준의 무관심은 미국 정보기관들이 이미 알고 있는 것 이외에 이들이 말해줄 수 있는 것은 그 어떤 것도 없다는 것을 보여준다고 주장한다.

ISI와의 커넥션을 추적하기는커녕 워싱턴은 그런 커넥션이 존재한다는 것을 부인하려는 의도처럼 보인다. 2002년 3월, 국무장관 파월은 펄의 살해와 ‘ISI 요소’ 사이에는 아무런 연관이 없다고 선언했다. 주요 용의자인 사에드 셰이크가 ISI를 위해 일했다는 명백한 증거가 있음을 비추어보면, 파월의 부인은 “충격적”이었다고 ≪가디언≫지는 말한다.[58] 그 후 얼마 되지 않아, 법무장관 애쉬크로프트가 사에드에 대한 기소사항을 발표했을 때 9·11공격에 대한 사에드의 자금지원 이야기는 빠져 있었다.[59]

정부가 ISI의 개입을 은폐하려는 의도를 갖고 있음을 암시하는 이런 사건들에 앞서, 1999년에도 이와 비슷한 놀라운 선례가 있었던 것으로 보도된다. 뒤에 보도된 바에 따르면 미국정부를 위해 일하는 제보자 랜디 글라스(Randy Glass)는 그와 몇몇 불법 무기상들, 그리고 라자 굴룸 아바스(Rajaa Gulum Abbas)라는 이름의 ISI 요원과 저녁식사를 함께 하는 중에 오고 간 대화를 녹음했다. 1999년 7월 14일에 있었던 이 만찬은 근처 테이블에서 손님으로 가장하고 있던 FBI 요원들에 의해 감시되었고, 세계무역센터가 보이는 레스토랑에서 있었다. 아바스는 배에 가득 실린, 훔친 미국무기들을 사서 빈 라덴에게 주고 싶다고 말했을 뿐만 아니라 “저 타워들은 무너질 것이다”라고 말했다.[60] 2002년 6월 아바스는 미국의 군사무기를 불법적으로 구매하려 했다는 죄목으로 비밀리에 기소되었다. 그에 대한 기소내용이 2003년 3월에 마침내 밝혀졌지만, 그 기소내용에는 "파키스탄에 대한 그 어떤 언급도, 아프가니스탄의 전 체제인 탈레반과의 그 어떤 연계도, 또는 무기들의 최종 목적지에 대한 그 어떤 언급도 포함되어 있지 않았다."[61]

만약 타워들에 대한 이 이야기가 사실이라면, 이는 당연히 세계무역센터를 공격하려는 계획이 부시행정부가 출범하기 한참 전에 논의되었음을 뜻하는 것이다. 그것은 또한 PNAC가 '새로운 진주만'을 통해 얻을 수 있는 좋은 점을 언급하고 있는 선언서를 발표한 시점인 2000년 9월보다도 앞선 시점이다. 더욱이 만약 이 이야기가 사실이라면, 9·11을 계획하는 데 ISI가 개입되었다는 정황적 증거는 더욱 강력해진다. 그리고 그것은 부시행정부가 9·11에 대한 모든 이야기에서 ISI의 이름을 빼기를 의도하는 부분에 더욱 주목하게 하는 사실이다.

4. FBI가 비행학교에 대한 조사로부터 달아나다

FBI가 9·11공격의 배경에 대해 관심을 보이지 않았음을 보여주는 또 다른 예는, 9·11 나흘 후에 터진 아래의 이야기에서도 나타난다. 이 이야기에 의하면, 지목된 납치범들 중 대부분이 미국 군사시설에서 비행훈련을 받았다는 것이다. 이 시설들은 펜서콜라의 해군항공기지, 샌안토니오의 브룩스 공군기지, 앨라배마의 맥스웰 공군기지, 캘리포니아 몬테리의 방어언어연구소를 포함한다.[62] 펜서콜라 기지는 납치범 중 세 명의 운전면허증에 그들의 영구주소로 등록되어 있기까지 했다.[63] 이 보도에 관해 질문을 받았을 때 미 공군 대변인은 이름이 비슷할지는 모르지만 "아마도 동일인이 아닐 것"이라고 답변했다.[64]

TV 프로듀서이자 저술가이며 조사기자인 다니엘 홉시커(Daniel Hopsicker)는 그가 공군의 대외관계사무실의 한 소령에게 이 부분에 대해 물었을 때 "경력을 보면 그들은 동일인물이 아니다. 일부의 경우 나이가 20살이나 차이가 난다"라는 답변을 들었다고 전한다. 그러나 홉시커가 자신은 모하마드 아타에게만 관심이 있다고 말하면서 그 소령에게 "맥스웰 공군기지의 공군국제장교학교를 다닌 모하메드 아타의 나이가 보도된 테러리스트 아타의 나이와 다른가"라고 묻자, 그 소령은 "음, 어, 아니요"라고 대답했다고 한다. 그런 다음 홉시커가 맥스웰에서 학교를 다닌 모하메드 아타라는 인물과 접촉하기 위해 그에 대한 정보를 얻고 싶다고 말하자, 소령은 홉시커가 그 정보를 얻을 수 있으리라고 생각하지 않는다고 답변한 것으로 전한다. 9월 16일자 뉴스는, 아타와 함께 미국군사학교를 다닌 것으로 알려진 두 명의 다른 사람들에 대해 "정부 관계자들은 이 세 명의 나이나 원래의 국적 또는 다른 그 어떤 구체적인 세부사항도 발표하지 않았다"고 보도했다.[65]

미 상원의원들조차도 벽에 부딪힌 것으로 보인다. 플로리다의 상원의원인 빌 넬슨(Bill Nelson)이 펜서콜라 해군기지에서 이 세 명의 납치범이 훈련받은 것을 알게 되었을 때, 그는 법무장관 애쉬크로프트에게 이것이 사실인지 묻는 편지를 보냈다. 넬슨 상원의원의 대변인은 이 부분에 대한 질문을 받았을 때 "우리는 법무부로부터 확답을 전혀 받지 못했다. 그래서 우리는 FBI에 답변을 구했다 …… 지금까지 그들의 대답은 복잡하고 어려운 무엇인가를 정리하려고 시도하고 있다는 것이다"고 말한 것으로 홉시커는 전한다.

그럼에도 불구하고 10월 10일 이 '복잡하고 어려운' 문제를 해결하지도 않은 채, 또한 광범위하고 철저한 조사를 부르짖는 듯한 수십 가지의 사실들을 남겨둔 채, FBI 국장 뮬러는 사건이 종결되었다고 선언했다. FBI의 9·11에 대한 한 달간의 조사는 "FBI 역사상 가장 철저한 것"이었다고 자찬하면서 말이다. 뮬러의 태도는, 그의 요원들이 지금은 "9·11에 대해 전체적으로 이해하고 있으며 이제는 전진해야 할 때"라는 뜻이라고 관계자들은 말했다고 한다.[66] ≪워싱턴 포스트≫에 의하면, 뮬러는 "납치범들 중 몇 명이 미국에서 비행훈련을 받았다는 보도를 '당연히 놀라운 뉴스'라고 표현했다"고 한다. 그러나 그는 이 뉴스를 조사하고 있던 요원들을 다른 자리로 보내버렸다.[67] 한 법집행 관계자는 "당시 조사요원들은 그들이 지금 해야 할 일은 범죄를 해결하는 일이 아니라고 교육받았다"고 말한 것으로 인용된다.[68]

공식입장의 비판가들은 이 부분에 대한 조사를 거부한 FBI의 태도뿐만 아니라 FBI가 일부 납치범들이 이전에도 베니스와 플로리다의 비행학교에서 훈련받은 사실을 숨기려 했다는 증거에 의해서도 은폐 의도가 드러난다고 생각한다. 여러 납치범들이 이 두 학교에서 훈련받은 사실을 전하면서, 홉시커는 또한 9·11공격시점으로부터 18시간 후인 9월 12일 새벽 2시에 FBI 요원들이 두 학교에 와서 학생들에 대한 기록을 담은 파일들을 제거해버렸다고 보고한다.[69] 이 이야기는 FBI가 펜타곤 충돌 직후 펜타곤 건너편에 있는 주유소의 필름을 압수해간 것처럼, FBI가 매우 구체적인 사전지식을 가지고 있었다는 비난을 더해주고 있다.

5. FBI가 오마르 알-바유미를 서둘러 석방하다

공식설명의 비판가들이 9·11 이후의 조사로부터 발견하는 중요한 한 가지 사실은, 납치범들과 전혀 무관하게 보이는 사람들이 체포되어 오랫동안 수감되어 있었던 반면, 너무나 분명한 연관이 있어 보이는 사람들은 체포된 경우에도 아주 빨리 석방되었다는 점이다. 예를 들면, 뒤에 납치범으로 지목된 바 있는 나와프 알하즈미와 칼리드 알미다르가 1999년에 처음 미국에 입국했을 때, 사우디인인 오마르 알-바유미가 로스앤젤레스 공항에서 그들을 맞이했다고 톰슨은 전한다. 오마르는 그들을 샌디에이고로 데려가 아파트를 마련해주었다. 그는 또한 그들이 은행구좌를 열고, 자동차보험에 가입하고, 사회복지카드(social security card)를 얻고, 플로리다의 비행기학교에 전화할 수 있도록 모든 것을 도와주었다.[70]

뒤에 국회의 합동조사에서 드러났듯이 "샌디에이고 FBI의 최고 소식통 중 한 명은" 많은 자금을 동원할 수 있는 것처럼 보이는 "알-바유미가 사우디아라비아 정부관리임이 틀림없다고 FBI에 보고했다."[71] 9·11이 있기 두 달 전 알-바유미는 영국으로 떠났다. 9·11 이후 그는 FBI와 함께 일하는 영국요원에게 체포되었다. 그러나 FBI는 그가 알하즈미와 알미다르를 우연히 만났을 뿐이라는 말을 받아들여 '일주일 후에 무죄'로 그를 석방함으로써 영국의 요원들을 격분하게 했다. 톰슨은 "알-바유미의 조속한 석방은 그 어떤 종류의 테러리즘과도 연계가 없음에도 불구하고 9·11 이후 수개월 동안 이름 없이 체포되어 있는 수백 명의 미국 무슬림들의 경우와 너무나 분명히 대조된다"고 말한다.[72]

6. NSA의 은폐?

2001년 10월 말, ≪보스톤 글로브≫는 정부의 일부 정보관계자들이 격분해 있다고 보도했다. 그 이유는 9·11 조사와 관련된 정보들이 국가안전국(National Security Agency)에 의해 파괴되고 있기 때문이라는 것이다. 그들은 또한 NSA의 비협조적 태도 때문에 잠재적 단서들을 조사조차 할 수 없다고 주장했다.[73] NSA 전문가인 조사기자 제임스 뱀포드에 의하면, 워싱턴으로부터 출발한 제77편에 탑승한 납치범들을 포함하여 적어도 신원이 확인된 여섯 명의 납치범들은 8월부터 9·11까지 로렐이나 메릴랜드에서 "살고 일하고 계획하고 진행했는데, 그곳은 바로 NSA의 근거지였다. 따라서 그들은 이 모든 음모를 계획하면서 그야말로 NSA 직원들 바로 곁에 살고 있었던 것이다"라고 보도했고, 톰슨은 이 사실이 뭔가 관련성을 보여준다고 생각한다.[74] 이 사실은 단순한 우연이었을지도 모른다. 그러나 NSA 관계자들이 뭔가를 숨기려 한다는 앞의 고발은 의문을 불러일으킨다.

7. 무사우이와 관련된 이후의 사태진전

2002년 7월 2일, 사카리아스 무사우이(Zacarias Moussoui)의 청원이 연방법원에 제출되었다. 그 청원에 의하면, 무사우이는 미국 정부가 9월의 공격을 원했다는 정보를 가지고 있으며, 이를 대배심원과 의회 앞에서 증언하기를 원한다는 것이었다.[75] 그러나 아직까지 그가 말하고자 한 내용이 공개된 바는 없다.

2002년 9월, 조사기자인 세이모 허쉬(Seymour Hersh)는 무사우이가

1년 전인 2001년 11월에 기소되었음에도 연방검사는 그때까지도 무사우이와 사전형량조정(plea bargain)에 대해 논한 일이 없음을 밝혀냈다. "무사우이의 변호사들과 일부 FBI 관계자들은 정부가 사전 형량조정을 시도하지 않고 있는 데 대해 어리둥절해하고 있었고" 허쉬는 "나는 단 한번도 음모사건의 경우에 정부가 피고인이 어떤 정보를 가지고 있는지, 음모의 배후에 뭐가 더 있는지를 알아내는 데 관심을 두지 않는 것을 본 일이 없다"고 한 연방공익변호사의 말을 인용한다.76)

2003년 7월에 AP연합은 다음과 같은 기사를 띄웠다.

법정명령에도 불구하고, 법무부는 월요일에 알 카에다의 목격자와 테러 용의자인 사카리아스 무사우이가 대질하지 않게 하겠다고 말했다 — 이런 조치가 기각이라는 결과를 초래할 수도 있음을 검사들이 알면서도 말이다.

만약 지방판사 레오니 브린케마(Leonie Brinkema)가 사건을 기각하면, 9·11공격에서 비롯된 미국의 유일한 소송사건은 군사재판소로 이소될 수도 있다……

정부는 정부의 그런 반대로 인하여 9·11의 주모자로 의심되고 있던 람지 비날쉬브(Ramzi Binalshibh)에 대한 증거절차를 진행할 수 없음을 알고 있다고 말했다. 수사기록에 의하면 법무부의 이 결정은 또한 "다른 조치로 정의에 기여할 수 있다고 판단할 사유가 없는 한, 법원으로 하여금 기각결정을 할 수밖에 없도록 하는 것"이었다.

브린케마 판사는, 자신을 변론하고 있던 무사우이는 위성중계를 통하여 비날쉬브에게 질문을 할 수 있도록 허용했다. 정부가 필사적으로 막으려고 했던 이 대화는, 만약 무사우이의 소송이 재판에 붙여졌다면, 배심원들이 볼 수도 있는 것이었다……

기존의 입장을 고수하면서, 정부는 월요일에 다음과 같이 말했다. "자백은 했지만 반성하지는 않는 테러리스트(피고인)가 자신의 알 카에다 공범에게 질문하는 증거절차는, 필연적으로 기밀정보가 허가 없이 공개되는 결과를 초래할 수밖에 없다. 그런 시나리오는 피고인을 기소하는 책임 외에도, 이미 수천 명의 우리 시민을 살상한 적과 전쟁 중에 있는 국가의 안보를 책임지고 있는 정부로서는 받아들일 수 없는 것이다.”[77]

9·11 공식설명에 대한 비판가들의 시각에서 보면, 이런 이야기들은 법무부의 주요관심사가 진정으로 무슨 일이 일어났는지를 밝혀내는 것이 아니라, 또한 ‘20번째 납치범’이라고 알려진 인물을 기소하는 것이 아니라, 그가 대중들 앞에서 입을 열지 못하게 하는 데 있음을 보여준다.

8. 처벌이 아니라 승진

우리가 앞서 본 것처럼, 9·11공격을 막지 못한 것을 설명해주는 두 가지 주요 이론은 공모이론과 무능력이론이다. 배리 즈위커가 지적한 바와 같이 “무능력에는 대체로 처벌이 따른다.” 따라서 비판가들의 눈에는, 무능력이론은 처벌이 없었다는 점으로 인하여 약화될 수밖에 없다. 예를 들면 톰슨은 9·11이 있은 지 1년 후에 CIA나 FBI, NSA 국장들 모두가 국회 위원회에서의 증언을 통해 그들의 조직에서는 아무도 해임되거나 9·11과 관련된 잘못된 행동으로 처벌받은 사람이 없었다고 자백하였음을 지적한다.[78]

오히려 그와 반대로 일부는 승진까지 했다고 톰슨은 덧붙인다. 예를 들면 — 무사우이의 소유물에 대한 미니애폴리스 FBI의 수색영장 발부요청을 좌절시킨 — FBI 본부 요원 ‘방해꾼’ 매리언 보먼은 2002년 12월에 ‘탁월한 직무수행’ 덕에 FBI에서 상을 받았다. 더군다나 이 상은 의회보고서가 보먼의 RFU가 미니애폴리스 요원들에게 “변명의 여지가 없을 만큼 혼돈되고 부정확하며 명백하게 거짓된" 정보를 주었다고 밝힌 후에 주어진 것이었다.[79]

이 부분과 다른 승진 건을 회고하면서, 전직 법무부 관계자는 FBI 국장 뮬러가 "실패를 …… 야기한 바로 그 사람들을 승진시켰다"고 말했다.[80] 물론 그런 인사조치는 FBI와 더 나아가 부시행정부의 관점에서 볼 때 9·11사건은 실패가 아니라 극적인 성공을 의미한다는 비판가들의 주장을 뒷받침해준다.

■ ■ ■

공식설명에 대한 비판가들의 입장에서는, 9·11 이후 미국의 공식적 행태를 요약한 이번 장은, 공식설명이 거짓일 뿐만 아니라 진실은 미국의 공모라는 주장을 더욱 강화해준다. 우선 미군이 오사마 빈 라덴을 진심으로 체포하려고 들지 않았다는 증거는, 그와 미국 정보기관들 간의 오랜 관계가, 공식설명과는 반대로, 전혀 끝나지 않았음을 보여준다. 정확하게 미국의 어느 기관이 이 음모에 개입되었는가라는 이슈에 대해서, 이 장에 실린 증거는 CIA의 개입 가능성을 앞의 장보다 더 많이 암시해주고 있다. 이 장은 또한, 적어도 ISI — 그리고 궁극적으로는 CIA — 의 개입을 은폐하려는 시도에 있어 백악관의 공모가 있다는 데 대해 더 많은 증거를 보여준다. 백악관이 9·11 계획에 개입한 부분에 대해 좀더 언급하면, 1999년에 ISI 요원이 세계무역센터 타워들에 대하여 예측한 말이 사실인 경우, 그리고 그것이 ISI-CIA의 공동계획을 의미하는 경우, 그 계획은 조지 W. 부시의 대통령 당선이 확정되기 훨씬 이전에 만들어졌다는 뜻이 된다. 만약 부시가 그 계획에 관여되었다면, 그는 기본계획이 이미 완성된 후에 끌어들여졌을 가능성이 높다.

제3부 결 론

제3부 결 론

9 미국 정부관계자의 공모가 9·11에 대한 최선의 설명인가?

9·11의 공식설명에 대한 비판가들은, 메이산의 첫 번째 저서의 영문표제인 "거대한 거짓말"처럼, 공식설명이 거대한 거짓말이라고 생각한다. 또한 적어도 대부분의 비판가들은 9·11에 관하여 수정주의자이며, 아메드처럼 "기록에 나타나 있는 사실들에 대한 최선의 설명은 2001년 9월 11일 벌어진 사건들에 대해 미국 정부의 책임을 직접적으로 지목하는 것"이라고 믿는다.[1] 이 시점에서 미국 국민들에게 가장 중요한 질문은, 이 수정주의적 결론에 이르게 되는 주장들이 전체적으로 충분히 설득력이 있어서, 또는 적어도 충분한 심각성을 갖고 있어서, 그 주장들을 뒷받침하기 위해 언급된 다양한 증거와 연구에 대해 철저한 조사를 착수해야 할 것인가에 있다.

1. 누가 득을 볼 것인가?

이 증거와 연구의 핵심은, 공격에 공모했다는 의심을 받고 있는 기관들이 9·11로부터 막대한 이익을 얻었다는 사실이다. 아메드는 이 이슈에 대한 논의를 시작하면서, 조사기자인 패트릭 마틴(Patrick Martin)의 말을 인용한다.

그 어떤 범죄조사에 있어서든, 핵심 질문은 "누가 득을 볼 것인가?" 하는 것이다. 세계무역센터가 파괴된 사태의 주요 수혜자들은 미국 안에 있다. 부시행정부와 펜타곤, CIA, FBI, 군수산업체, 석유산업체들이 그들이다. 이 비극으로부터 그런 혜택을 받은 자들이 그 비극의 발생에 기여한 것은 아닌지 묻는 것은 합리적인 질문이다.[2]

구체적인 예를 한 가지 들면 다음과 같다. CIA 국장 조지 테닛은 전 세계에 걸쳐 비밀작전을 확대하려는 계획에 대한 승인과 자금지원을 희망했다. '전 세계적 공격 매트릭스'라고 불린 테닛의 계획은 "당시 진행 중이거나 현재 그가 추천하고 있는 80개 국가에서의 비밀작전들을 담고 있었다"고 밥 우드워드는 보고한다. 9·11 나흘 후에 열린 캠프 데이비드(Camp David) 회담에서 테닛은 이를 승인받았다.[3] 그리고 얼마 지나지 않아 "'전 세계적 공격 매트릭스'를 성공적으로 실시하기 위한 지원이 42%나 늘어났다"고 메이산은 지적한다.[4]

펜타곤과 군수산업의 경우를 보자. 대통령이 "돈이 얼마가 들든" 이 새로운 전쟁에서 이기기 위해 미국의 군사력을 충분히 증강시키겠다고 공언한 후, 그는 냉전 이후 최대 규모의 국방예산증대안을 통과시킬 수 있었다. 9·11이 없었더라면 그런 대폭적인 증가는 힘들었을 것이다. 필리스 베니스(Phyllis Bennis)는 "2002년 1월 부시행정부가 펜타곤의 예산에 추가하도록 요구한 480억 달러는, 그 자체만으로도 다른 그 어떤 국가의 군사비보다 큰 규모"라고 지적한다.[5] 달리 말하면, 만약 조용한 분위기였다면 의회는 미국이 이미 충분한 수준을 넘는 군사비를 지출했다고 평가했으리라는 것이다.

특히 9·11은 도널드 럼스펠드나 에버하트 장군, 마이어스 장군이 강력히 주장해온 우주군과 관련된 상당한 예산증가를 가져다주었다. 이들에게 있어서는 '미사일방어 시스템'에 대한 새로운 지지가 9·11로 얻은 가장 중요한 소득이었는지도 모른다. 갤럽 여론조사에 의하면, 2001년 7월에 실시된 조사에서 53%의 미국 국민들이 이 시스템을 지지한 것으로 나타난 반면, 10월 21일에 나타난 조사에서는 그 지지도가 70%로 올라갔다.[6]

아메드는, 9·11이 부시행정부에 가져다준 이익과 관련하여, 9·11 이전에는 부시행정부가 위기상황에 처해 있다고 널리 인식되었다는 점을 상기시킨다. 많은 미국인들은 부시가 부정하게 대통령직을 얻었다고 믿었다. 나라 안팎으로는 경제위기가 가중되고 있었다. "부시행정부는 그 외교정책으로 인하여 점점 더 고립되고 있었다…… 그리고 그 결과 유엔안보리와 다른 국제기구들에서 결의안들을 통과시키지 못하고 있었다." 대규모의 '반세계화' 시위도 있었다. "부시에 대한 지지도는 ― 개인적인 면에서든 정치적인 면에서든 ― 모두 추락하고 있었고", 따라서 "부시행정부가 이미 불안한 상태였던, 다가오는 2002년 하원 중간선거에서 다수석을 유지하기란 아마도 매우 힘들었을 것이다." 그리고 "브리진스키의 『거대한 체스보드』가 그리고 있는 전략적·군사적 계획들을 실행하는 것도 불가능했을 것이다."[7] 그러나 "9·11의 비극으로 인해 충격과 분노라는 국민적 분위기가 조성된 상황에서 부시행정부는 이런 감정들을 이용하여 오래전부터 염원했던 세계적인 경제·전략적 목표들을 진전시킬 수 있었고, 그간의 정통성 위기를 모면할 수 있었다."[8]

전략적·군사적 계획들을 실행하는 것과 관련하여, 부시행정부와 그의 고문들은 비국가 테러리스트가 감행한 이 공격을 자신들의 공격 리스트에 있는 국가들에 대한 전쟁의 빌미로 이용할 만반의 준비가 되어 있었던 것처럼 보인다. 9·11 저녁에 있었던 대국민담화에서 부시 대통령은 이렇게 말했다. "우리는 이 행위를 저지른 테러리스트들과 그들에게 은신처를 제공하는 이들을 구별하지 않을 것이다." 부시의 연설이 끝나자마자, 서론에 언급된 것처럼, 헨리 키신저는 인터넷에 발표할 원고를 준비했다. 그 원고에서 그는 부시의 요점인 '무차별'을 사실상 지지하면서 이렇게 적고 있다.

> 정부는, 바라건대 진주만사태와 같은 방법으로 끝낼 수 있도록 — 그 공격에 대해 책임이 있는 시스템을 파괴할 수 있도록 — 체계적으로 대응하는 임무를 부여받아야 한다. 그 시스템은 특정 국가들의 수도에서 비호를 받고 있는 테러 조직들의 네트워크이다 …… 이런 공격을 할 수 있는 그룹을 비호하는 그 어떤 정부도, 이 공격에 그들이 개입한 바 있는지 여부가 증명되든 않든, 엄청난 대가를 치러야 할 것이다.9)

일주일 후에 리처드 펄도 "테러리즘을 지원하는 국가들도 뿌리 뽑아야 한다"라는 사설에서 같은 말을 하고 있다.

> 테러리스트들을 비호하는 — 무고한 시민들을 살상할 수 있는 수단을 제공하는 — 국가들 자체도 파괴되어야 한다. 테러리즘에 대한 전쟁은 그런 체제들에 대한 전쟁이다.10)

부시행정부와 그 고문들은 이 메시지를 강조할 준비가 완료되어 있었던 것 같다.

그리고 성공을 거두었다. 미국이 벌이는 전 세계적인 테러와의 전쟁을 지지하도록 "세계를 동참시키겠다"는 의도를 대통령이 공표한 데 대해, 필리스 베니스는 이렇게 말한다.

> 세계의 지도자들과 정부들은 반대하지 않았다. 그 반대였다. 9·11 이전에는, 프랑스 지식인들 사이에서 과대한 권력을 가진 미국이 제국의 수장처럼 행동하고 있다는 분노가 늘어가고 있었다. 9·11이 있기 전에, 러시아는 미국의 ABM조약 파기위협에 대해 명시적으로 반대하고 있었다. 9·11이 벌어지기 전에는, 유럽과 다른 국가의 사람들은 국제사회에서 미국의 무책임한 행동을 응징하기 위한 조심스러운 노력을 시작하고 있었다 …… 그러나 그 9월의 화요일 10시에, 이미 주저하고 있었던 그 모든 움직임들이 갑자기 얼어붙었다. 그 대신 각국 정부는 격려를 보냈고 대부분의 세계는 미국이 제국의 권리를 주장하는 동안 수수방관만 하고 있었다.[11]

특히 이미 계획되어 있던 아프가니스탄 작전에 대하여 "9월 11일의 공격은 고전적인 식민지원정에 불과한 것을 정당한 작전으로 위장할 수 있게 해주었다"고 메이산은 주장한다.[12]

이 국가적 비극이 부시행정부에게 엄청난 기회를 가져다주었다는 사실은 널리 공감되고 있다. 예를 들면 존 필저는 "2001년 9월 11일의 공격은 '새로운 진주만'을 제공하였다"라고 말한 후, 이 공격은 "오랜만의 기회'로 일컬어졌다"고 덧붙인다.[13] 부시행정부 스스로도 그런 용어로 9·11을 표현한 바 있다. 9·11의 밤, 국가안보회의에서 부시 대통령은 공격이 "훌륭한 기회"를 만들어주었다고 말한 것으로 보도된다.[14] 한 달 후 도널드 럼스펠드는 《뉴욕 타임스》에서, 9·11은 "제2차 세계대전이 가져다준, 다시 말해 세계를 뒤바꾸는 기회 같은 것을 주었다"고 말했다.[15] 콘돌리자 라이스는 국가안보회의의 고위 멤버들에게 " '이 기회를 어떻게 이용할 것인지'에 대해 생각하라"고 말했다.[16] 이런 발언은 2002년 9월 부시행정부가 발표한 『미합중국의 국가안보전략(*The National Security Strategy of the United States of America*)』에 실리기까지 했다. 그 문서는 "9월 11일의 사건은 거대하

고 새로운 기회를 제공해주었다"고 솔직하게 선언했다.[17]

"수차례에 걸쳐 9·11은 '기회'라고 묘사되었다"는 점에 필자는 주목한다. 9·11공격이 가져다준 기회는 다른 많은 이들도 거론하는 바이다. ≪US 뉴스와 세계 리포트(*US News and World Report*)≫의 기사는 이렇게 적고 있다.

> 그리고는 9·11이 왔다. 전 세계적인 혐오와 위협에 대한 공감대는 워싱턴에, 세계정치를 뒤흔들 수 있는, 한 세대에 단 한번뿐인 기회를 안겨주었다. 공격이 있은 지 열흘 후, 국무부 전문가는 (콜린) 파월에게 열두 가지 '좋은 면을 정리해 올렸다.'[18]

마찬가지로, 미국이 이끄는 글로벌 경제에 대한 제3세계의 주요 비판가 중 한 명인 월든 벨로(Walden Bello)는 다음과 같이 말했다.

> 알 카에다의 뉴욕 작전은 미국과 전 세계적 권력기구에 부여될 수 있는 최고의 선물이었다…… 미국의 정치적 지배의 위기면에서 말하면, 9·11은 상원에서 다수석을 잃은 소수파 대통령인 조지 부시를, 이론의 여지는 있지만, 근래 들어 가장 강력한 대통령으로 만들어 놓았다.[19]

'평화와 정의의 국제센터'의 국장인 카렌 톨벗(Karen Talbot)의 아래 발언 내용을 보면 그녀가 브리진스키의 책을 읽었음을 알 수 있다.

> 9·11테러 공격은 특히 거대 석유회사들을 위해 움직이는 미국에, 중앙아시아의 구소련과, 세계 두 번째로 방대한 석유를 비축하고 있는 트랜스코카서스 지역에 군사기지를 영구히 안착시킬 수 있는, 질적으로 새로운 기회를 제공하였다. 이제 아프가니스탄과 파키스탄을 통과하는 석유와 가스 파이프라인을 위한 프로젝트를 앞당겨 시작할 수 있는 길이 열렸다…… 미국을 위한 가장 큰 보상은, 석유부국인 중앙아시아에 영구히 군사를 주둔시킬 수 있는 황금 같은 기회이다.[20]

유명한 정치논평가인 윌리엄 파프(William Pfaff)는 이렇게 말한다.

> 많은 미국인들과 다른 사람들에게 미국은 이미 현대판 세계제국의 잠재적인 우두머리이다 …… 다음 20~30년 동안 근본적인 이슈는 당연히, 미국이 어떻게 지금 가지고 있는 놀라운 권력을 사용할 것인가이다. 9월 11일 이전 미국은 …… 권력을 행사할 정치적 의지가 부족했다. 9·11은 그 의지를 채워주었다.[21]

아메드는 사회철학자 존 맥머트리(John McMurtry)의 주장을 아래와 같이 인용한다.

> '누가 범죄로부터 가장 많은 이익을 얻는가?'라는 법정원칙은 분명히 부시행정부 쪽을 가리킨다. 부시 주니어 파벌과 그들의 석유·군산복합체, 그리고 월 스트리트의 지지자들이 …… 이 거대한 폭발의 참상으로부터 천문학적 이익을 얻지 않는다고 생각한다면 그것은 순진한 발상이다. 그들의 소원 리스트가 있었다면, 이 마비적인 사건이 전개됨으로 인하여 모두 이루어졌다. 미국인들의 이목은 자유낙하하듯 추락하는 경제로부터 외국의 또 다른 사탄을 공격하는 데로 돌려졌고, 그 사이 부시체제의 인기는 올라갔다. 군부와 CIA, 그리고 모든 관련 군사안보기구들은 그 어떤 시기보다 많은 돈과 권력을 손에 쥐고 있고, 백악관이 이미 선언한 바 있는 것처럼 '완전히 새로운 시대'에, 그들이 할 수 있는 최대한으로 시민들을 지배하고 있다.[22]

따라서 일반적으로 범죄가 발생했을 때 그 범죄에 의해 가장 많은 혜택을 받는 이들을 주요 용의자로 고려하는 원칙에 기초한다면, 부시행정부가 이 특정한 범죄에 개입되었다고 가정하는 일응의 추정이 가능하다. 아니면 패트릭 마틴의 조심스러운 문장을 반복하건대, "이 비극으로부터 그런 혜택을 받은 자들이 그 비극의 발생에 기여한 것은 아닌지 묻는 것은 합리적인 질문이다."

"누가 가장 많은 이득을 얻는가" 하는 질문이 부시행정부의 공모

를 의심하게 한다고 주장한 다음, 아메드는 그 의심을 지지하는 증거
를 요약하고 있다.

2. 정부공모에 대한 증거: 요약

초수도브스키, 톰슨, 메이산, 그리고 다른 연구자들의 공헌으로 작
성된 요점을 보완한 아메드의 증거요약[23]은 다음 요소들을 포함하고
있다.

1. 아프가니스탄과 이라크 전쟁은 지정학적인 이유 때문에 이미 계획되어 있
   었고, 따라서 9·11은 전쟁의 원인이 아니라 단순히 구실을 가져다주었을
   뿐이라는 증거.

2. 알 카에다와 연계된 인물들이 미국에 입국할 수 없는 규정들이 있음에도
   불구하고 그들의 입국이 허용되었다는 증거.

3. 알 카에다와 연계된 인물들이 미국 비행학교에서 훈련받는 것이 허용되었
   다는 증거.

4. 9·11공격은 납치범에 대응하는 평상시의 행동절차를 정부의 최고위층이
   일시 정지시키지 않고서는 성공할 수 없었다는 증거.

5. 미국의 정치·군부 지도자들이 납치에 대한 그들의 반응을 설명함에 있어
   오도하거나 때로는 허위증언을 한 증거.

6. 전투기가 출격했지만 너무 늦게 도착했다는, 특히 지금 받아들여지고 있
   는 공식설명 부분은 9·11 며칠 후에야 만들어졌다는 증거.

7. 세계무역센터 빌딩들이 폭탄에 의해 붕괴된 것이라는 증거. 특히 붕괴의
   잔해, 그 중에서도 강철에 대한 충분한 조사를 차단함으로써 미국 정부가

은폐에 가담했다는 증거.

8. 정부의 누군가가 사람들을 대피시키지 않음으로써 두 번째 세계무역센터와 펜타곤에서 충분한 희생자를 확보하려고 시도했다는 증거.

9. 펜타곤에 충돌한 것은 보잉757이 아니라 유도된 미사일과 같은 더 작은 비행물체였다는 증거.

10. 승객들이 비행기를 탈환하려 한다는 것을 당국이 파악한 후에 제93편이 격추되었다는 증거.

11. 국방장관 럼스펠드가 두 차례의 공격에 대해 사전지식을 가지고 있었다는 증거.

12. 9월 11일, 부시 대통령이 공격발생 사실과 그 심각성에 대해 모르는 척 가장했다는 증거.

13. 부시 대통령과 그의 경호진이 9·11에 그 자신이 공격의 목표물이 아님을 알았다는 증거.

14. 적어도 한 달 전에 FBI가 공격의 시간과 목표물에 대한 구체적 정보를 가지고 있었다는 증거.

15. CIA와 다른 정보기관들이 9·11 직전에 구매된 풋 옵션을 통하여 공격에 대한 매우 구체적인 사전지식을 가졌으리라는 증거.

16. 부시행정부가 공격에 대해 구체적인 경고를 받지 못했다고 거짓말한 증거.

17. 음모를 사전에 발견할 수도 있었던 9·11 이전의 수사들을 FBI와 다른 정보기관들이 저지했다는 증거.

18. 파키스탄의 ISI가 9·11 계획에 개입했다는 증거를 은폐하려고 시도했다는 증거.

19. 미국 정부관계자들이, 9·11이 발발한 바로 그 주에, ISI 국장이 워싱턴
    에 와 있었다는 사실을 은폐하려고 시도했다는 증거.

20. FBI와 다른 연방기관들이 공격 이후, 진정한 범인을 밝힐 수 있었던 수
    사들을 차단한 증거.

21. 미국이 공격 전후에 오사마 빈 라덴을 진정으로 사살하거나 체포하려고
    하지 않았다는 증거.

22. 부시행정부의 주요인물들이 '새로운 진주만'이 가져다줄 많은 이익 때문
    에 이를 원했다는 증거.

23. 부시 스스로가 '21세기의 진주만'이라고 부른 이 사건이 부시행정부에
    안겨준 예견된 이득 때문에 그에 대한 동기가 충분하다는 증거.

24. 무능력이라는 책임이 있다고 여겨지는 인물들이 해고되기는커녕 일부는
    승진하기까지 했다는 사실이 제시하는, 대안적 설명(무능력이론)을 배척
    하는 증거.

아메드는 (위의 24개의 요점 모두는 아니지만 대부분을 포함하는) 그의
공모이론을 요약하면서, 자신이 논쟁의 종지부를 찍는 주장을 제시
하는 척하지는 않는다고 덧붙인다. 오히려 그는 자신의 결론이 "지
금까지 밝혀지고 입수할 수 있었던 사실에 기초하여, 현 시점에서 도
출할 수 있는 최선의 추론일 뿐"이라고 생각한다.[24]

3. 공모이론의 가능한 문제점들

아메드의 조심스러운 태도는 상당히 타당하다고 할 수 있다. 왜냐
하면 수정주의자들이 논의하는 사실들이 또 다른 사실들에 의해 다
른 방향으로 해석될 수도 있기 때문이다. 또한 그들이 '사실'이라고

제시하는 일부 사항들이 사실이 아닐 수도 있다. 따라서 더 많은 조사만이 결론을 가능하게 할 것이다. 더욱이 일부 주제에 대한 주장을 함에 있어 '최종결론'이라는 판단은, 항상 부분적으로는 그 판단을 하는 사람의 편견에 좌우되는 주관적인 판단이다. 따라서 문제는 아메드와 초수도브스키, 메이산, 톰슨, 그리고 다른 연구자들의 글로부터 도출할 수 있는 최선의 주장인 정부공모라는 주장이 최종결론인가 아닌가에 있는 것이 아니다. 문제는 그 주장이 최종결론이라고 널리 받아들여질 수 있는 가능성이 있는지 없는지 여부에 있다. 그리고 이 주장이 그런 가능성을 인정받기 위해서는, 수정주의자들이 공식 설명의 설득력 부족을 보여주기만 하는 것으로는 충분하지 않다고 수정주의자들에 대한 비판가들은 반박할 것이다. 수정주의자들은 현재 확인할 수 있는 모든 관련 사실들을 설득력 있는 방법으로 통합시킬 수 있는, 무슨 일이 일어났는가에 대한 대안적 설명까지 제공해야 한다. 여기서 더 나아가 수정주의자들에 대한 비판가들은, 수정주의자들의 글에 적어도 암시적으로나마 대안적 설명들이 이미 포함되어 있다고 하더라도, 그것은 쉽게 답변하기 어려운 많은 수사적 질문에 부딪힐 수 있다고 주장할지도 모른다.

예컨대 그런 질문 중의 하나는 이런 것이다. 만약 부시행정부의 관계자들이 새로운 진주만을 원했다면, 왜 그들이 적어도 백악관, 국무부, FBI, CIA, 그리고 펜타곤의 멤버들까지 개입해야 하는 거대한 음모를, 즉 9·11에 일어난 일련의 사건들을 선택했을까? ─ 여기서 '선택'이란 공격계획에 참여하는 것을 암시할 필요까지는 없다. 그것은 단순히 '일이 벌어지도록 용인하는 것'을 의미할 수도 있다 ─ 더욱이 납치된 비행기를 처리하는 표준절차라는 것이 존재하는 상황에서, 비행기들이 세계무역센터와 펜타곤에 충돌하게 하는 것은 너무나 명백한 표준절차 위반을 수반할 수밖에 없고, 그 경우 음모자들이 발각되지 않으리라고 기대하기 힘든데도 불구하고 말이다. 물론 공격으로 인한 충격과 무비판적이고 폭발적인 애국심 때문에 한동안 그들의 음모가 발각되지 않고 빠져나갈 수 있을 거라고 가정했을 수도 있다. 그러나 어떻게 그들이, 말도 안 되는 이야기로 끝까지 음모를 감출 수 있으리라고 믿을 수 있을까? 왜 그들은, 사실상 거의 같은 효과를 얻을 수 있고, 아주 적은 수의 범죄자들만으로 실행할 수 있는 생화학무기 공격 같은 훨씬 간단한 사기극 대신 그런 어리석고 아주 복잡한 음모를 생각해냈을까? 요컨대 새로운 진주만은 꼭 비행기공격을 벌일 정도로 진주만을 흉내 낼 필요는 없었다는 것이다.

더욱이 부시행정부가 9·11과 같은 종류의 공격을 선택할 만한 뭔가 합리적인 이유가 있었다고 하더라도, 왜 그들이 건물들을 폭파했을까? 그렇게 하면 세계무역센터에 대한 공격이 내부자의 소행임이 발각될 위험이 높아지는데도 말이다. 발각될 위험을 무릅쓰고라도 수천 명의 죽음을 확보할 필요가 있었을까? 아무튼 왜 그들은 세계무역센터의 빌딩 7까지 무너뜨렸는가? 그럴 경우 쌍둥이빌딩이 비행기 연료에서 생긴 열과 비행기충돌의 충격으로 무너졌다는 주장이 약화될 수 있는데도 말이다.

단지 논쟁을 목적으로 수정주의자들의 음모론을 받아들인다고 하더라도, 음모자라고 주장된 이들의 행동은 결과적으로 믿기 어려울 정도로 많은 무능한 행태들 투성이다. 예를 들면 펜타곤이 공격당하기 전에 전투기가 출격한 사실이 없다면, 이는 당연히 누군가가 표준절차를 마비시키기 위한 명령을 내렸음을 의미하는 것이 분명한데도 불구하고 왜 음모자들은 처음에 그렇게 이야기했을까? 그리고 뒤이어 이 이야기가 그들을 관련지을 위험이 있다는 것을 깨달았을 때도, 왜 그들은 거의 마찬가지로 어리석은 — 전투기들이 멀리 떨어진 공군기지에서 출격명령을 받았고, 겨우 시속 몇 백 마일

로 비행했음을 뜻하는 내용의 — 두 번째 버전을 만들어냈을까? 이
전체 작전을 위해 거대한 계획이 있었을 것이 분명한데, 왜 처음부
터 모든 관련 인물들이 이야기할 면밀히 준비된 신빙성 있는 전체
스토리가 없었을까?

더욱이 수정주의자들에 대한 비판가들은, "왜 음모자들이 그 뒤에
도 불필요한 거짓말과 멍청한 발언들로 더 많은 의심을 야기했을
까?"라고 물을지도 모른다. 예를 들면 그들은 납치된 비행기를 저지
하는 데 대통령의 명령을 필요로 하지 않는다는 사실을 초보기자라
도 발견할 수 있음에도 불구하고 왜 그렇게 주장했을까? 왜 그들은,
그들의 주장이 거짓으로 밝혀질 것이 분명한데도 불구하고, 공격에
대한 사전경고를 받은 적이 없다고 주장했을까? 왜 그들은, 부시 대
통령이 그런 사건들에 대해 즉각적으로 보고받는다는 것이 잘 알려
져 있음에도 불구하고, 그가 미국이 공격당하고 있다는 사실을 모르
는 것처럼 행동하도록 설정했을까? 왜 대통령은 현대판 진주만이 진
행되고 있다는 사실이 공식적으로 알려진 상황에서도 '독서'를 계속
했을까? 그리고 왜 대통령은 공개된 장소에 머물러 있었을까? 그렇
게 함으로써 그와 그의 부하들이 어떤 자살공격도 자신들을 목표로
하고 있지 않음을 알고 있다는 것을 과시라도 하듯이 말이다. 만약
이것이 음모였다면, 경호진이 정말 걱정하는 것처럼 행동하고 대통
령은 진짜 대통령답게 보이도록 연출하려고 하지 않았을까? 더욱이
만약 체니나 럼스펠드, 월포위츠, 그리고 리비가 2000년 PNAC 문서
를 만들었을 때 이 사건을 계획하고 있었던 것이라면, 왜 그들은 모
든 사람이 읽을 수 있는 그들의 공개적 문서에 그들이 '새로운 진주
만'을 필요로 한다고 해석될 수 있는 내용을 남겨두었을까? 그리고
왜 럼스펠드(콕스 의원의 보고가 진실이라고 가정할 때)가 세계무역센터
에 대한 첫 번째 공격 바로 직전, 미국에 대한 더 많은 테러 공격이

발생할 것을 예견하는 발언을 하고, 펜타곤에 대한 공격 바로 직전에
도 또 다시 그런 예언성 발언을 했을까? 그렇게 하면 그가 공격 사실
과 시각까지도 사전에 알고 있었다는 의심의 실마리를 주는 것인데
도 불구하고 말이다.

　펜타곤 공격에 관한 수정주의자들의 설명에 대해서는 다음과 같은
일련의 수사적 질문들이 있을 수 있다. 펜타곤이 미사일로 방어되고
있다는 주지의 사실과, 그곳이 지구상 가장 잘 보호된 장소라는 더욱
더 일반적인 인식이 있음에도, 왜 음모자들은 펜타곤을 목표물에 포
함시켰을까? 그게 아니라 원래 계획은 비행기를 납치하여 펜타곤을
공격하는 것이었더라도, 그들이 목표물들을 고른 것은 아니고 단지
충돌사건이 일어나도록 용인하기만 한 것이라면, 왜 그들은 펜타곤
이 실제 타격을 입도록 계획을 짰을까? 특히 공격하는 비행기를 격
추하는 것이 그들의 방어의지를 보여주는 증거가 될 수 있었을 텐데
도 말이다. 또는 만약 계획이 처음부터 군용기를 펜타곤에 충돌시키
고 그 후에 그 비행기가 납치된 757이라고 주장하는 것이었다면, 왜
그들은 많은 사람들의 눈에 띄고, 펜타곤에 충분히 큰 구멍을 내지도
않으며, 큰 금속부품들을 눈에 띄게 충분히 남기지도 않을, 날개 달
린 미사일 같은 훨씬 작은 비행물체를 이용했을까?(요즘은 유도미사일
뿐만 아니라 비행기들도 조종사 없이 날아다닐 수 있다) 아니면 이렇게 훨
씬 작은 비행물체를 사용하게 된 이유가, 제77편이 (추측컨대 승객들
이 납치범들에게 대항함으로써) 예정에 없이 추락해버렸기 때문에 즉흥
적인 작품이 필요해서였다면, 왜 더 그럴듯한 대안은 없었을까? 왜
음모자들은 멀리 프랑스에 있는 사람에게도 그 멍청함이 드러나 보
이는 시나리오를 즉흥적으로 만들어내기보다는 차라리 계획의 이 부
분을 그냥 포기해버리지 않았을까? 그것이 더 나은 대안으로 보이는
데 말이다. 아무튼 불길이 너무나 뜨거워서 비행기의 철강과 알루미

늄을 모두 증발시켜버릴 정도였다고 주장하면서, 왜 희생자의 시신을 확인할 수 있다는 완전히 바보 같은 주장을 했을까? 더욱이 테드 올슨의 역할에 대해서는 어떤 설득력 있는 설명이 가능할까? 자신의 상관이 지휘한 작전 때문에 자기 부인이 방금 죽었다는 것을 알게 된 올슨이 그 상관을 돕기 위해 자진해서 거짓말을 했다고 우리가 믿어야 할 것인가? 아니면 그 모든 이야기가 사기였다고 — 바바라 올슨은 사실 죽지 않았고 따라서 여생 동안 신분을 감추고 살아야 할 것이라고 — 믿어야 할 것인가? 그리고 어찌 되었거나, 왜 모든 승객들에게 전화하라고 독려했음에도 전화를 건 사람이 바바라 올슨밖에 없었다는 신빙성 없는 이야기를 만들어냈을까? 제77편이 추락하지 않고 워싱턴으로 돌아오고 있다는 인상을 주는 더 나은 방법이 분명히 있을 수 있었다. 마지막으로, 만약 보잉757인 제77편이 오하이오나 켄터키의 어딘가에 추락했다면, 왜 그 잔해가 발견되었다는 보고가 전혀 없는가?

수정주의자들의 가정이 암시하는 제93편에 대한 설명 — 그 설명에 의하면 탑승객들이 비행기를 탈환하려는 순간, 정부관계자들이 격추시킨 것이다 — 은 분명 그 외에도 많은 수사적 질문을 불러일으킬 것이다. 예컨대 왜 비밀작전에 경험이 많은 최고의 군사요원들과 CIA 요원들을 동원할 수 있었던 음모자들이 전자식으로 폭발하는 폭탄을 설치하는 것 같은 더 나은 보완계획을 만들어두지 않았을까? 왜 사실이 발각될 수 있는, 특히 전투기가 목격되는 것과 같은, 많은 증거를 남기는 방법으로 제93편을 제거하는 길을 선택한 것일까?

마지막으로, 정부공모이론에 대해 비판가들이 던질 수 있는 가장 파괴력 높은 수사적 질문은, 무능력이론에 대한 비판가들이 주목하는, 알려진 처벌이 없었다는 바로 그 사실로부터 비롯된다. 공모이론에 대한 비판가들은 만약 9·11이 음모의 결과라면 왜 희생양을 만들어내지 않았겠느냐고 물을 수 있다. 공식설명은, 묵시적으로라도, 역사상 최대의 무능력이론을 필요로 할 것이다. 왜냐하면 공식설명은 다른 많은 사람들을 포함하여 FBI 요원들, FAA 항공통제자들, NMCC 관계자들, NORAD 관계자들, 그리고 전투기조종사들까지 믿을 수 없을 정도의 무능을 보여주었음을 암시하고 있기 때문이다. 거기에는 희생양이 될 만한 사람이 수없이 많았고, 그 중 몇 명쯤은 실제 음모자가 의심받는 것을 막기 위해 희생시킬 수도 있었다. 그러나 과거 대부분의 경우와는 달리 그런 희생양은 없었다. 만약 공식설명이 그야말로 사실이라면 총체적 무능력을 보여주었음에 틀림이 없는 사람들이, 단 한 명도 해고되거나 공개적으로 문책되지 않고 일부는 승진까지 함으로써 그들이 상관의 지시를 충실히 이행한 것이라는 의심을 증폭시킨 것이다. 그러나 그런 행동은 너무나 건방진 것이 아닐까? 언론을 너무나 멍청하다고 생각하거나 알아서 눈감아주리라고 여긴 것이 아닌가? 만약 부시행정부의 주요 인물들이 9·11에 공모한 것이라면, 그들은 적어도 총체적 무능력을 비난하면서 몇 명을 처벌하는 큰 쇼를 벌이지 않았을까?

이런 것들이 적어도 필자가 상상할 수 있는, 공식설명에 대한 비판이 암시하는 공모이론에 대해 제기 가능한 비판적·수사적 질문들이다. 이 모든 수사적 질문들을 합쳐놓고 보면, 우리 앞의 선택은 단순히 무능력이론과 공모이론 중의 하나가 아닌 것 같다. 그게 아니라 한편으로는 순간적으로 믿을 수 없을 만큼 무능해진 부하직원들에 대한 이론과, 다른 한편으로는 음모를 꾸미는 데 믿을 수 없을 만큼 무능한 듯한 고위관계자들에 대한 이론, 이 두 가지 중 하나를 선택해야 하는 것 같다. 이 무능력이 '믿을 수 없을 정도'라고 말하는 것은 그야말로 믿기 어렵다는 뜻이다. 그에 대해 공모이론의 비판가들은 공모이론을 받아들이는 것은 반대로 지나친 신뢰를 요구하는 것이라고 말할 수도 있다.

고위층의 음모이론을 믿는 이들은 분명 일견 무능한 듯한 그 계획을 '거대한 거짓말'이라는 이론으로 설명할 수 있다. 대중은 작은 거짓말보다는 거대한 거짓말을 더 쉽게 믿는다. 그 이유는 바로 누구라도 그렇게 대담무쌍한 이야기로 사람들을 속일 것이라고 상상하기 어렵기 때문이다. 예를 들어 고어 비달(Gore Vidal)은 "인간이 쉽사리 믿는 속성에 대해서는 히틀러의 팀이 거의 바로 판단한 것 같다. 거짓말이 크면 클수록 믿음을 얻을 가능성은 더 크다"고 말한다.25) 그러나 이런 설명만으로, 정치적·지적·군사적 집단에서 최정상에 오른 정부 관계자들이 그렇게 명백하게 믿기 어려운 커버스토리의 계획을 고안했을 것이라는 주장에 대한 의심을 극복하기는 쉽지 않다.

자신이 결정적인 사례를 제공했다고 주장하지는 않는다고 인정한 아메드의 말처럼, 필자도 지금까지 알려진 사실만으로 광범위한 신뢰를 얻을 수 있는 정부공모이론을 구성하기는 어렵다고 말하고자 한다. 그러나 이 점에 있어서 아메드나 초수도브스키, 메이산, 톰슨, 그리고 공식설명에 대한 그 밖의 비판가들은 한마디 주의를 던질 것이다. 그것은, 대답할 수 없는 질문들이 있다고 해서 똑같이 심각한 의문을 수반하는 두 가지 가설 중에 동전을 던져 하나를 택하기만 하면 된다는 뜻은 아니라는 것이다. 공식설명에 대해 그들이 제기한 질문들은 공식설명과 알려진 사실들 사이의 모순에 대한 질문이지만, 공모이론에 대해 위에서 제기된 질문들은 수사적 질문들이며, 따라서 그 어떤 질문에도 그 어떤 대답을 제공할 수 없다는 차이가 있다. 그러나 적어도 일부의 질문에 대해서는 답변이 있을 수도 있다.

예를 들어, 왜 더 쉽게 준비할 수 있는 다른 형태의 테러 공격이 아닌 비행기공격이 마련되었는가 하는 질문에 대한 대답은 이미 암시된 바 있다. 공격을 음모한 목표 중 한 가지가 '미사일방어 방패'를 위해 수백 억 달러의 지원을 얻어내는 것이었다면, 공격은 '우주 진주만'이라고 인식될 수 있도록 하늘에서부터 와야 한다. 비록 생화학공격은 더 적은 음모자들만을 필요로 하기 때문에 훨씬 더 간단했을지 모르지만, 원하는 효과를 얻어내지는 못했을 것이다.

그 많은 음모자들이 침묵을 지켰다는 말이 설득력 있느냐는 질문에 대해서는, 그런 질문을 하는 사람들은 기소당할 위협이나 그보다 더 심한 위협이 개인에게 가해지는 상황을 아마 한번도 경험해보지 않았을 것이라고 수정주의자들은 대답할 수 있다.

나아가 수정주의자들은 일부 수사적 질문들이 우리가 현재 9·11에 대해 많이 알지 못한다는 사실에 의존하고 있다고 덧붙일 수 있다. 그런 질문들은 완전한 조사를 실행한다면 답변할 수 있을지도 모른다. 우리는 자금력도 제한되어 있고 증언을 얻기 위한 소환장을 발부할 권력도 없는 독자적 연구가인 수정주의자들이 그들의 대안적 시나리오가 불러일으키는 모든 질문에 대한 답변을 내놓기를 기대할 수는 없다. 예를 들어, 메이산은 어떤 경우에는 그가 발견한 사실들로부터 진실을 알 수 있지만, 또 다른 어떤 경우에는 "우리의 질문은 지금 이 순간에는 답을 주지 않았다"고 말한다. 해답을 얻기를 강력히 원하는 일련의 질문들을 가리키며 메이산은 묻는다. "아메리카 항공기 제77편은 어떻게 되었는가? 승객들은 죽었는가? 그렇다면 누가 그들을 죽였고 왜 죽였는가? 그렇지 않다면 그들은 어디에 있는가?" 그는 아직까지 모든 답을 찾아낸 것이 아님을 분명히 인정하면서도, "이것이 정부관계자들의 거짓말을 계속 믿어야 하는 이유가 될 수는 없다"고 덧붙인다.[26] 다시 말해서 9·11에 진정으로 무슨 일이 일어났는가에 대한 설명을 구하다보면 필연적으로, 총체적 조사를 요구하게 될 만큼의 거짓말이 존재함을 알게 될 것이다.

수사적 질문의 나머지 부분은, 공모이론을 받아들이자면 음모자가 믿을 수 없을 정도로 무능력했다는 뜻이 된다는 질문일 뿐이다. 그러나 사실 그들이 정말 소름 끼치게 무능력했을지도 모른다. 이라크 점령에서 부시행정부의 무능력한 계획 — 초기의 군사적 승리나 유전과 관련 부처들을 확보하는 일을 제외한 모든 것 — 은 시간이 흐르면서 더욱 분명해졌다. 어쩌면 커버스토리를 포함해서 9·11의 계획을 짜는 데에서도 비슷한 무능력이 있었던 것인지 모른다. 지금까지는 언론매체가 미국 국민들에게 공식설명과 관련 사실들 간의 많은 모순에 대해 알리지도 못하고 있기 때문에 이 부분은 아직 널리 인식되지 않았을지도 모른다. 예컨대 대중매체들은 대중들에게 납치된 비행기들을 차단하는 표준행동절차에 대한 정보를 제공하지 않았다. 그들은 납치에 대한 정부의 최종적인 공식설명이 9·11 이후 첫 며칠 동안 정부가 한 말들과 전혀 다르다는 점을 강조하지도 않았다. 또한 그들은 많은 물적 증거들이 펜타곤 공격에 대한 공식설명과 모순된다는 것을 대중에게 알리지 않았다. 일단 이런 사실들과 다른 관련 사실들이 알려지고 나면 공식이론 비판가들은, 자레드 이스라엘의 웹사이트 이름처럼, 임금님이 벌거벗었다는 사실이 널리 명백해지리라고 주장할 수 있다.[27]

4. 우연이론의 문제점들

더욱 중요한 점은, 공식설명에 대한 비판가들은 음모이론을 거부하려면 비싼 대가를 치러야 한다고 지적할 수 있다는 것이다. 음모론은 대체로 패턴을 인지하는 데에서 출발하여, 그 패턴의 존재를 가장 잘 설명하려면 둘 또는 그 이상의 사람들의 공동노력이 있었다고 가정해야 한다는 주장이다. 이러한 성격의 특정 음모론을 거부하려면, 주장된 패턴이 존재하지 않는다고 부정하거나 패턴의 존재가 단지 우연에 불과하다는 반론을 해야 한다. 공식설명에 대한 비판가들이 패턴을 발견했다는 점을 부인하기는 어려울 것이다. 그들은 ― 9·11 당시와 그 전후에 있었던 ― 달리 이해할 수 없는 많은 사건들을, 미 정부의 고위 관계자들이 공격을 용인하는 데 공모하였으며 그 사실을 은폐하려 했다는 이론으로써 설명할 수 있음을 보여주었다. 그런 패턴이 존재하는 상황에서, 이 음모이론을 거부하려면 우연이론을 받아들이는 대가를 치러야 한다. 그리고 그에 대하여, 공식설명에 대한 비판가들은, 그러려면 엄청나게 많은 우연을 받아들여야 할 것이라고 지적할 수 있다. 그 우연의 전체 목록에는 다음과 같은 것들이 포함되어 있을 것이다.

1. FAA의 항공통제관 몇 명이 9·11에 극도의 무능력을 보여주었고, 유독 그 날만 그랬던 것 같다.

2. NMCC와 NORAD의 책임자들 또한 9·11에 무능력하게 행동하였고, 또한 유독 그날만 그랬던 것 같다.

3. 특히 NMCC-NORAD 관계자들이 마침내 뉴욕과 워싱턴을 보호하기 위한 전투기 출격명령을 내렸을 때, 그들은 맥과이어나 앤드루스가 아니라 더 먼 곳에 명령을 내렸다.

4. 앤드루스 공군기지에는 워싱턴을 보호할 경계태세의 전투기가 없었다고 공개적으로 발언한 이후, 이전에는 수많은 전투기가 항상 경계태세에 있다고 말한 그곳의 웹사이트가 수정되었다.

5. 보통 3분 내에 이륙하고 전속력으로 비행하는 몇몇 조종사들이 9·11에는 모두 이륙하는 데 훨씬 많은 시간이 걸렸다.

6. 이런 조종사들이 시속 1,500에서 1,850마일로 비행할 수 있는 비행기를 조종하면서도, 그날은 모두 비행기를 겨우 시속 300에서 700마일의 속도로 비행하도록 할 수밖에 없었던 것 같다.

7. 세계무역센터 빌딩들은 붕괴될 때 거의 자유낙하속도로 붕괴된 것 이외에도 제어폭파의 징후들을 보여주었다. 곧 철강이 녹고 지진충격이 있었으며 미세한 먼지까지 양산되었다.

8. 쌍둥이 타워의 붕괴원인이 제어폭파였음을 보여주는 비디오와 물적 증거가 폭파의 효과를 듣고 느끼고 보았다는 이 빌딩 내의 사람들의 증언과 함께 존재한다.

9. WTC-1이나 WTC-2의 붕괴와 WTC-7의 붕괴에는 일부 같은 특징들이 있었다. WTC-7의 붕괴는 비행기의 충격과 연료로 인한 것이라고 설명할 수 없음에도 불구하고 말이다.

10. 북쪽과 남쪽 타워 모두 불길이 꺼져가자마자 붕괴되었다. 비록 이것이 나중에 충돌된 남쪽 타워가 먼저 붕괴되는 것을 의미한다 하더라도 말이다.

11. 정부기관들은 세계무역센터 빌딩들이 붕괴된 자리에서 철강을 포함한 잔해를 조사도 하지 않고 제거했다. 그것은 만약 정부가 폭발물의 증거가 발견되는 것을 막기를 원했다면 당연히 예상되는 행동이다.

12. 펜타곤에 충돌한 것이 보잉757이었을 수 없음을 보여주는 물적 증거가, 펜타곤에 충돌한 비행기는 757보다 훨씬 작았다는 몇몇 목격자의 증언과 함께 존재한다.

13. 펜타곤에 충돌했다는 비행기에 대한 이 증거는 켄터키 또는 오하이오에 추락한 제77편에 대한 보도들과 함께 존재한다.

14. 이 증거는 제77편이 추락하지 않았다는 유일한 증거는 부시행정부와 밀접하게 연관된 한 변호사에 의해 제공되었다는 사실과 함께 존재한다.

15. 제77편이 펜타곤에 충돌하기 위해 워싱턴으로 돌아오지 않았다는 증거

는, 발표된 비행제어기록에서 마지막 20분이 실종되었다는 사실과 함께
존재한다.

16. 펜타곤을 공격한 비행기가 아주 어려운 조종을 했어야 한다는 사실은,
    비행기가 펜타곤의 구역 중 그 어떤 지도자도 없고 가장 적은 살상과 파
    괴를 가할 수 있는 구역에 충돌했다는 사실과 함께 존재한다.

17. 전투기들이 비행기 한 대의 공격으로부터 펜타곤을 방어하지 못한 그날
    에, 보통 때라면 펜타곤을 보호하는 미사일도 제 구실을 못했다.

18. 비행기가 미사일의 공격을 받았음을 암시하는 제93편 내의 핸드폰 소리
    는 같은 의미를 가진 지상에서의 목격담과 맞물린다.

19. 제93편이 격추되었다는 증거는, 민간과 군부 지도자들 모두가 이 비행기
    를 격추시킬 의도가 있었다는 보도와 함께 존재한다.

20. 유일하게 격추된 것으로 보이는 비행기인 제93편만이 승객들이 비행기
    를 탈환하려 한 것으로 보이는 비행기였다.

21. 승객들이 비행기를 탈환하려는 순간 제93편이 격추되었다는 증거는 이
    비행기의 비행제어기록이 발표되지 않았다는 사실과 함께 존재한다.

22. 이상의 우연은 발표된 제93편의 조종실 녹음에서 마지막 3분이 빠져 있
    다는 사실과 함께 존재한다.

23. 9·11에 무슨 일이 일어날 것인가에 대해, 미국정부가 지금 인정하는 것
    보다 훨씬 더 많은 구체적 증거를 가지고 있었음을 보여주는 증거들이,
    이 공격을 막을 수 있었을지도 모르는 수사들을 적극적으로 저지했다는
    증거와 함께 존재한다.

24. 미니애폴리스의 FBI 요원들이 방해당했다는 보고는, 시카고와 뉴욕으로
    부터의 유사한 보고들과 함께 존재한다.

25. 9·11 이전의 그러한 보고들은, 9·11 이후의 조사들 또한 방해받았다는
    보고들과 함께 존재한다.

26. 방해에 관한 이런 보고들은, 미국정부가 9·11 전후에 진정으로 오사마 빈 라덴을 체포하거나 사살하려고 시도하지 않았음을 드러내는 여러 보고들과 함께 존재한다. 이 점으로 인하여 몇몇 사람들은 독자적으로, 미국정부가 빈 라덴을 위하여 일하고 있는 것이거나 아니면 빈 라덴이 미국정부를 위해 일하고 있는 것이라고 주장했다.

27. 이 모든 보고들은, 테러리스트와의 커넥션이나 비자법 위반이 알려진 경우임에도 미국 입국을 허가받은 납치범들에 대한 보고와 함께 존재한다.

28. 출입국위반에 대한 이와 같은 보고들은, 바로 그 인물들 중 일부가 미국의, 심지어 일부는 미군기지에 있는, 비행학교에서 훈련받았다는 사실과 함께 존재한다.

29. 테러리스트들이 미국의 여러 비행학교에서 훈련받았다는 이 증거는, 미국 정부관계자들이 이 증거를 은폐하려 했다는 보도와 함께 존재한다.

30. 9·11의 비극적 사건은, 몇몇 창설자가 부시행정부의 주요 멤버가 된 단체인 PNAC의 문서가 발표된 지 불과 일년 후에 발생했는데, 그 문서는 '새로운 진주만'으로부터 발생할 수 있는 이익에 대해 언급했다.

31. 9·11로 인해 폭발된 '일치된 진주만 류(類)의 진홍빛 미국의 분노'가 부시행정부에게 여러 가지 면에서 이익을 주었다.

32. 미국정부가 10월 중순 이전에 시작되는 아프가니스탄 전쟁을 계획하고 있음을 부시행정부의 대변인들이 앞서 발표한 바 있다는 신빙성 있는 보도와, 9·11이 바로 그날 일어남으로써 미군이 10월 7일에 아프가니스탄을 공격할 수 있는 준비기간을 주었다는 사실이 함께 존재한다.

33. ISI 국장인 마무드 아마드 장군이 CIA 국장과 며칠 동안 워싱턴에서 만난 바로 직후, 만약 살아 있었더라면 미국의 아프가니스탄 계획에 문젯거리가 되었을 아마드 마수드가 ISI 요원이라고 전해지는 이들에게 암살되었다.

34. 콘돌리자 라이스의 5월 16일자 기자회견에 대한 백악관 버전의 기록에서 들리지 않는 유일한 부분은, 해당 부분의 주제가 된 사람으로서 9·11

에 워싱턴에 있었던 것으로 언급된 사람인바, 그 사람은 바로 'ISI 국장'
이라고 확인되었다.

35. 아마드 장군이 워싱턴에 있었던 사실을 은폐하려는 정부의 노력이 있었
    다는 증거는, 그가 10만 달러를 모하마드 아타에게 송금하도록 명령했다
    는 사실이 알려진 후 미국 지도자들이 그를 ISI에서 조용히 물러나도록
    압력을 가했다는 증거와 함께 존재한다.

36. 아마드 장군이 9·11에 개입한 사실을 은폐하려는 시도들에 대한 증거는,
    FBI와 다른 연방기관들이 아타에게 자금을 보낸 사에드 셰이크가 ISI 요
    원이었다는 사실을 감추려 했다는 증거와 함께 존재한다.

37. 진주만 이후 가장 큰 정보실패로 불려진 9·11이 발생하게 한 장본인이
    고 그 정보실패를 관장한 FBI의 본부요원들이 해고되거나 처벌되기는커
    녕 승진했다는 사실은, 다른 정보기관들에서도 9·11과 관련하여 무능력
    을 이유로 한 처벌이 없었다는 사실과 함께 존재한다.

38. 무능한 직무수행에 대한 처벌이 없었다는 이 증거는, 반대로 9·11과 관
    련된 조사를 성실하게 진행하려고 했던 정보관계자들은 상관들로부터 부
    정적 대우를 받아야 했다는 보고들과 함께 존재한다.

이상에서 볼 수 있듯이, 무능력이론이라는 것은 더 큰 우연이론의
일부분에 불과하다고 이해될 수 있다. 왜냐하면 그 이론에 따를 경
우, FAA 요원들, NMCC와 NORAD의 관계자들, 조종사들, 출입국
관계자들, 아프가니스탄에 있는 미국 군사지도자들, 그리고 수많은
정보기관들 모두가 우연히 9·11과 관련된 문제들을 처리함에 있어서
만 극도로 그리고 유난히 무능하게 행동한 것이어야 하기 때문이다.

그러나 우연이론은 그보다 더 큰 맹신을 필요로 한다. 그 이론을
받아들이자면, 위의 리스트에 있는 모든 사건들 — 음모이론은 그 사
건들이 사전에 계획된 사건패턴의 일부분이라고 설명할 수 있다 —
이 동시에 발생한 것은 우연에 불과하다고 주장하는 것만으로는 부

족하다. 그 이론에 의하면, 특히 9·11에 관해서 유독 많은 우연한 사건들 — 적어도 위에서 말한 38가지 사건들 — 이 있었다는 그 자체도 우연이라고 주장해야 할 것이다.

이런 맥락에서 보면, 공모이론이 그 이론에 대하여 제기되는 모든 의문들에 지금 당장 답변할 수 없을지는 모른지만 그것은 사소한 문제라고 수정주의자들은 말할 수 있다. 일단 관련 사실들을 살펴보고 나면, 우연이론을 수반하는 공식설명은 '음모이론'이 비난받는 수준보다 훨씬 큰 맹신을 필요로 한다.

더욱이 수정주의자들이 아직 모든 질문들에 대해 답변할 수 없다는 것은, 그들이 완전히 최종적인 결론을 제시하는 것이라고 주장할 때만 중요한 의미를 갖는다. 그러나 그들은 그렇게 주장하지 않는다. 예를 들어, 메이산은 그의 주장을 독자들이 '완전한 진실'로 받아들이기를 바라는 것이 아니라, 독자들이 그의 자료를 이용하여 스스로 증거들을 조사해보기를 희망한다고 말한다.[28] 아메드는 그의 책의 목적이 확실한 설명을 제공하는 데 있는 것이 아니라, 단지 "9월 11일의 사건들에 대한 철저한 조사가 절실하게 필요함을 분명히 하기 위한 것"이라고 말한다.[29]

필자의 책은 상대적으로 간결한 형태로, 그와 다른 연구자들이 바로 그 목적을 이루었음을 보여주기 위한 시도이다.

10 전면적 조사의 필요

필자는 우리의 제4계급인 언론이 이 책에 요약된 정보에 대해 철저한 조사를 실시할 필요가 있다고 앞서 주장한 바 있다. 대체로 언론이 길을 닦을 때에만 공식조사는 착수된다. 그러나 물론 결정적인 것은 공식조사이다. 지금 필요한 조사의 종류를 논하자면, 이제까지 인정된 공식조사들과 그 조사들에 대한 부시행정부의 방해를 재검토하는 것이 도움이 되리라고 생각한다.

1. 합동조사

앞에서 본 것처럼, 미 상·하원 정보위원회는 2002년에 합동조사를 실시했다. 그러나 우리가 보았듯이, 이 조사결과 발표된 리포트를 보면 조사가 불충분했다고 생각할 만한 여러 이유들이 있다. 예를 들면, 합동조사는 미국의 정보기관들이 임박한 공격에 대한 구체적 정보를 가지고 있지 않았을 뿐만 아니라 미국 내에서 공격이 있으리라고는 예상조차 하지 않았다고 결론지었다. 보고서는 연방기관들이 실책을 저질렀다고 주장하기까지 했다. 언론은 이 보고서를 그야말로 정보기관들에 대한 "통렬한 고발"이라고 표현했다. 그러나 보고서에서 지적된 문제들 ─ 기관들간의 커뮤니케이션 부족, 상당히 당연해 보이는 추론조차 하지 못한 일, 경고를 충분히 심각하게 고려하지 않은 일 ─ 은 모두 무능력이나 우연이론들에 적합한 것들이다.

이 책에 요약된 증거에 비추어볼 때 합동조사의 바탕에 깔려 있는 약점은, 여러 증인들의 증언을 액면 그대로 받아들이는 듯한 부분에서도 나타난 것처럼, 일견 합동조사를 실시한 멤버들이 처음부터 고의적인 공모란 없었다고 간단히 가정해버렸다는 점이다. 예컨대 NSA 관계자들이 공격 이후의 시점까지 9월 8일부터 10일까지 입수한 구체적 경고들을 해석하지 않았다고 말하면, 그 증언은 바로 사실로 인정되었다. FBI 본부의 요원들이 FISA에 의해 수색영장을 발부받는 기준들을 잘못 이해하고 있었다고 말했을 때도, 한편 고의적인 사보타주의 증거가 있는데도 불구하고 그 증언은 진실로 받아들여졌다.

합동조사의 미진함을 설명할 수 있는 방법이 몇 가지 있다. 그 중 하나는, 간단히 말해서, 공식설명에 대한 비판가들이 제기하는 수많은 의문들을 철저히 조사하려면 그 조사에 할애되었던 9번의 공개청문회와 13번의 비공개회의보다 훨씬 더 많은 시간과 자원을 필요로 했으리라는 설명이다.

그러나 협박 때문에 일부 조사 멤버들이 조사에 대한 열정을 접었을 수도 있다고 믿을 만한 이유가 있다. 톰슨은 2002년 8월에 FBI 요원들이 37명의 상·하원 정보위원회 멤버들 중 대부분을 9·11에 대한 정보누설을 이유로 심문했다는 보도를 전한다. 요원들은 그 상·하원 의원들에게 거짓말탐지기 검사를 받고 통화기록과 약속 달력을 제출하라고까지 요구했다. 이런 요구들을 언급하면서 한 법학교수는, "그런 것들은 FBI에 대해 비판적인 사람들에게 극도의 위협을 느끼게 한다"고 말했다.[1] 일부 상·하원 의원들은 권력분립이 침해되고 있는 데 대해 심각한 우려를 표시했다. 존 매케인 상원의원은 "우리가 눈앞에 두고 있는 조직은, 바로 그 조직을 조사하는 사람들의 개인기록을 수집하고 있는 조직이다"라고 말했다. 한 상원의원은 FBI가 "우리 활동에 바람을 빼려 하고 있는데, 나는 그들이 성공할 것이라고 생각한다"고 말했다.[2]

합동조사의 이러한 문제점들보다 더 큰 문제는 왜 의회가 9·11에 대한 전면조사를 즉각 실시하지 않았는가 하는 점이다. 그 임무를 단지 정보위원회에 위임한 것 자체가, 9·11공격이 성공한 것은 다른 어떤 원인이 아니라 정보실패의 결과였다고 이미 전제함 것임을 암시한다. 조사의 범위를 한정해야 한다는 백악관의 요청에 의회 지도자들이 동의했기 때문에 더 포괄적인 조사는 착수되지도 못했다. 부시 대통령과 체니 부통령 모두, 상원의 다수파 지도자인 톰 대슬(Tom Daschle)에게 개인적으로 어필하면서, "일부 의원들이 제안한 광범위한 조사가 아니라 상·하원 정보위원회만 테러 공격의 발생을 막지 못한 연방기관들 사이의 잠재적 문제점에 대해 조사할 것을 요구했다"고 보도된다. 부시와 체니는 이렇게 요구하면서, 광범위한 조사는 자원과 인력을 "테러와의 전쟁으로부터 빼내갈 것이기 때문"이라고 말했다고 한다.[3] 지금은 반드시 부시와 체니를 주요 용의자에 포함해야 한다는 사실에 비추어보면, 그들이 9·11공격의 원인이 무엇인지를 — '공모'가 아니라 '문제 또는 실패'였다고 — 결정했으며 국민의 대표자들이 실시되는 조사의 범위도 그에 따라 제한한 것이라면, 그것은 당연히 문제가 있다. 우리는 보통 수사용의자에게 그런 결정을 맡기지 않는다.

이 모든 문제들에도 불구하고 합동조사의 작업이 무익한 것은 아니었다. 그 조사는 오랫동안 어떤 특별조사기구의 창설에도 반대해 온 부시 대통령에게 선택의 여지가 없을 만큼 충분히 손상을 입히는 사실들을 밝혀 이를 알림으로써 비공식적으로 '9·11 독립위원회'라고 알려진, 대미 테러 공격에 대한 국가위원회를 창설하는 데 그가 찬성하지 않을 수 없도록 만들었다.[4)

2. 9·11 독립위원회(The 9·11 Independent Commission)

이 위원회가 마침내 창설되었다는 것까지는 좋았지만, 그것 또한 문제가 많았다. 그 중 하나는 부시행정부가 처음부터 그 앞에 장애물로 진을 쳐놓았다는 것이다. 가장 직접적인 장애물은 위원회의 조사 활동에 대해 부시행정부가 할당한 미미한 예산이었다. 2003년 1월, 위원회에는 300만 달러밖에 지원되지 않았다. — 이와 대조적으로 1996년에 합법적 도박을 연구하기 위한 연방위원회에는 500만 달러가 지원되었다.[5) 2003년 3월, ≪타임≫지는 위원회가 부시행정부에 추가로 1,100만 달러의 지원을 요구했지만 거절당했다고 보도했다. 한 위원은 그 요구가 절대로 지나친 것이 아니라고 지적하면서, 컬럼비아 우주왕복선 폭발참사에 대한 조사위원회의 경우 5,000만 달러나 지원되었다고 말했다. 희생자 가족 대표 중 한 명인 슈테판 푸시(Stephen Push)는 이 거절이야말로 부시행정부가 "위원회의 실패를 야기하기 위한 편리한 방법이라고 생각했다. 나는 그들이 한번도 위원회를 원한 적이 없었고, 백악관은 자신들의 손가락을 살인무기에 갖다대지 않고도 위원회를 죽일 수 있는 방법을 찾기 위해 항상 노력했다고 느낀다"고 주장했다.6) 더 오랜 시간이 흐른 후에 추가예산지원은 마침내 허용되었다.

다른 장애물은, 위임의 내용에 의하면 위원회의 활동은 2004년 5월까지로 제한되어 있었음에도 불구하고, 부시행정부는 위원회의 직원들이 필요로 하는 비밀정보의 사용허가를 아주 천천히 내주었다는 점이었다. 예를 들어 정보분야에서 오랜 경험을 가지고 있는 전직 공화당 상원의원 슬레이드 고튼(Slade Gorton)조차 보안허가를 2003년 3월 12일까지도 받지 못했고, 이 점을 두고 위원회의 부위원장인 전직 민주당위원 리 해밀턴(Lee Hamilton)은 "고튼 의원 같은 사람이 즉각적으로 허가를 받지 못한다는 것은 놀라운 일이다"라고 말한 바 있다.7) 이런 지연작전 때문에 위원회가 마침내 2003년 중순에 일을 시작할 수 있었을 때에는 남은 시간이 1년도 되지 않았다.

또 다른 장애물은 필요한 문서와 증인을 확보하는 어려움이었다. 무엇보다 이 위원회는 합동조사의 최종보고서에서 출발하도록 되어 있었음에도 부시행정부는 이 보고서의 발표를 2003년 7월 말까지도 허용하지 않았다. 이 보고서가 발표되기 직전에도 위원회의 위원장인 토머스 H. 킨(Thomas H. Kean)은 법무부와 다른 연방기관들이 문서를 넘겨주지 않는다고 불평했다. 물론 백악관이 그들에게 서류를 넘겨주라고 명령만 해주었다면 그들은 당연히 그렇게 버티지 않았을 것이다. 킨은 또한 연방기관들은 그들의 직원들 중 누군가가 증언을 위해 소환되면 '돌봐줄 사람'을 배석시키기를 고집했는데, 킨은 그것이 (합법적으로) 직원들을 위협하려는 시도라고 해석했다.

9·11에 관해 제기되는 엄청나게 많은 의문들에 비추어볼 때, 설사 위원회가 남은 시간 동안 할 수 있는 한 가장 독립적이고 적극적으로 조사했다고 하더라도, 위에서 언급한 장애물들만으로도 위원회가 대부분의 질문들에 대해 확실한 대답을 찾아내는 것을 막기

에는 충분했을 것이다. 실제로 2003년 10월에는, 위원회의 멤버인 전직 상원의원 맥스 클레랜드(Max Cleland)는 뉴욕 타임스 기자인 필립 셰넌(Philip Shenon)에게 위원회는 2004년 5월까지 일을 끝내지 못할 것이라고 말하면서 "백악관이 시간을 없애려고 하는 게 분명하다…… 우리는 아직도 이 문서들을 얻어내기 위해 이름도 모르는 백악관 말단변호사와 협상하고 있다—정말 넌더리가 난다"고 덧붙였다. 클레랜드가 민주당 소속이기는 하지만 셰넌은 이것이 초당파적인 상황이었으리라고 보도했고, 슬래이드 고튼 또한 '비협조'는 위원회가 마감시간 안에 작업을 끝내는 것을 '아주 어렵게' 만들 것이라고 불평했다.8)

부시행정부가 만들어낸 이런 장애물들만이 유일한 문제는 아니었다. 위원회의 보고가 많은 질문들에 대답할 수 있을지 의심하는 또 다른 이유는, 위원회의 지도자들 스스로도 자신들의 임무에 대해 매우 제한적인 인식을 갖고 있었기 때문이다. "위원회는 미래에 초점을 맞출 것이다"라고 부위원장인 해밀턴은 말한 바 있다. "우리는 사건의 책임을 평가하는 시도에는 관심이 없으며, 그 부분은 위원회의 책임이 아니라고 생각한다."9) 다시 말해서 위원회는 자신들의 임무에 접근함에 있어 무능력 이론을 단순히 진실로 받아들인 것이 분명하고, 따라서 정부공모라는 의문은 탐구조차 되지 않았다. 사실 해밀턴의 말은, 위원회는 무능력이라는 의미에서의 책임조차도 판단하지 않을 것임을 암시하는 듯하다. 위원회의 초점은 "미래에 있다"고 말함으로써 해밀턴은 위원회의 임무를 어떻게 하면 '실패'가 다시는 일어나지 않게 할 수 있을 것인가에 엄격히 제한하겠다고 표방하는 것 같다.

지금은 우리가 공식설명에 대해 비판가들이 제기하는 의문들—그 의문이 암시하는 대안적 이론과 함께—을 알고 있기 때문에 그

렇게 임무를 제한하는 것이 어리석음을 알 수 있다. 9·11이 어떻게
일어날 수 있었는가에 대한 그 어떤 설명도 미국 정부의 최고위 레
벨에서 공모가 있었다고 하거나, 아니면 이 나라에서 조 달러 단위의
예산이 매년 'NORAD'와 '정보'에 쓰이는 데도 불구하고 아주 조악
한 공격으로부터 나라를 보호하는 능력이 전례 없이 붕괴됐다고 말
해야 한다. 이런 양자택일의 문제를 앞에 두고도 위원회가 책임소재
를 판단하지 않은 것은 엄청난 직무유기이다. 책임이 있는 곳에 책임
을 묻기 위해 조사해야 한다. 또한 9·11이 단지 거대한 무능력이 아
니라 정부공모의 결과였는지 묻기를 주저하지 않는 조사가 필요하다.
  해밀턴을 비롯한 위원회의 멤버들에게 공정하기 위해서는, 위원회
의 제한적인 역할이 아마도 이미 주어진 조건이었으리라고 덧붙여야
할 것이다. 필자는 앞으로 유사한 실패를 방지하는 방법을 찾는 데
위원회의 역할을 국한하는 조건으로 부시 대통령이 9·11 독립위원
회의 설치에 동의했다는 보도를 읽었다. 바꾸어 말하면, 그런 제약하
에서라면 독립위원회는 이름만 독립일 뿐 조사의 성격과 범위를 스
스로 자유롭게 결정할 수가 없었을 것이다.
  아무튼 위원회에 대한 위임내용이 실제로 무엇이든 간에, 대통령
은 그 위원회를 인가하기 위한 조건으로 위원장은 자기가 선임하겠
다는 뜻을 분명히 했다.10) 부시가 첫 번째로 고른 인물은, 많은 사람
들이 믿을 수 없다고 생각하는 헨리 키신저였다. 키신저가 위원회를
독립적이고 공정하게 이끌어가리라는 데 대한 회의는 광범위하게 퍼
져 있었다.11) 《뉴욕 타임스》는 "키신저를 선택한 것은 백악관이
오랫동안 반대해온 조사를 제한하기 위한 교묘한 책략은 아닌지 실
로 의심하게 한다"고 보도했다.12) 키신저의 독립성에 대한 회의론은
백악관이 당연히 조사하지 않은 것으로 보이는, 그가 가진 잠재적인
이해관계충돌 요소에 대한 기사들에 바탕을 둔 것이었다. 우선 키신

저는 사우디아라비아에 대규모투자를 하고 있는 기업체들로부터 자문의 대가로 엄청난 보수를 받고 있었다.[13] 사우디아라비아에 대해서는 9·11과 관련하여 많은 지원을 했다는 보도가 있었음은 물론이고, 존 오닐과 다른 정보요원들의 말에 의하면 알 카에다에 대한 계속적인 지원의 주요 근원지였다. 키신저와 유노칼(Unocal) ― 아프가니스탄을 관통하는 파이프라인 건설계획을 가지고 있는 석유회사 ― 과의 관계도 보도된 바 있다.[14] 여기서 분명한 것은, 9·11공격이 아프가니스탄 전쟁을 위한 빌미를 제공했고, 전쟁 후 미국은 전직 유노칼 직원이 이끄는 꼭두각시 정부를 세워 파이프라인의 예정경로를 따라 군사기지를 설치했다는 사실이다. 부시가 유노칼은 물론 사우디아라비아와 금전적으로 연결된 인물을 임명하려고 시도했다는 사실은 적어도 그의 관심사가 위원회 위원장의 공정성에 있지 않음을 보여주는 일이다. 사실 부시는 키신저가 그의 사업상 고객들이 누구인지 밝힐 필요도 없다고 선언했다. 그러나 의회연구 파트의 입장은 그와 반대였고, 키신저는 고객들을 밝히는 대신 사임을 택했다.[15]

키신저 카드가 좌절된 후 토머스 킨(Thomas Kean)이 위원장으로 선임되었다. 전직 뉴저지 주시자인 킨은 임명될 당시 드류 대학의 총장이었다. 그는 드류 대학 총장직을 계속 수행할 예정이었기 때문에 위원회를 위해서는 제한적인 시간만 낼 수 있었다. 비판가들은 그에 대해서도 이해충돌 가능성이 있다는 불만을 품었다. 큰 문제점은 킨이 중앙아시아에 상당한 투자를 하고 있는 또 다른 석유회사인 아메라다 헤스(Amerada Hess)사의 이사였다는 사실이다. 더욱이 아메라다 헤스는 센트가스(CentGas) 컨소시엄의 참여사들 중 하나인 사우디아라비아의 델타 오일과 연합하여 헤스-델타를 형성하고 있었다.[16] 더욱이 위원회의 다른 모든 멤버들도 적어도 한 가지 이상의 이해충돌요소를 가지고 있었다고 보도되었다.[17]

그 밖에도 문제되는 것은, 대통령이 부시행정부와 깊은 관련이 있는 필립 젤리코(Philip Zelikow)를 위원회의 상임이사로 임명했다는 사실이다. 그는 9·11 직후 부시의 대외자문단(Foreign Advisory Board)에 임명된 바 있었다. 그는 조지 부시 시니어의 집권 당시에도 국가안보회의에서 콘돌리자 라이스와 함께 일한 적이 있고 그 후 라이스와 공저로 책을 내기도 했다.[18] '9·11의 가족들'을 창설한 사람들 중 한 명인 슈테판 푸시는 "진정으로 독립적인 위원들과 직원들"을 구하는 문제에 대해 언급했다. 그는 "필립 젤리코가 위원회의 조사대상인 라이스나 다른 사람들과 그렇게 가까운 관계라는 사실"에 대해 심기가 불편하다고 지적했다.[19] '9·11독립위원회를 위한 가족운영위원회'는 실제로 젤리코에게 사퇴를 요구하기도 했다.[20]

위원회가 이렇게 구성된 상황이니, 이슈가 무엇인지 인식하고 있는 사람들로서는 9·11사건에서 부시행정부 자체가 연루된 어떤 증거도 공정하고 철저하게 조사되지 않을 것이라고 의심할 충분한 이유가 있었다. 물론 몇몇 괜찮은 사람들이 위원회에 임명되기도 했고, 능력 있고 헌신적인 직원들이 소속된 몇몇 내부위원회에 다양한 이슈들이 배정되기도 했다. 어떤 보도에 의하면, 위원회의 조사가 킨의 지휘 아래 해밀턴의 성명이 당초 표방한 제한적인 범위보다는 어느 정도 더 많이 진전되고 있다고도 했다. 그러나 그다지 많이 나아간 것 같지는 않다. 2003년 10월에 이르기까지도, 위원회의 한 멤버는 위원회의 가장 중요한 임무가 "미래를 위한 추천"이라고 말했다.[21]

그럼에도 불구하고 백악관과 여러 기관들의 방해는 킨으로 하여금 부시행정부와 다른 기관들이 감추려는 증거들을 집요하게 확보하겠다고 주장하는 성명을 발표하도록 만들었다. 실제로 같은 달 킨의 위원회는 FAA에 소환장을 발부했고, 그 소환장이 "다른 기관들에게도 우리의 문서요구를 소환장만큼 진지하게 받아들여야 한다는 것을 보여줄 것"이라고 덧붙였다.[22] 그는 또한 필요하다면 백악관도 소환할 준비가 되어 있다고 인터뷰에서 선언했다. 그 시점까지 그가 한 가장 강력한 선언은 아래와 같다.

> 이 조사와 관련된 그 어떤 문서도 우리의 손이 닿지 않는 곳에 있어서는 안 된다 …… 나는 (방해를) 방관하지 않을 것이다 …… 모든 문서를 얻기 위해 우리는 우리가 사용할 수 있는 모든 수단을 사용할 것이다 …… 9·11에 관한 여러 가지 이론이 있고, 그 중 어떤 이론이라도 뒷받침하는 문서가 조사되지 않고 있는 한, 우리는 답변되지 않은 의문을 남기게 될 것이다. 그리고 우리는 그런 의문들에 답변하지 않은 채 내버려둘 수 없다.

킨이 진심으로 다양한 '이론들'을 진지하게 검토하고 입수 가능한 모든 관련 문서들을 얻어내는 데 진심으로 진지하게 임했다면, 9·11이 무능력이 아니라 공모로 인하여 발생하였음을 보여주는 증거들을 위원회가 발견할 가능성도 있었다. "하루하루가 지나면서 우리는 이 정부가 9·11에 대해 인정한 것보다 훨씬 많이 이 테러리스트들에 대해서 알고 있었음을 깨닫게 된다"라고 말한 맥스 클레랜드의 발언도 이 가능성을 암시해준다.[23]

그러나 그런 일이 이루어지지 않을 가능성, 사실은 개연성 또한 존재했다. 그리고 킨의 정직성에 대해 사람들이 어떻게 평가하든, 그는 부시 대통령이 임명한 인물이라는 점은 변함이 없다. 위원회를 설치하기로 한 시점에는 물론, 부시행정부의 공모를 보여주는 증거들은 극소수의 사람들에게만 알려져 있었고, 따라서 자신이 위원회의 지도자들을 임명해야 한다는 부시 대통령의 주장도 전혀 터무니없어 보이지는 않았다. 그러나 그 후 이런 증거에 관한 정보가 널리 알려진 상황에서, 부시가 위원장을 임명했다는 사실은 킨도 키신저처럼 조사를 제한하기 위해 선택되었다는 의심을 불러일으킬 수밖에 없다.

적어도 이런 의심이 킨이 자신의 소속정당과 대통령에 대한 충성심 때문에 음모의 증거를 고의적으로 은폐할 것이라는 식의 내용이라면, 그것은 잘못된 예측일 가능성이 높다. 비록 킨은 대통령과 마찬가지로 공화당원이지만, 그는 '독자적 성향으로 잘 알려진 온화한 공화당원'이고[24] 당의 정책에 대한 반대 때문에 상원의원 출마를 거부한 일로도 잘 알려진 인물이다. 대통령이 키신저 대신 그를 선택한 것은 그가 키신저만큼 안전할 것 같아서가 아니라 또 다시 망신을 당하고 싶지 않아서였을 것이다.

그럼에도 불구하고 이 책에서 제기하는 의문들을 알고 있는 사람들은, 킨이 젤리코처럼 대통령에 의해 임명되었기 때문에 진실한 증언과 필요한 문서에 대한 접근을 확보할 수 있을 만큼 충분한 압력을 가하지 못하는 것만으로도 은폐에 기여할 수 있으며, 그렇게 작성된 위원회의 보고서가 부시 대통령과 그의 행정부의 모든 비행에 대한 면죄부가 될 수도 있다고 여긴다.

이와 같은 위원회의 실패에 대해서는 이론의 여지가 있었지만, 이것은 킨이 2003년 11월에 약칭 PDB로 알려진 「대통령일일보고서(Presidential Daily Briefs)」에 실린 대통령을 위한 정보를 제한적으로만 위원회에 보고해달라는 백악관의 요청을 받아들임으로써 증명되었다(그 한 가지 사례가, 앞서 5장에서 언급된 바 있는, 테러리스트들이 납치한 비행기들을 미사일로 사용하여 미국 내에 있는 목표물들을 타격할 계획을 갖고 있음을 알려주는 영국 정보국의 메모를 담고 있는 2001년 8월 6일자 PDB이다). 킨의 동의에 의하여 백악관은 이 보고서들을 위원회에 보내기 전에 편집할 수 있었다. 그리고 이렇게 편집된 보고서조차도 위원회의 몇몇 멤버들만 볼 수 있도록 허용되었다. 또한 이 편집된 보고서를 보고 메모만 할 수 있었을 뿐만 아니라 백악관에 그 메모내용을 보여주어야 했다.[25] 클레랜드는 성사된 협정을 다음과 같이 표현했다.

> 소수의 위원들이 백악관이 이미 적절하다고 말한 소수의 보고서(PDB)들만 볼 수 있을 것이다. 그런 다음에 그 소수의 위원들은 백악관이 판단하기에 적합하다고 생각하는 것만 나머지 위원들에게 보고해야 한다……그러나 먼저 그들은 다른 위원들에게 무엇을 말할 것인지를 백악관에 보고해야 한다.[26]

클레랜드는 계속해서 이 협정은 위원들이 "의회와 미국 국민들에 대한 의무를 완수하지 못하는 것"을 의미한다고 말한다. 위원들은 그들이 필요로 하는 모든 문서에 접근할 수 있어야 함에도 불구하고 "미국의 대통령이 소수의 위원들에게 어떤 정보를 보여줄 것인지 마음대로 고르고 있다"는 것은 "말도 안 되는(ridiculous)" 상황이라고 클레랜드는 말한다.

이 결정은 위원회 내부에서 처음으로 공개적 불화를 야기했다. 민주당원인 클레랜드는 협정을 "나쁜 거래"라고 불렀고, 다음과 같이 덧붙였다.

> 이 독립위원회는 그야말로 독립적이어야 하고 그 누구와도 협정을 맺어서는 안 된다……어떤 독립위원회라도 특정 기관이나 또는 백악관이 얼마나 많은 위원들이 무엇을 볼 것인지 지시할 수 있게 해서는 안 된다고 생각한다……우리는 거래를 해서는 안 된다. 누군가가 거래를 하려고 들면, 우리는 그에게 소환장을 발부해야 한다.

클레랜드의 가장 강력한 고발은 "요컨대 그 결정은 9·11위원회의 임무를 타협한 것이다"라는 발언이었다.[27] 동료 민주당원인 티머시 로머(Timothy Roemer)도 백악관이 "아홉 페이지의 보고서(PDB)에서 두세 문단"만을 보여줌으로써 어떤 "연기 나는 총"이라도 숨길 수 있다고 불평하면서 이 결정에 반대했다.

'9·11독립위원회를 위한 가족운영위원회'도 이 결정을 '받아들일 수 없는 결정'이라고 판단했다. 가족운영위원회는, "위원회는 왜 CIA와 행정부에 소환장을 발부하는 대신 이 협정을 선택한 것인지를 미국 대중들에게 낱낱이 설명하는 성명을 발표해야 한다"고 선언했다. 대변인인 크리스텐 브레이트와이저는 "이 위원회는 투명해야 할 독립위원회이다"라고 덧붙였다.[28]

이러한 새로운 사태들이 발생한 상황에서, 대통령과 그 행정부가 9·11을 공모했다는 그 모든 의심으로부터 자유로워지기를 열망하는 사람들을 포함하여 모든 사람들은 지금, 합리적 기준으로는 독립성을 절대 의심받지 않는, 특별검사와 같은 인물이 실시하는 완전한 조사의 실시를 요구해야 할 것이다.[29] 지금 모두는 9·11독립위원회의 결론에 관계없이 이 조사의 실시를 지지해야 한다. 다시 말해서 위원회의 결론이 부시행정부의 공모가 있었거나 아니면 적어도 있었을지도 모른다는 것이라면 당연히 특별검사를 임명해야 할 것이고, 반대로 위원회가 어쩌면 의문조차 제기하지 않음으로써 그 어떤 공모도 없었다고 결론짓는다면 앞서 살펴본 이유들 — 즉, 부시행정부가 위원장과 상임이사를 선임하고 진실이 발견되는 것을 방해했다는 많은 의심이 있을 것으로로 — 때문에라도 새로운 조사를 실시해야 한다.[30]

3. 최근의 사건들

이 책의 원고가 대략 마무리되었을 때 새로운 조사를 실시해야 할 필요를 더욱 명확하게 만든 사건들이 발생했다. 이 사건들에는 몇몇 발표와 두 명의 대통령후보, 소송, 그리고 9·11독립위원회가 등장한다.

발표: 최근의 몇몇 발표물은 이 책에서 다룬 것과 같은 질문들을 제기함으로써 이러한 심각한 질문들이 사라지기는커녕 신빙성 있는 답변이 제공되기 전까지는 계속 제기될 것임을 보여주었다.

이러한 발표들 중 하나는, 영국의 전직 환경장관인 마이클 미처(Michael Meacher)가 2003년 9월 ≪가디언≫지에 기고한 논설이다. 새로운 미국의 세기를 위한 프로젝트가 만들어낸 2000년 문서가 '새로운 진주만'이 없이는 그 아젠다를 실행하기가 매우 어려우리라고 말한 것을 지적하면서, 미처는 이 문서가 "9·11과 그 전후에 진실로 무슨 일이 일어났는가에 대하여 테러와의 전 세계적 전쟁이라는 명제보다 훨씬 더 나은 설명을 제공한다"고 주장했다. 9·11 이전의 사건들에 관해서 그는 "적어도 11개 국가들이 9·11에 대한 사전 경고를 보내주었음에도 불구하고 미국 당국은 9·11을 미리 막기 위해 아무것도 하지 않았거나 겨우 조금밖에 하지 않았다"고 말했다.[31] 9·11 자체에 대해서는, 그 모든 사전경고들을 가지고도 느리게 반응한 부분이 "놀라울 뿐"이라고 말했다.

세 번째 비행기가 오전 9시 38분 펜타곤에 충돌하기 전까지, 워싱턴에서 10마일밖에 떨어져 있지 않은 앤드루스 항공기지에서는 단 한 대의 전투기도 조사를 위해 출격하지 않았다.[32] 왜 출격하지 않았을까? 9·11 이전에는 납치된 비행기를 위한 표준 FAA 요격절차가 있었다 …… 일단 비행기가 예정된 항로에서 상당 수준 벗어나면 이를 조사하기 위해 전투기들이 출격하는 것은 미국의 법적 요구사항이다.

그 다음에 미처는 결정적 질문을 던진다.

이 같은 부작위가 단순히 주요 관계자들이 증거를 무시했거나 무지했기 때문인가? 아니면 미국의 항공안보작전들이 9월 11일에 의도적으로 정지된 것인가? 만약 그렇다면 왜 그리고 누구의 지시 때문인가?

뒤이어 미처는 전직 미국연방범죄검사인 존 로프터스(John Loftus)의 다음과 같은 말을 인용했다.

9·11 이전에 유럽의 정보기관들이 제공한 정보는 너무나 광대하기 때문에 CIA나 FBI가 무능력을 변론이라고 내놓는 것은 더 이상 불가능하다.

9·11 이후의 미국의 대응에 대해서 미처는 다음과 같이 말한다.

9·11은 새로운 미국의 세기를 위한 프로젝트를 실행에 옮기는 데 너무나 편리한 구실을 제공해주었다.33)

미처의 논설은 상당한 반향을 일으켰다. 그 반향 중 일부는 ≪가디언≫의 외교논설위원인 에윈 맥캐스킬(Ewen MacAskill)이 쓴 "미처의 주장에 대한 분노"라는 사설에 반영되었다.34) 맥캐스킬이 전하고 있듯이, 런던의 미 대사관 대변인은 다음과 같이 말했다.

미처의 증거 없는 환상적인 주장들 — 특히 테러리스트들이 3,000명의 무고한 사람들을 뉴욕과 펜실베이니아, 버지니아에서 살상하는 동안 미국 정부가 이를 알면서도 가만히 있었다는 그의 주장 — 은 소름 끼치고, 소름 끼치게 모욕적인 주장이다. 만약 그것이 진지하거나 신빙성 있는 사람의 주장이라면 말이다.

'증거 없는 환상적인 주장'을 했다는 이유로, 미처는 진지하지도 않고 신빙성도 없는 자로 무시될 수도 있었다. 그가 수년간 영국의 환경부장관을 지낸 인물임에도 불구하고(그렇기 때문에 앞으로 닥쳐올 석유부족에 관한 내부 토론들에 대해 뭔가 알았을 수 있는데도) 말이다. 런던의 ≪선데이 타임스≫는 미처가 "무풍지대로 비틀거리며 들어갔다"고 말하면서 비슷하게 무시하는 대응을 보여주었다.[35]

그러나 동시에 미처의 사설은 놀라운 지지를 불러일으켰다. 편집장이 미국으로부터 받은 한 편지는 "우리 정부의 대표자들이 '분노'하는 이유는 그의 견해가 진실에 매우 근접하고 있기 때문임이 내게는 명백히 보인다"라고 적고 있다. 또 다른 미국인은 "그의 솔직한 분석에 대해 분노하고 부인하는 아우성에도 불구하고 오래 전에 이미 같은 결론을 내린 사람들이 많다는 것을 미처 씨에게 알려 주십시오. 그 글을 출판할 용기를 가진 ≪가디언≫에도 감사 드립니다"라고 했다. 영국의 한 독자는 "많은 사람들이 오랫동안 알고 있었던 것을 소리 내어 말한 첫 번째 유력 영국 정치가인 미처 씨에게 영광을. 그러나 다른 노동당 고위의원들이 언제 그를 지지할 용기를 가질 것인가?"라고 말했다.[36]

아무튼 그로부터 일주일 후에 미처는 그가 받은 지지와 욕설을 거부하는 듯한 두 번째 논설을 썼고, 그 글은 이렇게 시작한다.

> 나의 논설 일부에 대한 고의적인 오도와는 달리, 나는 미국정부가 9·11공격을 공모했거나 그 사건이 일어나도록 용인했다는 말을 어느 시점에든 단 한번도 한 적이 없다. 그 어떤 정부라도 그런 잔인한 행동을 만들어내기 위해 공모한다는 이야기를 내가 믿지 않는다는 사실은 굳이 말할 필요조차 없다.[37]

그는 자신이 단지 미국 정부가 이라크와 아프가니스탄에 관하여 이미 세워둔 아젠다를 실행하는 구실로 9·11을 이용했다고 말한 것이라고 주장했다.

그러나 그가 미국의 방위군이 "고의적으로 손을 떼고 있었는가" 하는 의문을 제기하고 '무능력'이라는 변론을 거부한 것을 보고, 독자들은 그가 정부공모를 고발하는 것으로 해석하는 것이 당연하다.38) 그의 원래 논설은 '음모론'을 시사하는 것이 아니었다는 미처의 후속발표를 받아들인다고 하더라도, 그 논설이 제기한 질문들에 대하여 미국 정부가 만족스러운 답변을 제공하지 못하고 있다는 사실이야말로 "그 질문들에 대해 답변을 내놓는 사람들에게는 충분한 무기"라는 핵심은 여전히 유효하다. 따라서 그의 논설과 그 논설로 인해 형성된 긍정적 여론은, 우리에게 이런 질문들에 대한 대답을 얻기 위한 조사가 필요함을 더욱 강하게 일깨워주고 있다.

미처의 야단법석이 있은 지 얼마 지나지 않아 "9·11에 대한 음모이론을 독일에서 듣다"라는 제목의 기사가 ≪월스트리트 저널≫에 톱기사로 나왔다.39) 이 기사는 그런 이론을 소개한 책들이 프랑스와 이탈리아, 스페인에서 베스트셀러가 되었다는 사실을 보도하면서 특히 그런 책들은 최근의 여론조사 결과 "미국정부가 스스로 공격을 명령했다"고 믿는 시민이 20%나 되는 것으로 나타난 독일에서 좋은 반응을 얻고 있다고 전했다. 이 기사는 특히 안드레아스 폰 뷸로의 베스트셀러에 주목하고 있다.40) 뷸로가 '서독 국방부의 최고위급 간부'로 일한 다음 오랫동안 의회의 멤버였음을 언급하면서, 그의 책을 출판한 회사가 '독일에서 가장 유명한 출판사 중 하나'라는 점도 덧붙였다.

이 기사를 쓴 이안 존슨(Ian Johnson)은 독일이 점점 더 미국의 외교정책에 적대적으로 되고 있기 때문에 '가능성이 낮고 터무니없는 주장들'을 담은 9·11음모이론들에 대해서는 특히 호의적인 국가라고 평했다. 그럼에도 불구하고 존슨의 기사는 미국 정부관계자들의 공모를 고발한 인물이 독일에서 매우 신뢰도가 높은 대중적 인물이며, 그 고발이 널리 믿어지고 있다는 사실을 많은 독자들에게 알려주는 역할을 했다.

미처의 첫 논설이 발표된 지 한 달 후, 자유기고기자인 폴 도노번 (Paul Donovan)은 미처를 공격한 기자들을 비판하는 글을 발표했다. 도노번은 많은 기자들이 권력의 유혹을 받은 것 같다고 불평하면서 "기자의 가장 중요한 역할은 권력을 견제하는 일임에도 불구하고 …… 많은 이들이 …… 공식설명의 앵무새 역할에 더 많은 직업적 만족을 느끼는 것 같다"고 비판했다. '9·11의 황당한 이야기'를 간단히 정리한 후 도노번은 다음과 같이 말했다.

> 그날 부시행정부의 행동에 대해서는 그 어떤 이유도 밝혀지지 않았고, 어느 누구도 문책받지 않았다. 그럼에도 불구하고 9·11이라는 비극을 통해 부시는 군수산업과 석유산업계에 있는 그의 지지자들에게 원하는 것을 안겨주었다. 대통령은 또한 스스로를 전시지도자로 자리매김할 수 있었다. 이런 이야기야말로, 많은 이들이 오랫동안 의심해온 것을 최소한 일어서서 말할 수 있는 용기를 가진 미처와 같은 이들을 비난하는 글을 쓰는 대신 기자들이 면밀히 조사하고 밝혀내야 할 진정한 이야기이다.[41]

미처와 존슨 그리고 도노번의 글들이 발표된 동 시기에 마이클 무어는 그의 신작 『친구, 우리나라는 어디에 있나?(*Dude, Where's My Country?*)』를 출판했다. 사람들이 무어에 대해 어떻게 생각하든, 그의 저서는 엄청난 수의 독자들을 확보한다. ― 그의 전작인 『멍청한 백인(*Stupid White Men*)』은 2002~2003년에 논픽션 분야에서 베스트셀러가 되었다. "아라비아의 조지(George of Arabia)"라는 제목을 붙인 신작의 첫 장에서 그는 부시 대통령에게 일곱 가지 질문을 던진다. 그 중 한 가지는 9·11 당일 부시가 교실에서 보여준 행동에 대한 것이지만 대부분의 질문은 그와 사우디 왕가, 빈 라덴 가문, 그리고 탈레반과의 관계에 대한 것이었다. 진정 무슨 일이 일어났는가에 대한 무어 본인의 예감은 부시 대통령에게 던진 다음의 세 번째 질문에 반영되어 있는 듯하다. "9월 11일에 누가 미국을 공격한 것인가 ― 아프가니스탄 동굴에서 투석치료를 하고 있는 놈인가 아니면 당신의 친구들, 사우디아라비아인가?"[42]

백악관이 왜 9·11독립위원회를 방해하고 있었으며, 왜 언론과 미국 국민이 전반적으로 수동적이었는가에 대하여 답변하는 부분에 이르면 무어의 어조는 최고조에 이른다. 무어는 "왜 부시가 진실을 밝히는 일을 계속 방해하는가?"라고 물은 후에 이렇게 주장한다.

> 아마도 그것은 주식회사 조지가 왜 9·11 아침에 전투기를 충분히 빨리 출격시키지 않았는가 하는 의혹을 넘어서 훨씬 많은 것을 감추어야 하기 때문일 것이다. 그리고 우리 국민들도 모든 진실을 알게 되면 가고 싶지 않은 내리막길로 가게 될까봐 진실을 알기를 두려워하는 것인지도 모른다.

두려움 때문에 언론이 곤란한 질문을 하지 않았다는 댄 라더의 주장과도 상통하는 이 마지막 추측은 맞는지도 모른다.

마이클 미처의 후속발표에도 불구하고 우리 정부가 '그런 잔인한 행동을 저지르는 데 공모했다'는 것은 생각만 해도 참으로 소름 끼치는 일이다. 만약 그 공모에 FBI와 CIA, 법무부, 펜타곤까지 가담한 것이라면, 그런 음모가 암시하는 바를 생각하는 것은 더욱더 소름 끼치는 일이다. 솔직히 "잠자는 개들이 자게 내버려두는 것"이 현명한 일인지도 모른다. 그러나 만약 그 의심이 옳다면, 이 개들은 지금 잠들어 있는 것이 아니라 미국 내부와 나머지 전 세계에서 9·11에 대한 공식설명을 사악한 목적으로 이용하고 있는 것이다. 또한 우리가 반칙의 의심이 있음에도 불구하고 두려움 때문에 침묵한다면, 우리는 '자유인의 땅, 그리고 용감한 이의 고향'인 척하는 그 어떤 가식과도 작별을 고해야 한다. 그리고 사실 민주주의에도 작별을 고해야 할 것이다. 간단히 말해서 우리는 '우리가 원하지 않는 내리막길'로 갈 수밖에 없을지 모른다.

미국의 일부 언론인들이 그 준비가 되어 있을지도 모른다는 것은, 윌리엄 번치(William Bunch)가 2003년 9월 11일자 인터넷판 ≪필라델피아 데일리 뉴스≫에 게재한 "9·11에 관한 이런 의문들에 대하여 왜 대답이 없는가?"라는 기사에서 나타난다.[43] 이 기사는 서론에 언급된 바 있는 "730일이 지난 후에도 그날 진정으로 무슨 일이 일어났는가를 왜 조금밖에 알지 못하는가?"라는 질문을 던진 기사이다. 얼마나 많은 것이 아직도 알려지지 않았는가를 보여주기 위하여 번치는 20개의 질문을 던진다. 그 중 대략 절반은 이 책의 주요 질문들과 중복된다. 그 후 그는 왜 '유순한 주류 언론'이 이런 질문들에 대해 대답을 요구하지 않았는지를 묻는다. 아마도 미국에서의 그 기사는, 영국에서 도노번이 쓴 기사처럼, 언론이 덜 유순해질 준비가 되어 있다는 신호인지도 모른다.

대통령후보의 '흥미로운 이론'에 대한 언급: 2003년 12월 1일자 공영 라디오 인터뷰에서 민주당 대통령후보인 하워드 딘(Howard Dean)은 "왜 그(부시)가 (9·11에 대한) 보도를 억제한다고 생각하는가?"라는 질문을 받았다. 그는 이렇게 답했다. "나도 모른다. 그에 대해서는 많은 이론들이 있다. 지금까지 내가 들은 가장 흥미로운 이론은 …… 그가 사우디로부터 사전경고를 받았다는 것이다. 하지만 실제 상황이 무엇이었는지 누가 알겠는가?"[44]

딘을 처단하고 다른 사람들에게도 그런 생각을 공개적으로 표현하지 말라고 경고하는 임무는 찰스 크라우사머(Charles Krauthammer)가 맡았다. "망상에 사로잡힌 딘"이라는 ≪워싱턴 포스트≫의 기사에서 크라우사머는 — "가장 흥미로운" 이론은 …… 부시가 9·11을 사전에 알고 있었다는 것이라는 — 딘의 발언이 그가 국내에 만연한 신종 정신병에 걸렸다는 증거라고 말했다. 크라우사머는 이를 두고

BDS 또는 "부시 발광 증후군(Bush Derangement Syndrome)"이라고 명명하고, "보통 때는 정상이지만 정책이나 대통령 — 더 나아가서는 — 조지 부시의 존재 자체에 대한 반응으로 심각한 편집증을 보이는 것"이라고 정의했다.

크라우사머의 작품은 공식설명을 옹호하는 이들이 선택하는 전형적인 접근방식 중 하나를 보여준다. 그들은 공식설명 중에서 어떤 문제들을 다루기보다는 단순히 정부공모에 대한 모든 이론들이 너무나 명백하게 터무니없어서 그런 이론들을 진지하게 다루는 누구라도 심각한 정신적 문제가 있음에 틀림없다고 선언해버린다. 비판가들이 주장하는 공식설명에 대한 그 어떤 문제도 — 공격에 대해 부시행정부가 시인하는 것보다 더 많은 정보를 사전에 가지고 있었다는 것 같은 문제조차 — 선험적으로 무시된다. 따라서 공식설명은 자세한 조사의 칼날로부터 보호되었고, 다른 사람들은 의문을 제기하지 말라는 경고를 받았다.

분명 크라우사머의 기사는 영리하게도 유머처럼 보이려고 의도했지만, 그 진지한 의도는 뒤이은 아래 비교에서 명백하게 드러났다.

> 신시아 매키니(Cynthia McKinney) 의원이 2002년 예비선거를 앞두고 그 (부시가 사전지식을 가지고 있었다는) 아이디어를 처음 제기했을 때, 그것은 너무나 미친 생각이라고 인식되어 그녀를 전직 의원 매키니로 만드는 데 일조했다. 오늘 민주당 대통령후보 중 선두주자는 미국의 대통령이 9·11에 관해 사우디로부터 정보를 받았는지에 대하여 불가지론을 공언하고, 그것은 별다른 주목을 받지 않고 지나간다. 바이러스가 퍼지고 있다.[45]

딘의 발언이 방송된 지 며칠 후에 글을 쓰면서, 크라우사머는 딘의 발언이 매키니 의원의 경우와 같이 엄청난 비난을 불러일으키지 않은 데 대해 놀라는 것처럼 보인다. 매키니가 언론과 여론의 법정에서, 공직자로 남아 있기에는 너무나 '미친' 것 같다는 유죄선고를 받은 것처럼, 언론과 대중이 딘의 발언을 그 또한 공직에 있기에는 부적합하다는 증거로 받아들였어야 한다고 크라우사머는 암시하고 있었다.

2002년의 신시아 매키니의 패배를 언급하면서 크라우사머는 그녀의 경우에서 배워야 할 '교훈'을 미리 염두에 두고 있었다. 즉, 대통령이 9·11공격에 대해 사전지식을 가지고 있었느냐고 질문하는 것은 그 어떤 후보자에게도, 그가 설사 민주당원이더라도 정치적 자살을 의미한다는 것이다. 그러나 매키니의 패배를 둘러싼 상황을 좀더 조사해보면 반드시 그런 결론이 맞는 것은 아님을 알 수 있다. 적어도 세 가지 요소를 고려해야 한다.

첫째, 매키니가 9·11에 대해 제기한 의문은, 그녀가 그 후 전쟁에 대해 언급한 발언과 맞물리면서 언론에 의해 과장되었다. 그 결과 대부분의 사람들은 그녀가 대통령이 공격에 대한 구체적 사전지식을 가지고 있었을 뿐만 아니라 대통령이 매우 특별한 이유 때문에 공격의 발생을 용인했다고 비난한 것으로 오해했다. 예를 들면 ≪올랜도 센티널(*Orlando Sentinel*)≫의 기사는 매키니가 "조지 W. 부시 대통령은 사전에 9·11공격에 대해서 알고 있었고 이를 막기 위해 아무것도 하지 않았다. 왜? 그래서 그의 일당들이 병력증강으로 인해 부자가 되기 위해서이다"라고 강조했다고 주장하였다.[46] ≪뉴욕 타임스≫의 기사는 "미즈 매키니는 부시 대통령이 9·11공격에 대해 알고 있었을지도 모르지만 그의 지지자들이 전쟁에서 돈을 벌수 있도록 아무것도 하지 않았다고 주장했다"고 보도하였다.[47] 그러나 그랙 팔라스트나 다른 이들이 보여준 것처럼, 매키니가 이런 이유로 부시가 공격을 허용했다고 비판했다는 생각은 매키니의 일부 발언에 대한 부적절한 과장에서 비롯된 것이다. 팔라스트는, 매키니가 부시행정부가 공격에 대한 구체적인 사전지식을 가지고 있었다고 고발했다는 믿음의 배경에도 유사한 과장이 있었다고 보아야 할 타당한 이유를 제시한다.[48] 사실 팔라스트는 매키니의 진짜 주장이 자신의 주장과도 비슷하다고 말한다. 그의 말에 의하면, 몇 가지 경고가 있었는데도 공격을 막을 수 있는 시간 내에 공격을 예측하지 못했다는 것은 거대한 정보실패가 있었음을 가리키는 것이며, 그에 대해 대통령은 최소한 부분적이나마 정책적 책임이 있다는 것이다.[49] 매키니의 진정한 의도가 무엇이었든 간에, 그녀는 부시행정부가 사전지식을 가지고 있었는가에 대해 조사해야 한다고만 주장한 것으로 대중에게 소개되지는 않았다.

더욱이 그녀의 선거패배가 뜻하는 바가, 그런 주장을 하는 것은 설사 민주당원이라고 하더라도 정치적 자살이라는 의미는 아니라고 볼 두 번째 이유가 있다. 조지아에서는 예비선거에서 '교차투표(crossover)'가 허용되어 있고, 따라서 예를 들면 등록된 공화당원이라도 민주당 예비선거에서 투표할 수 있다. 무엇이 일어났는가에 대한 매키니의 주장 때문에 공화당원들은 공화당에 가까운 입장을 가지고 있는 또 다른 흑인 여성에게 매키니에 대항하여 민주당 예비선거에 출마하라고 격려했고, 그 후 "공화당원들은 그 여성의 선거자금을 대주었으며 4만 8,000명이나 되는 공화당원들이 그녀에게 투표했다"는 것이다.[50] 조지아의 투표법 때문에 실제로 얼마나 많은 표가 민주당으로 넘어왔는지를 알 수는 없지만, 이 부분에 대한 매키니의 주장은 "공화당원들이 민주당 예비선거에서 투표하기 위해 떼를 지어 넘어갔다"고 말한 애틀랜타 주간신문의 원로 편집자 존 서그(John Sugg)에 의해 입증되었다.[51]

또 다른 관련 사실은 ≪애틀랜타 저널-컨스티튜션(*Atlanta Journal-Constitution*)≫이 4월 17일 실시한 온라인 여론조사이다. 그 여론조사의 질문은 매키니가 대통령이 공격에 대한 사전지식을 가지고 있었다고 고발한 것으로 가정하고 있었다. 사람들은 "당신은 부시행정부가 9·11공격에 대해 사전 경고를 받지 않았다는 데 동의하는가?"라는 질문을 받았다. *AJC*가 매키니에 대한 공격을 선도해온 신문들 중 하나였다는 사실을 감안하면, 이 여론조사의 목적은 매키니의 고발이 대중의 지지를 거의 받지 못했거나 그 지지가 미미함을 보여주기 위한 것으로 보인다. 그러나 *AJC*와 마찬가지로 매키니에 대해 적대감을 갖고 있었던 웹사이트인 뉴스맥스닷컴(NewsMax.com)의 조사에 의하면 52%만이 그렇다고 대답하였다. 2%의 응답자들은 "나는 모르겠다. 의회가 조사해야 할 것이다"라는 답변을 택했고, 응답자의 46%는 "아니다. 나는 정부관계자들이 그 공격이 다가오고 있음을 알았다고 생각한다"라는 답변을 선택했다. 따라서 이 기사에 붙여진 제목은 "공포의 여론조사: 거의 절반이 매키니의 9·11음모이론을 지지하다"였다. 오후 3시 30분 직후에 이 기사를 게재한 사람은 "2만 3,000명의 *AJC* 독자들이 오후 중반까지 응답했지만, 그 부분은 웹사이트에서 불가사의하게 사라졌다"고 덧붙였다.[52]

그런 여론조사들은 물론 과학적이지는 않다. 그러나 이 조사는 흥미로운 질문을 던져주고 있고, 미국 내에서 실시된 과학적 여론조사의 결과도 마찬가지일 것이다. 아마도 다음과 같은 오랜 충고를 좇아 그런 여론조사는 실시하지도 않은 것 같다. "대답을 알고 싶지 않으면 질문을 하지 말라." 만약 그런 여론조사를 실시한다면, 9·11과 관련하여 부시행정부에 대한 미국의 여론은 지금까지 생각하는 것보다는 독일의 여론에 더 가까울 것이다. 그것은 적어도 실험해볼 수 있는 흥미로운 질문이다.

아무튼 이 세 가지 사실들 — 신시아 매키니의 '고발'은 왜곡되었다는 것, 교차투표가 없었다면 그녀는 패배하지 않았을지도 모른다는 것, 그리고 애틀랜타의 상당수 주민들이 2002년 4월에 이미 "정부관계자들이 공격을 미리 알고 있었다"고 믿은 것으로 보이는 여론 조사 — 은 그녀의 패배가 "정치인이 부시행정부가 공격에 대한 사전지식을 가지고 있었음을 드러내는 증거를 가리키는 것은 정치적 자살행위"라는 말을 증명해주는 것은 아님을 보여준다.

그 일은 그렇다 치고, 대통령후보가 9·11사건의 사전 여부에 관해 문제를 제기했으며, 저명한 기자들이 그 후 그 질문을 널리 알렸다는 사실 자체는 바로 이 질문에 대한 조사가 필요하다는 또 다른 증거이다.

엘렌 마리아니(Ellen Mariani)의 고소: 또 다른 증거는 신시아 매키니의 고발이라고 생각되는 것과 다소 유사한 고발을 포함하고 있는 최근의 소송 건이다.53) 2003년 11월 26일, 필립 J. 버그(Philip J. Berg) 변호사는 필라델피아에서 기자회견을 열어, 남편이 유나이티드 항공 제175편에 탑승하여 희생된 엘렌 마리아니가 부시 대통령과 그의 몇몇 각료들을 상대로 RICO(Racketeer Influenced and Corrupt Organization)법에 의한 소송을 제기했다고 발표했다.54) 이 소송내용은 조지 부시와 — 존 애쉬크로프트, 딕 체니, 콘돌리자 라이스, 도널드 럼스펠드, 그리고 조지 테넷을 포함한 — 다른 정부 관계자들이 "원고의 남편인 루이스 닐 마리아니의 타살을 경제적·정치적 이유로 인하여 '막지 못했고' 그들이 앞에서 언급한 작위 또는 부작위의 범죄를 저지른 결과 '정의를 방해한' 점에 있어 유죄"라고 주장하는 것이었다.55) 이 소송내용을 자세히 열거하고 있는 소장에는 무엇보다 이렇게 적혀 있다.

피고 GWB는 '9·11' 이전에 자신에게 상당히 많이 알려진 정보에 기초하여, 원고의 남편과 수천 명의 무고한 희생자를 낳은, 막을 수 있었던 '9·

11'공격으로부터 원고뿐 아니라 미국 국민들을 보호하고 방어할 '의무가 있다.' …… 피고 GWB는 '9·11' 공격의 잠재적 가능성에 대한 그의 행정부의 사전인지 여부에 대하여 솔직하지 못했고, 원고는 왜 원고의 남편인 루이스 닐 마리아니가 '9·11'에 죽었는지에 대하여 피고 GWB로 하여금 정당한 근거를 제시하도록 강제할 것을 청구한다 …… 증거조사절차와 이 법정의 소환권한, 그리고 재판에서의 증언절차를 통해 나타날 이 소송의 강력한 증거는 피고 GWB가 공격으로 인하여 우리나라가 '테러와의 국제적 전쟁(International War on Terror: IWOT)'에 개입될 것이고, 그것이 피고에게 재정적으로나 정치적으로 이익이 될 것이기 때문에 '9·11'을 막지 못한 것이라는, 이론의 여지가 없는 사실로 귀결될 것이다 ……

원고는 피고 GWB와 다른 피고들이 개인적 이익과 아젠다를 위해서 막을 수 있었던 'IWOT'에 우리 국가와 남녀군인들을 개입시킬 수 있는, 대중적 분노와 강렬한 항의를 일으키기 위하여 공격이 일어나도록 허용하였다고 믿는다 ……

특별요원 로버트 라이트(Robert Wright)는 2001년 6월 9일, 그의 상사인 피고 DOJ/FBI에게, 테러리스트들이 미국을 공격하기 위해 비행기를 납치할 가능성에 대하여 경고하는 내용의 메모를 써 보냈고, 피고 GWB의 국가안보 보좌관인 피고 콘돌리자 라이스는 두 달 후인 2001년 8월 6일 그 사실을 인지하였으며 …… 피고 GWB에게 'OBL'이 미국 비행기를 납치할지도 모른다고 경고하는 서면메모를 피고 GWB의 텍사스 목장에서 제공했다. 원고는 …… 피고 GWB에게 제공된 이러한 보고들이 지금 '9·11'이 우리를 절대 끝나지 않을 'IWOT'로 몰고 가는 것처럼 제2차 세계대전을 야기한, 진주만 이후 가장 치명적인 공격을 막는 데 왜 이용되지 않았는지 '알 권리'를 가지고 있다. 산더미 같은 증거와 피고 GWB의 계속되는 '비밀'과 그의 '9·11위원회'에 대한 비협조를 이유로, 원고는 원고와 원고의 남편 루이스 닐 마리아니를 위한 정의를 얻고, 피고가 저지른 '9·11' 당시는 물론 그 전후의 범죄에 의하여 자유를 사랑하는 미국인들에게 자행한 거대한 배신의 '진실'을 미국 국민 앞에 밝히기 위해 RICO 법에 의하여 이 민사소송을 제기한다.[56]

기자회견에서 버그는 고소장의 사본들과 함께 엘렌 마리아니가 대통령에게 보내는 공개편지를 배포했다. 그 편지에서 그녀는 이렇게 말한다.

> 만약 당신이 9·11을 막는 데 실패하지 않았음을 증명하는 데 아무것도 감출 것이 없다면, 9·11조사위원회가 발견한 증거와 서류의 공개를 저지하는 것을 멈추시오. 당신이 이 자료를 공개하지 않는 이유가 '국가안보'의 문제라고 하지만…… 당신이 걱정하는 것은 당신 개인의 신뢰성/안보가 아닌가 ……[57]

만약 이 소송이 계속 진행된다면 그것은 마리아니와 버그가 소환권을 가지게 됨을 의미하는 것이고, 그 결과 9·11에 관하여 제기된 심각한 의문들에 대한 대답을 찾기 시작할 수도 있을 것이다.

이 소송은 딘-크라우사머의 발언이나 다른 최근의 발표들과 함께 이런 질문들이 점점 더 높은 빈도와 강도로 제기될 것임을 보여준다. 점점 더 많은 시민들이 공식설명이 거짓이라고 믿을 것이다. 민주적 형태의 정부가 택할 수 있는 유일한 해결책은, 9·11에 무슨 일이 발생하였는가에 대하여 마침내 신빙성 있는 설명을 제공해줄 수 있는 조사뿐이다. 이를 위해 새로운 조사를 필요함은 9·11 독립위원회와 관련된 최근의 사건전개에 의해 더욱 확실히 나타난 바 있다.

9·11독립위원회: 이 위원회를 곤란하게 만든 모든 문제들에도 불구하고 (9·11)가족운영위원회의 대표들을 포함한 많은 사람들은 위원회가 대답을 얻지 못한 많은 질문들 중 최소한 일부에 대해서는 결국 대답을 제공하리라는 일말의 희망을 오랫동안 가지고 있었다. 그러나 그 희망은 최근의 사건전개에 의해 무너졌다. 첫째, 앞에 언급한 바와 같이, 위원회가 소환권을 발동하는 대신 백악관과의 거래에 동의한 사실은, 이 위원회를 '9·11은폐위원회'라고 불러야 한다는 비난을 더해주었다.[58] 둘째, 위원회는 가장 거침없는 비판적 멤버였던

맥스 클레랜드를 잃었다.[59) 셋째, 위원회가 두 명의 멤버들, 필립 젤리코 상임이사와 제이미 고어릭 위원(그는 클린턴 행정부 당시 법무부 고위 멤버였다)을 자체 인터뷰했다고 밝힌 ≪뉴욕 타임스≫의 기사로 인해 이해상충문제가 1월 중순 다시 불거졌다. 이 사실은 특히 강도 높은 의문을 불러일으켰는데, 그것은 젤리코와 고어릭이 "백악관의 고도기밀문서에 대해 광범위한 접근권한을 가지고 있었던 유일한 두 명의 위원회 관계자"였기 때문이다. 젤리코는 자체 인터뷰를 했다는 뉴스에 대해 질문을 받았고, 크리스텐 브레이트와이저는 "그는 거대한 이해상충문제를 안고 있다"고 말한 후 "이 문제는 우리가 처음부터 걱정하던 것이었다"라고 덧붙였다. 이러한 걱정을 설명하면서 위원회의 보고가 "눈속임이 될 것"이라고 우려를 표시하기도 했다.[60)

만약 위원회의 기간연장요청이 거부된다면, 그것은 위원회의 보고서가 적어도 일부 의문에 대해 해답을 제공하리라는 희망에 대한 네 번째 타격이 될 것이다. 앞에서 본 것처럼 위원회 멤버들은 백악관이 만들어낸 장애물들 때문에 5월 말까지 일을 끝내기가 불가능하다는 문제를 오랫동안 걱정해왔다. 위원회는 1월 말, 티머시 로머(Timothy Roemer)의 말을 빌리면, 위원회의 조사가 "신빙성 있고 철저할 수 있으려면" 몇 달이 더 필요하다고 정식 요청했다. 그러나 이 요청에 대한 초기의 반응은 부정적이었다. 행정부의 대변인은 "행정부가 그들에게 전례 없는 협조를 제공하였으므로" 위원회 멤버들은 "마감일을 지킬 수 있어야 할 것"이라고 말했다.[61)

이런 반응을 다룬 기사(그 제목은 "부시는 9·11위원회에 무엇을 숨기고 있는가?"이다)에서 조 코나슨(Joe Conason)은 처음부터 "미스터 부시가 위원회와 그 기본작업을 경멸적으로 대했고, 그의 대통령 임기 중 가장 중요한 사건에 대한 조사를 손상하고 제한하고 검열하는" 작업을 계속했다고 말한다. 행정부가 위원회에게 2004년 5월로 예정된 마감일을 지키거나 아니면 보고서에 대한 발표를 12월까지 — 물론 11월 선거 이후에 — 연기하는 선택권을 주었다는 ≪뉴스위크≫의 보도를 가리키면서, 코나슨은 "미스터 부시는 국가와 그의 대통령직을 새로운 방향으로 전개시킨 이 참사에 대한 어떠한 정보에 기초한 판단도 그의 재선에 영향을 주지 않기를 원한다"고 말했다.[62]

계속되는 방해에도 불구하고 이 책이 인쇄기로 향하고 있는 와중인 가장 최근의 보고에 의하면, 위원회는 부시 대통령이나 체니 부통령 또는 다른 행정부 관계자에게 법정선서하에 증언하도록 요구하는 소환장을 발부할 계획을 가지고 있지 않다고 한다.[63]

이와 같은 최근의 사건전개는 가족운영위원회의 적어도 일부 멤버들에게는 마지막 지푸라기였다. ≪워싱턴 포스트≫의 기사에 의하면, "마감일에 대한 위원회의 처리방식은 일부 9·11 희생자 친척들을 화나게 했다. 그들은 위원회가 시간을 요구하는 데에서나 부시행정부로부터 주요 문서들과 증언을 확보하는 데 충분히 공격적이지 않았다고 주장한다"는 것이다. 그 후 보도에 의하면 크리스텐 브레이트와이저는 "이제 그만 …… 이것은 희생자의 가족들에 대한 너무나 큰 모욕이다. 그들은 무책임한 행동으로 고인들을 욕되게 하고 있다"고 말했다.[64] 그녀의 발언이 암시하는 것은, 마지막 수개월간 9·11독립위원회의 태도와 전술에 급진적 변화가 없는 한, 진실을 발견하려는 그 어떤 희망이라도 가지려면, 새로운 조사를 해야 한다는 결론이다.

4. 9·11 진실 후보

완전한 조사의 필요성을 강조하는 또 하나의 최근 사건은 이 이슈를 쟁점으로 대통령에 출마한 후보의 출현이다. 존 뷰캐넌(John Buchanan)이라는 이름의 공화당후보인 그는 선거연설에서 이렇게 말했다.

> 나는 여기에 9·11 진실 후보로 서 있다. 혹자는 나를 이슈가 하나밖에 없는 후보라고 무시할 것이고, 좁은 의미에서 그 말은 사실이다. 그러나 만약 당신이 9·11이 우리를 재정적 파산과 끝없는 전쟁, 그리고 헌법의 황혼기로 이끌었다고 생각한다면, 나의 이슈는 우리 시대의 근본 이슈이다.

> "우리 모두는 9·11에 대해 속았다"라고 말하면서 뷰캐넌은 이 책에서 보고한 많은 사실들을 열거했다. 그 후 그는 그의 지지자들에게 엘렌 마리아니를 "이 대의를 위한 영웅 중 한 명"으로 지지하고, 나피즈 아메드의『자유에 대한 전쟁(*The War on Freedom*)』과 폴 톰슨의 9·11시간표를 읽으라고 독려했다.[65)]

뷰캐넌은 주류 언론이 '9·11의 거짓말과 모순의 진상'에 대해 의문을 던지지 않는 것이나 '아직도 답변되지 않은 질문들'이 있다는 것조차 국민들에게 말하지 않는 것에 대해 매우 비판적이다. 이런 언론이 지금은 '9·11 진실 후보'가 있다는 사실에 대해 대중들에게 말하는 것조차 꺼려할지도 모른다. 그러나 그의 존재는, 수백만 미국인들이 다른 출처를 통해 그에 대해서 알게 되리라는 사실과 함께, 정부공모를 암시하는 증거에 대한 완전한 조사가 필연적이라는 결론을 내려야 하는 또 다른 이유를 제공해주고 있다.

미주

자주 인용되는 문헌들

Ahmed, Nafeez Mosaddeq. *The War on Freedom: How and Why America Was Attacked September 11, 2001*. Joshua Tree, Calif.: Tree of Life Publications, 2002.

Chossudovsky, Michel. *War and Globalisation: The Truth Behind September 11*. Canada: Global Outlook, 2002.

Meyssan, Thierry. *9/11: The Big Lie*. London: Carnot, 2002 (translation of *L'Effroyable imposture* [Paris: Les Editions Carnot, 2002]).

______. *Pentagate*. London: Carnot Publishing, 2002 (translation of *Le Pentagate* [Paris: Les Editions Carnot, 2002]).

Thompson, Paul. "September 11: Minute-by-Minute." After the first citation in a chapter, this timeline will be cited simply as "Thompson," followed by the time. For example: Thompson (8:55 am) or Thompson, 8:55 am, (the parenthesis is used by Thompson to indicate that the time is merely approximate).

______. "Was 9/11 Allowed to Happen? The Complete Timeline." After the first citation in a chapter, this timeline will be cited simply as "Timeline," followed by the date under which the information is found. Available at www.wanttoknow.info (where it has this title) and at www.cooperativeresearch. org.

서론

1) James Bamford, *Body of Secrets: Anatomy of the Ultra-Secret National Security Agency* (New York: Anchor Books, 2002), 633.

2) *Washington Post*, January 27, 2002.

3) Henry Kissinger, "Destroy the Network," *Washington Post*, September 11, 2001 (washingtonpost.com), quoted in Thierry Meyssan, *9/11: The Big Lie* (London:

Carnot, 2002), 65.

4) Lance Morrow, "The Case for Rage and Retribution," *Time*, September 11, 2001.

5) The Project for the New American Century, *Rebuilding America's Defenses: Strategy, Forces and Resources for a New Century* (www.newamericancentury.org), 51. This document will be discussed further.

6) John Pilger, *New Statesman*, December 12, 2002.

7) Leonard Wong, Institute of Strategic Studies, *Defeating Terrorism: Strategic Issues Analysis*, "Maintaining Public Support for Military Operations"(http://carlisle-www.army.mil/usassi/public.pdf), quoted in *9/11: The Big Lie*, 127.

8) On these restrictions and their consequences, see Nancy Chang, *Silencing Political Dissent: How Post-September 11 Anti-Terrorism Measures Threaten Our Civil Liberties*, Foreword by Howard Zinn (New York: Seven Stories, 2002).

9) Phyllis Bennis, *Before and After: US Foreign Policy and the September 11th Crisis*, Foreword by Noam Chomsky (Northampton, Mass.: Olive Branch Press, 2003).

10) See Richard W. Van Alstyne, *The Rising America Empire* (1960; New York: Norton, 1974); Walter LaFeber, *The New Empire: An Interpretation of American Expansion 18601898* (1963; Ithaca: Cornell University Press, 1998); Thomas J. McCormick, *China Market: America's Quest for Informal Empire, 18931901* (Chicago: Quadrangle Books, 1967); Lloyd C. Gardner, Walter F. LaFeber, and Thomas J. McCormick, *Creation of the American Empire* (Chicago: Rand McNally, 1973); Laurence Shoup and William Minter, *Imperial Brain Trust: The Council on Foreign Relations and United States Foreign Policy* (New York: Monthly Review Press, 1977); Anders Stephanson, *Manifest Destiny: American Expansion and the Empire of Right* (New York: Hill and Wang, 1995).

11) "More than any single policy," says Bennis, "the biggest cause of international anger against the United States is the arrogance with which US power is exercised" (*Before and After*, xv).

12) "Resisting the Global Domination Project: An Interview with Prof. Richard Falk," *Frontline*, 20/8 (April 1225, 2003).

13) For example, Rahul Mahajan, *The New Crusade: American's War on Terrorism* (New York: Monthly Review, 2002), 7.

14) *New York Times*, September 11, 2002.

15) William Bunch, "Why Don't We Have Answers to These 9/11 Questions?" *Philadelphia Daily News* online posting, September 11, 2003.

16) The media in several other countries have, by contrast, presented investigative reports. In Canada, for example, journalist Barrie Zwicker presented a two-part examination, entitled "The Great Deception: What Really Happened on September 11th," on January 21 and 28, 2002 (*MediaFile*, Vision TV Insight

(www.visiontv.ca)). In Germany, the public discussion has been such that a poll in July of 2003 revealed that 20 percent of the German population believed that "the US government ordered the attacks itself" (Ian Johnson, "Conspiracy Theories about September 11 Get Hearing in Germany," *Wall Street Journal*, September 29, 2003, A1).

17) *Press Gazette*, August 15, 2002.

18) Rather's remarks, made in a interview on Greg Palast's BBC television show *Newsnight*, were quoted in a story in the *Guardian*, May 17, 2002. This statement is quoted in Greg Palast, "See No Evil: What Bush Didn't (Want to) Know about 9/11," which is contained in Palast's *The Best Democracy Money Can Buy: The Truth about Corporate Cons, Globalization, and High-Finance Fraudsters* (Plume, 2003), which is the Revised American Edition of his 2002 book (with a different subtitle). This essay was also posted March 1, 2003, on TomPaine.com.

19) "Remarks by the President in Photo Opportunity with the National Security Team" (www.whitehouse.gov/news/releases/2001/09/20010912-4.html).

20) "President's Remarks at National Day of Prayer and Remembrance" (www.whitehouse.gov/news/releases/2001/09/20010914-2.html).

21) The material in notes 1921 is quoted in *9/11: The Big Lie*, 77, 7677, 79.

22) Jean Bethke Elshtain, *Just War Against Terror: The Burden of American Power in a Violent World* (New York: Basic Books, 2003), 23.

23) See Michel Chossudovsky, *War and Globalisation: The Truth Behind September 11* (Canada: Global Outlook, 2002), and John McMurtry, *Value Wars: The Global Market Versus the Life Economy* (London: Pluto Press, 2002), Preface.

24) Elshtain, 9.

25) To some extent, this fact reflects a matter of principle a concern that devoting attention to possible conspiracies is diversionary. Some of the reasons for this wariness are valid. One concern is that a focus on exposing conspiratorial crimes of present office-holders may reflect the naive assumption that if only we can replace those individuals with better ones, things will be fine. Underlying that worry is the concern that a focus on conspirators can divert attention from the more important issue of the structural problems in the national and global order that need to be overcome. But although those dangers must be guarded against, we should also avoid a too strong dichotomy between structural and conspiratorial analysis. For one thing, although structural analysis is essential for any deep understanding of social processes, structures as such, being abstractions, do not enact themselves. They are influential only insofar as they are embodied in agents both individual and institutional who act in terms of them. These agents, furthermore, are not fully

determined by the dominant values of their societies. They have degrees of freedom, which they can use to act in ways that are more or less wise, more or less just, and more or less legal. When political leaders enact policies that are egregiously unjust, dangerous, and even illegal, it is important to replace them with leaders who are at least somewhat better. Finally, and most important, the exposure of a conspiracy may, rather than diverting attention from a society's problematic structures, turn attention to them. For example, if it became evident that our national political leaders caused or at least allowed the attacks of 9/11 and that they did so partly because they had deeply embodied certain values pervasive of our society, we might finally decide that a society-wide reorientation is in order.

26) This practice is, of course, not unique to America. It is generally agreed, for example, that the "Mukden incident," in which an explosion destroyed part of the Japanese railway in Manchuria, was engineered by Japanese army officers "as an excuse to conquer Manchuria" (Walter LaFeber, *The Clash: US-Japanese Relations Throughout History* [New York: Norton, 1997], 166).

27) Rahul Mahajan, *Full Spectrum Dominance: US Power in Iraq and Beyond* (New York: Seven Stories, 2003), 59, 50, 48.

28) Unbeknownst to me when I wrote the first edition, this title ("Was 9/11 Allowed to Happen?") was added, with Thompson's permission, on the www.wanttoknow.info website, which is where I first encountered this timeline. This website also provides briefer versions of this timeline.

29) This is one respect in which Thompson sees himself as differing from some other researchers, such as Michael Ruppert, mentioned in note 36, below.

30) Gore Vidal, *Dreaming War: Blood for Oil and the Cheney-Bush Junta* (New York: Thunder's Mouth/Nation Books, 2002); Nafeez Mosaddeq Ahmed, *The War on Freedom: How and WhyAmerica Was Attacked September 11, 2001* (Joshua Tree, Calif.: Tree of Life Publications, 2002). Vidal, one prominent member of the American left who has rejected the official account of 9/11, endorses Ahmed's book calling it "the best, most balanced report, thus far" (14)and summarizes some of its argument.

31) See *Breakdown: How America's Intelligence Failures Led to September 11* (Washington: Regnery, 2002), by Bill Gertz, a journalist for the *Washington Times*. A more recent version of this thesis is provided in Gerald Posner, *Why America Slept: The Failure to Prevent 9/11* (New York: Random House, 2003). Posner attributes the failure to breakdowns (xi), blunders (xii, 169), missed opportunities (xii, 146), investigative mix-ups (34), mistakes (150, 155, 169), incompetence and bad judgment (142, 167), stifling bureaucracy (173), and especially the failure of agencies to share information with each other (35,

4447, 59, 178). "The failure to have prevented 9/11," asserts Posner, "was a systemic one" (xii). The task before us, therefore, is simply to fix the system. As Walter Russell Mead says (without criticism) in a book review, "the message of *Why America Slept* is on balance a hopeful one. Incompetence in our security establishment is something we can address" ("The Tragedy of National Complacency," *New York Times*, October 29, 2003).

32) A Joint Inquiry into the attacks was carried out in 2002 by the intelligence committees of the US Senate and House of Representatives. Although this Joint Inquiry had completed its final report by December of 2002, the Bush administration long refused to allow it to be released. Only a very brief summary of this final report was made public (it can be read at http://intelligence.senate. gov/press.htm under December 11, 2002). Finally, late in July 2003, the final report itself was released. Although discussions in the press described the report as surprisingly critical, the criticism was limited to charges of incompetence. Significant portions of the final report were, to be sure, deleted in the name of national security, but I see no reason to believe that these deletions which reportedly involved foreign countries, especially Saudi Arabia contained any accusations of complicity in 9/11 by US officials. Possible reasons for the inadequacy of the Joint Inquiry's report are discussed in Chapter 10.

33) Although its official name is the National Commission on Terrorist Attacks upon the United States, it is informally known as the 9/11 Independent Commission. President Bush had long opposed the creation of any such commission, claiming that it would take resources away from the war on terrorism. But embarrassing revelations from the Joint Inquiry (see previous note) reportedly left him little choice (*Newsweek*, September 22, 2002). In November of 2002, Bush signed a bill establishing the commission (the website of which is www.9-11commision.gov). Problems in relation to this commission are discussed in Chapter 10.

34) In the meantime, Thompson has been developing articles in which the material is organized in terms of a large number of topics. He also has a growing number of articles that discuss various dimensions of the controversies about 9/11 (see www.cooperative.research.org). His material is therefore becoming increasingly easy to use.

35) Implicit in this statement is the fact that I do not endorse all arguments in the main sources I employ. Meyssan, for example, has some theories that I find implausible and others that seem at least insufficiently supported by evidence.

36) One failing of this book is that I have usually made no effort to discern, with regard to various stories and facts reported, which investigator or researcher was first responsible for reporting them. This means that I have surely in many

cases failed to give proper credit. One example involves the fact that I cite Paul Thompson's timelines abundantly while citing Michael Ruppert's website, From the Wilderness (www.fromthewilderness.com or www.copvcia.com), relatively rarely. And yet Ruppert was one of the earliest major critics of the official account of 9/11. In fact, in Thompson's statement of "credits and sources," he says: "This timeline started when I saw the excellent timeline at the From the Wilderness website and began adding to it. I found that timeline to be a great resource, but it wasn't as comprehensive as I wanted. My version has since grown into something of a monster, but the inspiration still lies with From the Wilderness" (www.cooperativeresearch.org/timeline/index.html). Ruppert, furthermore, is simply one example of several researchers, such as Jared Israel, who were publishing information challenging the official account almost immediately after 9/11. To try to sort all of this out in order to assign proper credit, however, would detract from the task of getting the challenge to the official account into the public discussion. Most researchers, as far as I can tell, seem more interested in this than in receiving credit. The question of proper credit, in any case, is one that would appropriately be answered by some historian of this movement if it is successful.

37) My statement that there are many disturbing questions that have not been answered reflects the attitude of many organizations formed to study 9/11, one of which is, in fact, called "Unanswered Questions" (www.UnansweredQuestions. org). Some others are 9-11 Citizens Watch (www.911Citizenswatch.org), the 9/11 Visibility Project (www.septembereleventh.org), and some organizations formed by relatives of victims: Family Steering Committee for the 9/11 Independent Commission (www.911independentcommission.org), Voices of September 11th (www.voicesofsept11.org), and September 11th Families for Peaceful Tomorrows (www.peacefultomorrows.org).

38) This book, cited in previous notes, is a translation of Meyssan's *L'Effroyable imposture* (Paris: Les Editions Carnot, 2002).

39) This view of the White House could be combined with any of the previous five views insofar as those views deal only with the involvement of other US agencies. This sixth view, therefore, has five possible versions. The same is true of the seventh and eighth views.

40) Elshtain, 23.

41) Michael Parenti, *The Terrorism Trap: September 11 and Beyond* (San Francisco: City Lights, 2002), 69, 70.

42) Parenti, 7071, citing Patrick Martin, "US Planned War in Afghanistan Long Before September 11," World Socialist Conference, November 20, 2001 (www.wsws.org/articles/2001/nov2001/afghn20.html); the quoted words, which

summarize Martin's position, are Parenti's.

43) I emphasize this point because some polemicists, when confronted by a book whose conclusion they do not like, seek to undermine this conclusion by focusing on the few points that they believe can be most easily discredited. That tactic, assuming that good evidence is really presented against those points, is valid with regard to a deductive argument. In relation to a cumulative argument, however, it is tactic useful only to those concerned with something other than truth.

44) Michael Moore, *Dude, Where's My Country?* (New York: Warner Books, 2003), 2.

45) To refine the point a little more: There are some conspiracy theories that, although we may not be convinced of their truth, we find at least *plausible*, so we are willing to entertain the possibility that they might be true. We are open, accordingly, to reading and hearing evidence intended to support them. There are other conspiracy theories, by contrast, that we find completely *implausible*, so we tend to suspect the intelligence or sanity of people who believe them or who even entertain the possibility of their truth. Whatever facts they offer as evidence we reject out of hand, holding that, even if we cannot explain these facts, the true explanation cannot be the one they are offering. But the question of what we find completely implausible "beyond the pale" is seldom determined simply by a dispassionate consideration of empirical evidence. Plausibility is largely a matter of one's general worldview. We are also influenced to some degree by wishful-and-fearful thinking, in which we accept some ideas partly because we hope they are true and reject other ideas because we would find the thought that they are true too frightening. At least sometimes, however, we are able, in spite of our prejudgments, to revise our prior ideas in light of new evidence. Most revisionists about 9/11, in presenting their evidence, seem to be counting on this possibility.

제1장 제11편과 제175편: 납치범들의 임무가 어떻게 성공할 수 있었는가?

1) Paul Thompson explains: "The transponder is the electronic device that identifies the jet on the controller's screen, gives its exact location and altitude, and also allows a four-digit emergency hijack code to be sent." See Thompson, "September 11: Minute-by-Minute" (After 8:13 am).

2) That Rumsfeld made this statement was reported by Republican Representative

Christopher Cox on September 12, according to an Associated Press story of September 16, 2001, quoted in Thompson, 8:44 am. Incidentally, as one becomes familiar with the vast amount of material about 9/11 available on the Internet, one learns that there is little about the official account that is uncontested. Even the idea that what hit the North Tower of the WTC was AA Flight 11 has been challenged. In note 32, below, I mention this and some other theories not discussed in the text.

3) The FAA's *Aeronautical Information Manual: Official Guide to Basic Flight Information and Air Traffic Control (ATC) Procedures* (www.faa.gov), quoted in Thompson, "September 11," introductory material.

4) Congressional testimony by NORAD'S commander, General Ralph E. Eberhart, made in October 2002, and *Slate* magazine, January 16, 2002, both quoted in Thompson, "September 11," introductory material. It must be pointed out, however, that both statements were preceded by "now," suggesting a speed-up in procedure since 9/11. For a discussion of this question, see the section entitled "A Change in Standard Operating Procedures?" in the Afterword to the 2nd Edition.

5) Nafeez Mosaddeq Ahmed, *The War on Freedom: How and Why America WasAttacked September 11, 2001* (Joshua Tree, Calif.: Tree of Life Publications, 2002), 151. (A nautical mile is a little longer than a statute mile.) Since this book by Ahmed is the only writing by him that I use, it will henceforth be cited simply as "Ahmed."

6) MSNBC, September 12, 2001, quoted in Thompson, "September 11," introductory material.

7) Ahmed 146, citing the FAA's *Aeronautical Information Manual*, "Interception Signals" (www.faa.gov).

8) Glen Johnson, "Facing Terror Attacks Aftermath," *Boston Globe*, September 15, 2001, quoted in Ahmed, 148.

9) Ahmed, 15758, and Illarion Bykov and Jared Israel, "Guilty for 9-11: Bush, Rumsfeld, Myers, Section 1: Why Were None of the Hijacked Planes Intercepted?", both referring to the interview with Vice President Cheney on NBC's "Meet the Press," September 16, 2001 (but see note 4, above). The article by Bykov and Israel, along with several other articles on 9/11 by Israel, can be found at www.emperors-clothes.com/ indict/911page.htm. This particular article is listed in the Table of Contents under "Evidence of high-level government conspiracy in the events of 9-11."

10) General Henry Shelton was still the chairman, but on 9/11 he was reportedly out of the country. Myers, who was vice chairman, had just been named as Shelton's replacement and was functioning as the acting chairman.

11) Myers Confirmation Testimony, Senate Armed Services Committee, Washington, DC, September 13, 2001, cited in Thompson (After 8:48 am).

12) Ahmed, 167.

13) Chairman of the Joint Chiefs of Staff Instruction 3610.01A, June 1, 2001, "Aircraft Piracy (Hijacking) and Destruction of Derelict Airborne Objects" (www.dtic.mil), referred to in Thierry Meyssan, *Pentagate* (London: Carnot Publishing, 2002), 110.

14) *Pentagate*, 11011, quoting Department of Defense Directive 3025.15, February 18, 1997, "Military Assistance to Civil Authorities" (www.nci.org). Meyssan hence disagrees with researchers who have accepted the view that, in Ahmed's words, "only the President had the authority to order the shooting down of a civilian airliner" (167).

15) Thompson, 8:43 am.

16) *New York Times*, September 11, and *USA Today*, September 3, 2002, quoted in Thompson (8:55 am).

17) *Newhouse News*, January 25, 2002, quoted in Thompson, 8:43 am.

18) "US Senator Carl Levin (D-MI) Holds Hearing on Nomination of General Richard Myers to be Chairman of the Joint Chiefs of Staff," Senate Armed Services Committee, Washington DC, September 13, 2001, quoted in Ahmed, 150.

19) Glen Johnson, "Otis Fighter Jets Scrambled Too Late to Halt the Attacks," *Boston Globe*, September 15, and NBC's "Meet the Press," September 16, 2001, quoted in Ahmed, 150. Cheney made no reference to jets being only a few minutes late.

20) Israel and Bykov, "Guilty for 9-11," quoted in Ahmed, 168.

21) Although this new version was in the air a few days earlier, NORAD made it official on September 18 in a press release, in which it gave the times at which, it said, it was notified by the FAA and at which it gave scramble orders (available at www.standdown.net/noradseptember182001pressrelease.htm).

22) Allan Wood and Paul Thompson, "An Interesting Day: President Bush's Movements and Actions on 9/11," Center for Cooperative Research (www.co-operativeresearch.org), under "Bush is Briefed as the Hijackings Begin."

23) *Aviation Week and Space Technology*, June 3, 2002, cited in Thompson, 8:52 am.

24) George Szamuely, "Scrambled Messages," *New York Press*, 14/50 (www.nypress.com/14/50/taki/bunker.cfm), cited in Ahmed, 15152.

25) Thompson, 8:52 am, citing NORAD, September 18, 2001.

26) Ahmed, 151.

27) Stan Goff, "The So-Called Evidence is a Farce," Narco News #14: October

10, 2001 (www.narconews.com), quoted in Ahmed, 173 n. 313.

28) Andreas von Blow, *Tagespiel*, January 13, 2002, quoted in Ahmed, 144. Von Blow later came out with a book, *Die CIA und der 11. September: Internationaler Terror und die Rolle der Geheimdienste* (Munich: Piper Verlag, 2003), which is briefly discussed in the final chapter.

29) Anatoli Kornukov, *Pravda Online*, September 13, 2001 (http://english.pravda.ru), quoted in Ahmed, 16364.

30) Ahmed, 164, 167.

31) Israel and Bykov, "Guilty for 9-11," quoted in Ahmed, 169.

32) There are, furthermore, many questions that I have not broached in the text. One of these is whether the airplanes that crashed into the towers were really being flown by hijackers, or were instead being guided by remote control, perhaps using the Global Hawk technology developed by the Defense Department, which has been functioning at least since 1997 and enables an airplane to fly itself, from takeoff through landing (Thompson, "Timeline," 1998 [A] and April 23, 2001). Meyssan believes that this is likely, partly because he considers it improbable that amateur pilots could have hit those relatively narrow targets so accurately with Boeing airliners, which have low maneuverability. He finds this especially improbable with regard to Flight 175, which "was forced to execute a complex rotation maneuver, particularly difficult facing the wind." Professional pilots he consulted, he reports, "confirmed that few amongst themselves could envisage performing such an operation and completely ruled it out in the case of amateur pilots" (*9/11: The Big Lie*, 3334).

In relation to this theory, Thompson reports that Flights 11, 175, and 77, all of which had surprisingly few passengers for transcontinental flights (81, 56, and 58, respectively), each had at least one passenger who was a senior official in Raytheon's division of Electronics Warfare, which developed the Global Hawk technology ("Timeline," September 25, 2001). Since such officials would presumably not have sacrificed themselves willingly, this curious fact would seem to make sense only in conjunction with the view, held by some revisionists mainly on the basis of video evidence, that the Twin Towers were not hit by Flights 11 and 175 but instead by military planes. Some who hold this theory believe that the purpose of turning off the transponders was to allow the switch to be made. In any case, this theory would raise the question of what really happened to these two flights and their passengers (just as the theory that the Pentagon was not really hit by Flight 77, to be discussed in Chapter 2, raises the question of what happened to this flight and its passengers). This theory would also seem to imply that the flight training undergone by the alleged hijackers, to be discussed in Chapters 6 and 8, was for the sake of creating a plausible cover story. (On the reason for referring to the *alleged* hijackers, see the section on "The Question of the True Identity of the Hijackers" in Ch. 6.) In any case, the fact that I have not discussed these more radical challenges to the official account in the text does not necessarily reflect my judgment that they are not true. It simply reflects my judgment that, whatever their merits, they are not necessary for the purpose of this book, which is not to explain "what really happened" but merely to summarize what seem to be the strongest reasons that have been given for considering the official account to be false (so as to show the need for a full investigation to *find out* what really happened). And the evidence against the official account of the failure to prevent the attacks on the WTC is very strong independently of any of these more radical challenges. (In the latter part of this chapter and in the following chapter, by contrast, I do deal with the question of what really happened insofar as it is integral to the critics' challenges to the official account.)

33) Throughout most of the period during which I was working on this book, I had ignored this issue, having decided on the basis of an early, cursory reading of some of the arguments that the evidence against the official view was not strong enough to include. As with other matters, however, I eventually found that my initial impression was faulty. When I finally took a serious look at the case that has been marshalled against the official account of the collapse of the WTC buildings, I found this case, especially with regard to WTC-7, to constitute one of the strongest arguments on behalf of the need for a new investigation.

34) See FEMA's Report #403, *World Trade Center Building Performance Study* (May, 2002; available at www.fema.gov/library/wtcstudy.shtm).

35) Bill Manning, "$elling Out the Investigation," *Fire Engineering*, January, 2002, quoted in *The New York Daily News*, Jan. 4, 2002, and in Thompson, "Timeline," January 4, 2002.

36) The NOVA show "Why the Towers Fell" appeared on PBS April 30, 2002 (www.pbs.org/wgbh/nova/transcripts/2907_wtc.html). Matthys Levy, author of *Why Buildings Fall Down* (New York: Norton, 1994), said on this show: "As the steel began to soften and melt, the interior core columns began to give." The idea that steel melted has also been stated elsewhere, such as "The Physics of the 2001 World Trade Center Terrorism" (www.jupiterscientific.org/sciinfo/sot.html).

37) "The Collapse: An Engineer's Perspective," NOVA interview with Thomas Eagar (www.pbs.org/wgbh/nova/wtc/collapse.html).

38) Perhaps as an overreaction, some critics of the official account, in rejecting what they call the "truss theory," seem to affirm that the core and perimeter columns were connected by full-fledged beams instead of thinner trusses. The history of the construction of the Twin Towers, however, reveals that they were unique (at the time) in this respect. For this history, see James Glanz and Eric Lipton, *The Rise and Fall of the World Trade Center* (New York: Times Books/Henry Holt & Company, 2003). Glanz is a science writer for the *New York Times*.

39) *Scientific American*, October, 2001. The statements by both McNamara and FEMA are quoted in Eric Hufschmid, *Painful Questions: An Analysis of the September 11th Attack* (Goleta, Calif.: Endpoint Software, 2002), 17. This beautifully self-published book can be purchased at PainfulQuestionsaol.com.

40) In an article headed "Preliminary Tests Show Steel Quality Did Not Contribute to Towers' Collapse" (Associated Press, August 27, 2003), Devlin Barrett quoted Frank Gayle, who is leading the review of the WTC collapses by the National Institute of Standards and Technology (NIST), as saying that all the steel tested at least met the requirement to bear 36,000 pounds per square inch and that it was often capable of bearing as much as 42,000 pounds.

Incidentally, as Glanz and Lipton explain (*The Rise and Fall of the World Trade Center*, 333), Sherwood Boehlert, the (Republican) Chair of the House Science Committee, got the US Congress in October of 2002 to pass the National Construction Safety Team Act, which authorized an investigation of the collapse of the WTC by NIST, which is a nonpolicy-making part of the US Commerce Department's Technology Administration (its Fact Sheet on the WTC investigation can be seen at www.nist.gov/public_affairs/factsheet/nist_investigation_911.htm).

41) Thomas Eagar and Christopher Musso, "Why Did the World Trade Center Collapse? Science, Engineering, and Speculation," *JOM* 53/12 (2001), 8-11. Musso was at the time a Ph.D. student. *JOM* is the journal of the Minerals, Metals, and Materials Society.

42) Hufschmid (see note 39), 27-30.

43) "The Collapse: An Engineer's Perspective."

44) Ibid. This point is likewise emphasized in Hufschmid, 32-33, who also makes the next point, about the length of time.

45) See note 39, above.

46) Hufschmid, 35.

47) See Hufschmid, 39. Indeed, a third photograph, looking directly into the hole created by the airplane, reveals two people standing in a room, far removed

from any of the flames (27).

48) Technically, as Hufschmid points out (30), the South Tower had two or even three fireballs.

49) For a picture of the North Tower fireball, see Hufschmid, 30.

50) In Hufschmid's words, "that jet fuel burned so rapidly that it was just a momentary blast of hot air. The blast would have set fire to flammable objects, killed people, and broken windows, but it could not have raised the temperature of a massive steel structure by a significant amount. A fire will not affect steel unless the steel is exposed to it for a long···period of time" (33).

51) Hufschmid, 38.

52) With regard to the fire in the South Tower in particular, Hufschmid asks, rhetorically: "How could a fire produce such incredible quantities of heat that it could destroy a steel building, while at the same time it is incapable of spreading beyond its initial starting location? The photos show that *not even one floor* in the South Tower was above the ignition temperature of plastic and paper!···The photos show the fire was not even powerful enough to crack glass [windows]!···Why is there no evidence of an intense fire in *any* photograph? How can anybody claim the fires were the reason the South Tower collapsed when the fires appear so small?" (38)

53) Quoted in Hufschmid, 38. Evidence against the fire theory is even presented in Appendix A of FEMA's report on the WTC, which says: "In the mid-1990s British Steel and the Building Research Establishment performed a series of six experiments at Cardington to investigate the behavior of steel frame buildings···. Despite the temperature of the steel beams reaching 800900 C (1,5001,700F) in three of the tests···, no collapse was observed in any of the six experiments."

54) Eagar and Musso; Eagar, "The Collapse."

55) "The Collapse."

56) Eagar and Musso.

57) Quoted in Hufschmid, 4243.

58) Hufschmid, 42.

59) This objection is raised, in slightly different form, in Peter Meyer, "The World Trade Center Demolition and the So-Called War on Terrorism" (www.serendipity.li/wtc.html), section entitled "Evidence for Explosives in the Twin Towers."

60) Hufschmid, 73.

61) Eagar and Musso.

62) Meyer, "The World Trade Center Demolition," section entitled "Evidence for Explosives in the Twin Towers."

63) This point is emphasized in Fintan Dunne, "The Split-Second Error: Exposing the WTC Bomb Plot" (www.psyopnews.com or www.serendipity.li), section entitled "The Wrong Tower Fell First." Some defenders of the official account have suggested that the fact that the South Tower collapsed more quickly could be explained by the fact that it was struck at the 81st floor and hence about 15 floors lower than the North Tower, which was struck at the 96th floor. Because there were more floors above the weakened portion of the South Tower, accordingly, the additional weight would have led to its faster collapse. The problem with this theory, Hufschmid says, is that "the steel columns in the crash zone of the South Tower were thicker in order to handle the heavier load above them" (41).

64) Meyer, "The World Trade Center Demolition and the So-Called War on Terrorism," section entitled "Evidence for Explosives in the Twin Towers."

65) Ibid., section entitled "Did the Twin Towers Collapse on Demand?"

66) Hufschmid, 45.

67) Jeff King, "The WTC Collapse: What the Videos Show," Indymedia Webcast News, Nov. 12, 2003 (http://ontario.indymedia.org/display.php3?article_id=7342&group=webcast).

68) Hufschmid, 50, 80. On the amount of the dust, see www.public-action.com/911/jmcm/usyd/index.htm#why. Mike Pecoraro, quoted in note 74, below, wrote about his experience of walking down the street: "When I tell you the stuff (dust) on the street was a foot deep, that's conservative. I'd say over a foot deep. It was like walking through a blizzard of snow" (quoted in "We will Not Forget: A Day of Terror," *The Chief Engineer*(www.chiefengineer.org/article.cfm?seqnum1=1029).

69) King, "The WTC Collapse."

70) Hufschmid, 78.

71) See especially the photographs on 52-55, 57, 60, and 74.

72) See especially the photographs on 60 and 61.

73) Hufschmid, 50.

74) One of the firefighters in the South Tower, Louie Cacchioli, told *People Weekly* on Sept. 24: "I was taking firefighters up in the elevator to the 24th floor to get in position to evacuate workers. On the last trip up a bomb went off. We think there were bombs set in the building." Kim White, an employee on the 80th floor, said: "All of a sudden the building shook, then it started to sway. We didn't know what was going on⋯. We got down as far as the 74th floor ⋯. [T]hen there was another explosion" (http://people.aol.com/people/special/0,11859,174592-3,00.html; quoted in Meyer's section "Evidence for Explosives in the Twin Towers"). Construction worker Phillip Morelli reported that while

he was in the fourth subbasement of the North Tower, he was thrown to the floor twice. Whereas the first of these experiences apparently occurred at the time of the plane crash, the second one involved a more powerful blast, which blew out walls (http://ny1.com/pages/RRR/911special_survivors.html). Stationary engineer Mike Pecoraro, who was working in the sixth subbasement of the North Tower, reported that after feeling and hearing an explosion, he and his co-worker found the parking garage and the machine shop, including a 50-ton hydraulic press, reduced to rubble. They also found a 300-pound steel and concrete fire door wrinkled up "like a piece of aluminum foil." These effects were, he said, like the effects of the terrorist bombing of 1993 ("We will Not Forget: A Day of Terror," *The Chief Engineer* (www.chiefengineer.org/article. cfm?seqnum1=1029). These latter two stories are contained in "First-hand Accounts of Underground Explosions in the North Tower" (www.plaguepuppy. net/public_html/underground/underground_explosions.htm).

75) Hufschmid, 73; Christopher Bollyn, "New Seismic Data Refutes Official WTC Explanation," American Free Press, September 3, 2002 (www.rense.com/general 28/ioff.htm). Columbia University's data can be seen at www.ldeo.columbia. edu/LCSN/Eq/20010911_wtc.html; it is partially reproduced in Hufschmid, 73 and 78.

76) Hufschmid, 73, 77.

77) Likewise Peter Tully, president of Tully Construction of Flushing, reportedly said that he saw pools of "literally molten steel." Both statements are quoted in Bollyn, "New Seismic Data Refutes Official WTC Explanation."

78) See Hufschmid, 70, 78, 80.

79) *The New York Times*, Dec. 25, 2001, and *Fire Engineering*, January 2002, quoted in Thompson, December 25, 2001, and January 4, 2002, respectively.

80) The official investigators found that they had less authority than the clean-up crews, a fact that led the Science Committee of the House of Representatives to report that "the lack of authority of investigators to impound pieces of steel for examination before they were recycled led to the loss of important pieces of evidence" (see the report at www.house.gov/science/hot/wtc/wtc-report/WTC_ch5.pdf).

81) Meyer, "The World Trade Center Demolition and the So-Called War on Terrorism," section entitled "Evidence for Explosives in the Twin Towers." However, as James Glanz has reported ("Reliving 9/11, With Fire as Teacher," *New York Times*, Science Section, January 6, 2004), it turns out that 236 major pieces of steel were recovered by NIST (see note 40, above). Whether any of these pieces show signs of explosives is presumably something that we will learn near the end of 2004, when NIST's report is due.

82) Those who accept this theory of controlled demolition are made additionally suspicious by the report that Marvin P. Bush, the president's younger brother, was a principal in a company called Securacom, which provided security for the World Trade Center (as well as United Airlines), especially when this news is combined with testimony from WTC personnel that after the security detail had worked 12-hour shifts for the previous two weeks because of threats, five days before 9/11 the security alert, which had mandated the use of bomb-sniffing dogs, was lifted ("The World Trade Center Demolition: An Analysis" [www.whatreallyhappened.com/shake2.html]).

83) FEMA's report on WTC-7 is found in Chapter 5 of FEMA's *World Trade Center Building Performance Study*. For a copy of this report with critical commentary interspersed, see "The FEMA Report on the Collapse of WCT Seven is a Cruel Joke" (http://ontario.indymedia.org/display.php3?article_id= 14727&group=webcast). The same article is published elsewhere as "Chapter 5-WTC Seven-the WTC Report"(http://guardian.911review.org/WTC/WTC_ch 5. htm).

84) See the report at www.house.gov/science/hot/wtc/wtc-report/WTC_ch5.pdf.

85) Hufschmid, 62, 63.

86) See Hufschmid, 68-69.

87) Some people, to be sure, have spread the idea that tremors created by the collapse of the Twin Towers caused Building 7 to collapse. But even the most powerful earthquakes have not caused the complete collapse of steel-framed buildings. And how would one explain the fact that the Verizon, Federal, and Fiterman Hall Buildings, all right next to WTC-7, did not collapse?

88) Scott Loughrey, "WTC-7: The Improbable Collapse" (http://globalresearch.ca/ articles/LOU308A.html).

89) Hufschmid, 64.

90) Hufschmid, 64, 65.

91) Hufschmid, 70, 78.

92) Bollyn, "New Seismic Data Refutes Official WTC Explanation."

93) FEMA, *World Trade Center Building Performance Study*, Ch. 5, Sect. 6.2, "Probable Collapse Sequence."

94) NOVA, "Why the Towers Fell."

제2장 제77편: 이것이 정말 펜타곤을 공격한 비행기인가?

1) Meyssan, *Pentagate*, 88. That there was concern in the Bush administration to squelch this rumor is suggested by the fact that Vice President Cheney, in his

appearance on "Meet the Press" on September 16, took time to refute it even though he had not been asked about it. In response to a simple comment about Flight 77, Cheney said that the terrorists, after capturing this plane, "turned off the transponder, which led to a later report that a plane had gone down over Ohio, but it really hadn't. Of course, then they turned back and headed back towards Washington" (quoted in Meyssan, *9/11: The Big Lie*, 165).

2) *USA Today*, August 13, 2002, quoted in Ahmed, 44.

3) Meyssan, *Pentagate*, 96.

4) ABC News, September 11, 2002; see also *Pentagate*, 94.

5) *Boston Globe*, November 23, cited in Thompson, "September 11" (9:339:38 am).

6) CBS News, September 21, 2001, quoted in Thompson (9:339:38 am).

7) *Telegraph*, December 16, 2001, quoted in Thompson (9:38 am).

8) ABC News, October 24, 2001, quoted in *Pentagate*, 9697.

9) "Extensive Casualties in Wake of Pentagon Attack," *Washington Post*, September 11, 2001, quoted in *Pentagate*, 3839.

10) Quoted under "What about All the Witnesses?" in Killtown's "Did Flight 77 Really Crash into the Pentagon?" (thewebfairy.com/killtown/flight77).

11) CNN, September 12, 2001, quoted in *Pentagate*, 48. The person to whom this statement about "a cruise missile with wings" was attributed was Mike Walter of *USA Today*. But he has also been quoted as saying that it was "an American Airlines plane." Walter's testimony is discussed further in note 55.

12) "Minute by Minute with the Broadcast News," PoynterOnline, September 11, 2001, cited in *Pentagate*, 88.

13) *Guardian*, April 1, 2002, quoted in Thompson, "Timeline," early March 2002. Thompson reports citing the European version of *Time*, May 20, 2002that Meyssan's first book on this subject, *l'Effroyable imposture* (Paris: Les Editions Carnot, 2002), while being widely denounced by the French media, set a French publishing record for first-month sales. (This is, as mentioned earlier, the book translated as *9/11: The Big Lie*.)

14) Victoria Clarke, Department of Defense News Briefing, June 25, 2002, quoted on Thierry Meyssan's website (www.effroyable-imposture.net or www. reseauvoltaire.net).

15) This would be one possible translation of the title of Meyssan's first book on the issue, mentioned in note 13, *l'Effroyable imposture*.

16) Meyssan, *Pentagate*, 92.

17) Gerry J. Gilmore, "Alleged Terrorist Airliner Attack Targets Pentagon," *American Forces Information Service*, Defense Link, DoD, September 11, 2001 (www.defenselink.mil/news/Sep2001/n09112001_200109111.html), quoted in

Pentagate, 96.

18) "Hijacked Jets Fly into Trade Center, Pentagon," *Los Angeles Times*, September 11, 2001, quoted in *Pentagate*, 96.

19) *Washington Post*, September 12, and *Newsday*, September 23, 2001, cited in Thompson (Between 8:559:00 am).

20) *Pentagate*, 89.

21) *Pentagate*, 9899, citing *Sydney Morning Herald*, March 20, 2002. Olson's statement, made before the Supreme Court, was also quoted in Jim Hoagland, "The Limits of Lying," *Washington Post*, March 21, 2002.

22) Thompson (9:25 am) and (After 9:30 am).

23) Thompson (9:30 am), citing stories from *Scotland Sunday Herald*, September 16, and *Cox News*, October 21, 2001. Anyone who questions the reality of the reported call from Barbara Olson, of course, would probably also question the reported statement by the hijackers, but that does not undermine the validity of Thompson's question. His question merely points out that although these two elements are crucial to the official account, because they reputedly provide evidence that Flight 77 was still aloft, there is a tension between these two elements.

24) See "Hunt the Boeing. Test Your Perceptions"(www.asile.org/citoyens/numero13/pentagone/erreurs_en.htm).

25) This photograph, taken by Jason Ingersoll of the US Marine Corps, is available in Meyssan's *Pentagate* and on the "Hunt the Boeing" website. The quotation is from Marc Fisher and Don Phillips, "On Flight 77: 'Our Plane is Being Hijacked'," *Washington Post,* September 12, 2001. In an e-mail letter, I asked Mr. Fisher is he knew where he got that information and also if he had "seen any reason in the intervening time to question whether the hole was this big." On January 16, 2004, he replied, saying: "I don't know where that detail came from and I don't know the size of the hole in the building, but that information could be obtained from the Pentagon easily enough."

26) A photograph by Mark Faram and distributed by the Associated Press shows a little piece of twisted sheet metal colored red and white. Although this photo has been widely published as evidence of debris from Flight 77, the piece of metal it shows does not, points out Meyssan, correspond with any part of a Boeing 757 and was not included by the Department of Defense in the material said to have come from Flight 77 (*Pentagate*, page XVI of the photo section).

27) This point is important in light of the claim of some defenders of the official account that the reason the plane did not cause much damage to the Pentagon is that it hit the ground first, thereby being greatly slowed down before it hit

the Pentagon's facade. That claim co-exists rather uncomfortably, incidentally, with another claim meant to support the official account, which is that the reason the jet engines were not spotted by anyone is that they were pulverized when they hit the facade (see *Pentagate*, 1417).

28) This picture is provided in *9/11: The Big Lie*, 22, but it, unlike photographs in *Pentagate*, does not make clear that the aircraft entered at a 45 degree angle.

29) *9/11: The Big Lie*, 22.

30) This answer is given on a debunking website, Urban Legends (http://urbanlegends. about.com/library/blflight77.htm), which seeks to provide answers to the various questions posed in the "Hunt the Boeing" website, cited above. This answer is provided in response to the third question it lists.

31) Urban Legends website, in response to the fifth question it lists.

32) *Pentagate*, 3334.

33) Ibid., 5455, 36.

34) *9/11: The Big Lie*, 19.

35) *Pentagate*, 53, 55, 60, 62.

36) For these photos, which were provided by the Associated Press, see *Pentagate*, pages II and III of the photo section.

37) *9/11: The Big Lie*, 2728, 27

38) *Pentagate*, 112.

39) Ibid., 116, referring to the presentation of the AN/APX-100(V) transponder at www.globalsecurity.org.

40) This question is raised, for example, in Thompson (9:339:38 am).

41) "DoD News Briefing,"Defense Link, Department of Defense, September 12, 2001 (www.defenselink.mil/news/Sep2001/t09122001_t0912asd.html), quoted in *Pentagate*, 17.

42) *Pentagate*, 19.

43) "DoD News Briefing on Pentagon Renovation," Defense Link, Department of Defense, September 15, 2001, quoted in *Pentagate*, 18.

44) *NFPA Journal*, November 1, 2001, cited in Thompson, "Timeline," November 21, 2001 (C). As Meyssan points out (*Pentagate*, 1417), this argument has been articulated by many defenders of the official account.

45) *Washington Post*, November 21, 2001, and *Mercury*, January 11, 2002, cited in Thompson, "Timeline," November 21, 2001 (C). An alternative version of the official account has the passengers identified by their DNA, but this version would face a similar difficulty.

46) *Pentagate*, 175.

47) "Pourquoi la dmonstration de Meyssan est cousue de trs gros fils blancs 'blancs'," *Libration*, March 30, 2001, quoted in *Pentagate*, 20.

48) *Pentagate*, 2021.

49) Thompson, "Timeline," October 16, 2001, citing *New York Times*, October 16, 2001.

50) Thompson, "Timeline," September 21, 2001, quoting the *Richmond Times-Dispatch*, December 11, 2001. It should be added that the reporter who wrote this story, Bill McKelway, accepted the official account, according to which it was Flight 77 that hit the Pentagon. He raised no questions as to why the FBI would have confiscated the video or how they could have gotten there "within minutes." We have no reason, therefore, to suspect that he fabricated this story.

51) Jon Ungoed-Thomas, "Conspiracy Theories about 9/11 are Growing and Getting More Bizarre," *Sunday Times*, September 14, 2003.

52) *Pentagate*, 4246.

53) Meyssan, *9/11: The Big Lie*, 2728. One website (http://www.fas.org/man/dod-101/sys/smart/bgm-109.htm) carries photographs of cruise missiles that show how similar they can look to small military planes.

54) See urbanlegends.about.com/library/blflight77.htm.

55) As mentioned in note 11, Walter at first said that it was like "a cruise missile with wings." He also made conflicting statements about whether he saw the aircraft (whatever it was) hit the Pentagon. The first quotations from him indicate that he did not that the aircraft disappeared from his view behind a hill, after which he heard the explosion and saw the ball of fire. When he was interviewed by Bryant Gumbel on CBS September 12, he first said that he saw an American Airlines jet and saw it hit the Pentagon. Under questioning from Gumbel, however, he said that his view was obstructed. An hour later on NBC, he repeated this latter affirmation, saying: "It kind of disappeared over this embankment here for a moment and then a huge explosion." All these statements are quoted in Gerard Holmgren, "Did F77 Hit the Pentagon? Eyewitness Accounts Examined," NYC IndyMediaCenter (http://nyc.indymedia.org/front.php3?article_id=25646).

56) Holmgren, "Did F77 Hit the Pentagon? Eyewitness Accounts Examined."

57) Dick Eastman, "What Convinced Me that Flight 77 Was Not the Killer Jet," Part 1, American Patriot Friends Network (http://www.apfn.org/77_deastman1.htm). Incidentally, although Eastman supposes that the American airplane was Flight 77, his thesis would be consistent with its having been a different airplane. In any case, Eastman also discusses five frames from the Pentagon's security camera video that were released shortly after Thierry Meyssan's missile theory was published. Although the Pentagon meant for these frames to prove that a plane rather than a missile really was involved in the attack, Eastman

reports that it was his scrutiny of these frames that first convinced him that the official story was false, because the aircraft on the video was much too short to have been a Boeing 757.

58) Holmgren has said (personal correspondence on November 29, 2003) that he has tentatively accepted Eastman's two-aircraft hypothesis.

59) *9/11: The Big Lie*, 19.

60) *Los Angeles Times*, September 16, 2001, quoted in Thompson, 9:38 am.

61) Ahmed, 299300.

62) *9/11: The Big Lie*, 20.

63) Thompson (9:339:38 am).

64) Ibid.

65) Ahmed, 16162, quoting Stan Goff, "The So-Called Evidence is a Farce," Narco News #14: October 10, 2001 (www.narconews.com).

66) *New York Times*, May 4, 2002, and CBS News, May10, 2002, quoted under "Was Hani Hanjour Even on Flight 77 and Could He Have Really Flown It to Its Doom?" in Killtown's "Did Flight 77 Really Crash into the Pentagon?" (thewebfairy.com/killtown/flight77), October 19, 2003.

67) "Air Attack on Pentagon Indicates Weaknesses," *Newsday*, September 23, 2001, quoted in *Pentagate*, 112.

68) Thompson, 9:33 am.

69) *Pentagate*, 91.

70) Ahmed, 153.

71) *Pentagate*, 115 (see also 174), quoting "PAVE PAWS, Watching North America's Skies, 24 Hours a Day" (www.pavepaws.org). "PAWS" stands for Phased Array Warning System.

72) Ahmed, 153.

73) *Washington Post*, September 12, NORAD, September 18, and Associated Press, September 19, 2001, cited in Thompson, 9:24 am.

74) Ahmed, 15354.

75) Thompson, 9:24 am.

76) *USA Today*, September 17, 2001, cited by Ahmed, 154, and Bykov and Israel, "Guilty for 9-11" (see note 9 of Ch. 1). General Larry Arnold said: "We [didn't] have any aircraft on alert at Andrews," MSNBC, September 23, 2001, quoted in Thompson (After 9:38 am).

77) Bykov and Israel, "Guilty for 9-11," and Ahmed, 15455, citing DC Military (www.dcmilitary.com). Bykov and Israel report that, having found this website on September 24, 2001, they discovered a month later that the address had been changed, that the information about Andrews had been put in the smallest possible type, and that the official Andrews AFB website was

"down"(although, they add, it could still be accessed through www.archive.org by entering www.andrews.af.mil). Bykov and Israel report that they maintain backups of the DC Military web pages for September and November at www.emperors-clothes.com/9-11backups/dcmilsep.htm and www.emperors-clothes.com/9-11backups/dcmil.htm.

78) Thompson (After 9:03 am).

79) Ahmed, 15556.

80) Thompson (After 9:03 am). This change is also reported by Bykov and Israel, "Update to Guilty for 9-11: Bush, Rumsfeld, Myers: Section 1," The Emperor's New Clothes (www.emperors-clothes.com).

81) Thompson, 9:30 am. Thompson's statement about the earliest "claim" as to when the crash occurred reflects the fact that the time has been placed variously between 9:37 and 9:45, with NORAD listing the earliest possible time, which would have given the fighter jets less time to get there. Thompson's own time, 9:38, differs little from NORAD's time, so his calculations would not be seriously changed by adopting NORAD's time.

82) George Szamuely, "Nothing Urgent," New York Press, 15/2 (www.nypress.com/15/2/taki/bunker.cfm), quoted in Ahmed, 152.

83) Aviation Week and Space Technology, June 3, CNN, September 4, and ABC News, September 11, 2002, cited in Thompson (After 8:46 am).

84) Thompson (9:039:08 am), citing USA Today, September 12 and 13, 2002.

85) Telegraph, September, 16, 2001, cited in Thompson, "Timeline," October 2426, 2000.

86) Newsday, September 23, 2001, cited in Thompson, 9:24 am.

87) Washington Post, September 12, 2001, Guardian, October 17, 2001, and Associated Press, August 19, 2002, cited in Thompson, 9:24 am.

88) Thompson, citing New York Times, September 15, 2001.

89) The FBI statement was issued April 2, 2002. Victoria Clarke's statement was made at a Department of Defense News Briefing on April 24, 2002. Both statements are printed on Meyssan's website (www.effroyable-imposture.net).

90) Barrie Zwicker, "The Great Deception: What Really Happened on September 11th Part 2," MediaFile, Vision TV Insight, January 28, 2002 (www.visiontv.ca), quoted in Ahmed, 169.

91) Zwicker, "The Great Deception: What Really Happened on September 11th Part 1," January 21, 2002, quoted in Ahmed, 16970.

92) Gore Vidal, Dreaming War: Blood for Oil and the Cheney-Bush Junta (New York: Thunder's Mouth/Nation Books, 2002), 32.

93) Parenti, The Terrorism Trap: September 11 and Beyond (San Francisco: City Lights, 2002), 9394; Ahmed, 168 (emphasis original).

94) Kristen Breitweiser appeared on Phil Donahue's show on August 13, 2002.
95) The interview, conducted by *Parade* magazine, is available at www.defenselink. mil/news/nov2001/t11182001_t1012pm.html

제3장 제93편: 그것은 요격된 비행기였는가?

1) Thompson, "September 11" (8:42 am), (9:27 am), (9:36 am), and (9:37 am).
2) Thompson, 9:45 am.
3) Thompson, 9:47 am. Thompson says that of the numerous calls, only the first call (9:27 am) from Tom Burnett mentioned guns and this only in one of the versions, a fact that suggests that it may have been doctored.
4) 9:54 am, quoting *Toronto Sun*, September 16, and *Boston Globe*, November 23, 2001.
5) 9:54 am, quoting Jere Longman, *Among the Heroes: United Flight 93 and the Passengers and Crew Who Fought Back* (New York: HarperCollins, 2002), 118.
6) (Between 10:0010:06 am).
7) 9:58 am.
8) 9:58 am, citing *Pittsburgh Post-Gazette*, September 28, 2002, and Longman, *Among the Heroes*, 180.
9) 9:58 am, quoting ABC News, September 11, and Associated Press, September 12, 2001.
10) 9:58 am, citing Longman, *Among the Heroes*, 264, and *Mirror*, September 13, 2002.
11) (Between 10:0010:06 am), quoting *San Francisco Chronicle*, September 17, 2001.
12) (Between 10:0010:06 am), quoting *Mirror*, September 13, 2002.
13) 10:03 am, citing *Philadelphia Daily News*, September 16, 2002.
14) Thompson, "Timeline," October 16, 2001 (B), citing *New York Times*, October 16, 2001.
15) Thompson (After 9:56 am), citing *USA Today*, September 16, 2001, *Washington Post*, January 27, 2002, and ABC News, September 11, 2002.
16) (After 9:5610:06 am), citing *Pittsburgh Post-Gazette*, October 28, 2001, and *Washington Post*, January 27, 2002.
17) (After 9:5610:06 am), citing *Washington Post*, January 27, 2002.
18) (After 9:5610:06 am), quoting ABC News, September 15, 2002.
19) (10:08 am), quoting *Washington Post*, January 27, 2002.
20) (Before 10:06 am), quoting Associated Press and *Nashua Telegraph*, both

September 13, 2001.

21) (Before and After 10:06 am), quoting *Independent*, August 13, 2002.

22) (Before and After 10:06 am), citing *Indepedent*, August 13, 2002.

23) (Before and After 10:06 am), quoting *Mirror*, September 13, 2002.

24) (Before 10:06 am), citing *Philadelphia Daily News*, November 15; *Pittsburgh Post-Gazette*, September 12; St. *Petersburg Times*, September 12; and Cleveland News channel 5, September 11, 2001.

25) (Before 10:06 am), citing *Independent*, August 13, 2002, and quoting *Philadelphia Daily News*, November 15, 2001.

26) (Before 10:06 am), citing Reuters, September 13, and *Pittsburgh Tribune-Review*, and quoting *Pittsburgh Post-Gazette*, September 13, 2001.

27) (Before 10:06 am), quoting Reuters, September 13, 2001, and CBS News, May 23, 2002.

28) (2:00 pm), citing *Aviation Week and Space Technology*, June 3, and *Cape Cod Times*, August 21, 2002.

29) This interchange is quoted in *9/11: The Big Lie*, 162.

30) Ahmed, 160, quoting *Boston Herald*, September 15, 2001.

31) Thompson (After 9:56 am).

32) We do not know about the passengers on Flight 77. Revisionists can speculate that they too tried to gain control of their plane, which could explain its momentary deviation from course as well as its crash in Ohio or Kentucky if that indeed is what happened to it.

33) Thompson, 9:48 am, citing Associated Press, August 19, 2002. That might have been the case, of course, only if both the Senate and the House were in session so that most senators and representatives would have been in the Capitol Building.

34) *New York Times*, September 16, 2001, and ABC News, September 11 and 14, 2002, cited in Thompson (After 9:03 am).

35) CNN and *New York Times*, September 12, 2001, and *Washington Post*, January 27, 2002, cited in Thompson (9:45 am).

36) *Scotland Sunday Herald*, September 16, and Cox News, October 21, 2001, cited in Thompson (9:30 am).

제4장 대통령의 행동: 왜 그렇게 행동했는가?

1) Allan Wood and Paul Thompson, "An Interesting Day: President Bush's Movements and Actions on 9/11," Center for Cooperative Research (www.cooperativeresearch.org), under "When Did Bush First Learn of the

Attacks," citing *New York Times*, September 15, and CNN, September 11, 2001. (This article will henceforth be cited simply as "Wood and Thompson," followed by the heading under which the material is found.)

2) Barrie Zwicker, "The Great Deception," Vision TV Insight, *MediaFile* (www.visiontv.ca), February 18, 2002, cited in Ahmed, 166.

3) Thompson, "September 11" (After 8:46 am), quoting "Meet the Press," NBC News, September 16, 2001.

4) CNN, December 4, 2001, *Daily Mail*, September 8, 2002, and ABC News, September 11, 2002, cited in Thompson (Between 8:559:00 am).

5) Thompson (Between 8:559:00 am).

6) *Time*, September 12, and *Christian Science Monitor*, September 17, 2001, cited in Thompson (Between 8:559:00 am). A few minutes after 8:46, CIA Director Tenet reportedly learned from a cell phone call that the WTC had been "attacked" by an airplane, after which he said to Senator Boren, with whom he was having breakfast: "You know, this has bin Laden's fingerprints all over it"(ABC News, September 14, 2002, cited in Thompson [After 8:46 am]).

7) Associated Press, August 19, 2002, quoted in Thompson (Between 8:559:00 am).

8) Wood and Thompson, introductory discussion.

9) *Sarasota Herald-Tribune*, September 10, 2002, quoted in Thompson (9:30 am).

10) *New York Times*, September 16, 2001, *Telegraph*, December 16, 2001, ABC News, September 14, 2002, and *Washington Post*, January 27, 2002, quoted in Thompson (After 9:30 am).

11) Thompson (After 9:30 am) and (9:06 am), quoting *Globe and Mail*, September 12, 2001.

12) Wood and Thompson, under "Why Stay?"

13) James Bamford, *Body of Secrets: Anatomy of the Ultra-Secret National Security Agency* (New York: Anchor Books, 2002), 633, cited in Thompson (9:06 am).

14) Bamford, 633.

15) Bamford, 633, and *Time*, September 9, 2001, cited in Thompson (9:069:16 am).

16) Gail Sheehy, "Four 9/11 Moms Battle Bush," *New York Observer*, August 21, 2002.

17) Sammon's sympathies are further shown by another book published at about the same time, *At Any Cost: How Al Gore Tried to Steal the Election*(Washington: Regnery, 2002).

18) Bill Sammon, *Fighting Back: The War on Terrorism: From Inside the Bush White House* (Washington: Regnery, 2002), 8990, quoted in Wood and Thompson, under "When Did Bush Leave the Classroom?"

19) *Tampa Tribune*, September 1; St. *Petersburg Times*, September 8; and *New York Post*, September 12, 2002, cited in Wood and Thompson, under "when Did Bush Leave the Classroom?"

20) Sammon, *Fighting Back*, 90, quoted in Wood and Thompson, under "When Did Bush Leave the Classroom?" and "Rewriting History."

21) *San Francisco Chronicle*, September 11, 2002, quoted in Wood and Thompson, under "Rewriting History."

22) MSNBC, September 9, 2002.

23) Wood and Thompson, under "Rewriting History."

24) Thompson, 9:29 am.

25) Wood and Thompson, under "Why Stay?", citing MSNBC, October 29, 2002, and ABC, September 11, 2002.

26) Thompson (9:34 am) and (9:56 am). Air Force One took off at 9:35 am. It would be at least 90 minutes before it had an escort (Wood and Thompson, under "When Does the Fighter Escort Finally Arrive?").

27) Thompson (9:30 am) and (10:42 am), citing *Time*, September 14, *Los Angeles Times*, September 17, 2001, and *USA Today*, August 13, 2002.

28) *New Yorker*, October 1, 2001, cited in Wood and Thompson, under "Air Force One Departs Sarasota." As Wood and Thompson also point out (under "Were There Threats to Air Force One?"), a little later in the day, Dick Cheney originated, and then Karl Rove and Ari Fleischer spread, a story that a threat against the White House and Air Force One was received from terrorists who used the secret code for Air Force One, which suggested either that there was a mole in the White House or that terrorists had hacked their way into White House computers. This story, first published by William Safire of the *New York Times* (September 13, 2001), spread throughout the media, although there was considerable skepticism, based on suspicion that the story was created to dampen down criticism of Bush for remaining away from Washington for so long (*St. Petersburg Times*, September 13, and *Telegraph*, December 16, 2001). When Ari Fleischer was pressed for credible evidence on September 15, he replied that the topic had already been exhausted. Finally, on September 26, CBS News laid the story to rest with this explanation: "Sources say White House staffers apparently misunderstood comments made by their security detail." *Slate* magazine gave its "Whopper of the Week" award to Cheney, Fleischer, and Rove (*Slate*, September 28, 2001). Unfortunately, Thierry Meyssan, having evidently missed the retraction, based his most speculative theory on this bogus report (*9/11: The Big Lie*, Ch. 3: "Moles in the White House"). But he can perhaps be forgiven, since CBS, evidently forgetting about its own debunking, revived the story a year later (CBS,

September 11, 2002, cited in Wood and Thompson, under "Rewriting History").

29) Wood and Thompson, under "Air Force One Takes Off Without Fighter Escort."

30) Kristen Breitweiser's comments, made on Phil Donahue's television show on August 13, 2002, are quoted in Thompson, "Timeline," August 13, 2002.

31) *Washington Post*, September 29, 2001, cited in Wood and Thompson, introductory discussion.

32) CNN December 4, 2001, quoted in Thompson (9:01 am).

33) *Washington Times*, October 7, 2002, quoted in Thompson (9:01 am).

34) *Boston Herald*, October 22, 2002, quoted in Thompson (9:01 am).

35) Meyssan, *9/11: The Big Lie*, 3839. Other revisionists have suggested that images of this crash might have been transmitted to the president's limousine, so that he would have seen them before arriving at the school.

36) President Bush is not the only high official, furthermore, whose reported behavior that day has raised serious questions. Critics have also found the reported behavior of General Richard Myers, then Acting Chairman of the Joint Chiefs of Staffs, suspicious. See Israel and Bykov, "Guilty for 911: Bush, Rumsfeld, Myers" (www.emperors-clothes.com), who say that Myers "offered three mutually contradictory cover stories." See also Ahmed, 16466.

제5장 미국정부 관계자들이 9·11에 대한 사전정보를 가지고 있었는가?

1) This statement was made in Rice's press briefing of May 16, 2002, which was reported in the *Washington Post*, May 17, 2002. It was quoted by Mary Fetchet, Co-Chair of Voices of 9/11 and a member of the Family Steering Commission for the 9/11 Independent Commission, in testimony to that commission, March 31, 2003 (available at 911citizenswatch.org).

2) *Sydney Morning Herald*, June 8, 2002, quoted in Thompson, "Timeline," June 4, 2002.

3) The summary of this final report of the Joint Inquiry can be read at http://intelligence.senate.gov/press.htm under December 11, 2002.

4) *Newsday*, September 23, 2001, quoted in "Timeline," September 11, 2001 (C).

5) MSNBC, September 18, 2002, quoted in "Timeline," May 15, 2002.

6) *Washington Post*, October 2, 2001, quoted in "Timeline," 1993 (C).

7) *New York Times*, November 3, 2001, and *Time*, April 4, 1995, cited in "Timeline," April 3, 1995.

8) *New York Times*, June 5, 2002.

9) *New York Times*, October 3, 2001; Robert Novak, *Chicago Sun-Times*, September 27, 2001; "Western Intelligence Knew of Laden Plan Since 1995," Agence France-Press, December 8, 2001; *Washington Post*, September 23, 2001; and "Terrorist Plan to Use Planes as Weapons Dates to 1995: WTC Bomber Yousef Confessed to US Agents in 1995," Public Education Center Report (www. publicedcenter.org); cited in Ahmed, 8384, and "Timeline," January 6, 1995.

10) Ahmed, 84.

11) Thompson, "Timeline," January 6, 1995, quoting *Washington Post*, September 23, 2001.

12) Associated Press, April 18, 2002, quoted in "Timeline," September, 1999.

13) MDW News Service, November 3, 2000, and *Mirror*, May 24, 2002, cited in "Timeline," October 2426, 2000.

14) "Timeline," May 21, 2002 (see also September 14, 2001).

15) "Timeline," September 10, 2001, and June 18, 2002.

16) "Timeline," May, 2001, citing *Los Angeles Times*, May 18, 2002, and the Senate Intelligence Committee, September 18, 2001.

17) *Washington Post*, May 17, 2002, quoted in "Timeline," June 28, 2001.

18) *Independent* and Reuters, both September 7, 2002, cited in "Timeline," late July 2001 (A).

19) CBS News, July 26, 2001, cited in "Timeline," July 26, 2001.

20) Associated Press, May 16, 2002, and *San Francisco Chronicle*, June 3, 2002, cited in "Timeline,"July 26, 2001; *Washington Post*, May 27, 2002, cited in "Timeline," July 26, 2001.

21) Agence France-Presse, November 22, 2001, *International Herald Tribune*, May 21, and *London Times*, May 12, 2002, cited in "Timeline," August 2001 (C).

22) Robert Baer, *See No Evil: The True Story of a Ground Soldier in the CIA's War on Terrorism* (New York: Crown Pub, 2002), 27071; Bill Gertz, *Breakdown: How America's Intelligence Failures Led to September 11* (Washington: Regnery, 2002), 5558; and *Financial Times*, January 12, 2002; all cited in "Timeline," August 2001 (E).

23) MSNBC, September 15, 2001, and Agence France-Presse, September 16, 2001, quoted in "Timeline," August 2001 (D).

24) *Telegraph*, September 16, 2001, *Los Angeles Times*, September 20, 2001, Fox News, May 17, 2002, *International Herald Tribune*, May 21, 2002, and *New York Times*, June 4, 2002, cited in "Timeline,"August 6, August 30September 4, and late summer, 2001.

25) David Wastell and Philip Jacobson, "Israeli Security Issued Warning to CIA

of Large-Scale Terror Attacks," *Telegraph*, September 16, 2001, quoted in Ahmed, 114.

26) *Newsweek*, May 27, 2002, *New York Times*, May 15, 2002, and *Die Zeit*, October 1, 2002, cited in "Timeline," August 6, 2001.

27) *New York Times*, May 16, 2002, quoted in "Timeline," May 15, 2002.

28) *Guardian*, May 19, 2002, quoted in "Timeline,"May 15, 2002.

29) Michael Moore, *Dude, Where's My Country?* (New York: Warner Books, 2003), 114. Incidentally, although Moore's book has a less than scholarly title and contains much humor, it is also a serious book based on remarkably good research. This is especially true of his first chapter, "George of Arabia," which is discussed at the end of this book.

30) Ahmed, 11824.

31) Michael Ruppert, "Guns and Butter: The Economy Watch," available at "The CIA's Wall Street Connections," Centre for Research on Globalisation (http:// globalresearch.ca), quoted in Ahmed, 122.

32) *San Francisco Chronicle*, September 29, 2001, quoted in Ahmed, 118.

33) Ahmed, 120, quoting Michael Ruppert, "Suppressed Details of Criminal Insider Trading Lead Directly into the CIA's Highest Ranks," From the Wilderness Publications (www.fromthewilderness.com or www.copvcia.com), October 9, 2001, and United Press International, February 13, 2001. On ECHELON, see Ahmed, 12730.

34) *Independent*, October 10, 2001, and Michael Ruppert, "Suppressed Details," cited in Ahmed, 124.

35) *Newsweek*, October 1, 2001, quoted in Ahmed, 117.

36) NBC News, October 4, 2001, quoted in Ahmed, 117.

37) *USA Today*, June 4, 2002, quoted in "Timeline,"September 10, 2001 (C).

38) *Los Angeles Times*, December 22 and 24 and August 1, 2002, and *Independent*, June 6, 2002, cited in "Timeline," January 6, 1995; Knight Ridder, June 6, and *Independent*, June 6, 2002, cited in "Timeline," summer 2001.

39) *Independent*, September 15, 2002, cited in "Timeline," September 10, 2001 (F).

40) *Los Angeles Times*, December 12, 2003, reporting findings of the Congressional Joint Inquiry, cited in "Timeline," June 2001 (I).

41) Associated Press and ABC News, both September 12, 2001, cited in "Timeline,"September 11, 2001 (I).

42) *Newsweek*, September 24, 2001, quoted in Ahmed, 125.

43) Summary of the Final Report of the Joint Inquiry (http://intelligence. senate.gov/press.htm).

44) Ahmed, 135 n. 169. Readers familiar with evidence that US intelligence

agencies had advance knowledge of the attacks may wonder why I have not included the case of Delmart "Mike" Vreeland. After being jailed in Toronto on charges of fraud in August of 2001, Vreeland claimed to be an officer with US naval intelligence. Evidently in support of this claim, Vreeland wrote something on a piece of paper, sealed it in an envelope, and gave it to Canadian authorities. Then on September 14, according to a newspaper story, these authorities opened the envelope and found that Vreeland's note had accurately predicted the attacks on the World Trade Center and the Pentagon. Vreeland's lawyers were evidently able to prove that he was indeed a naval officer on active duty. But although there was a lot of bitter controversy about this story, most of it was beside the point, because Vreeland's note could not reasonably be considered a prediction of the attacks of 9/11. Besides listing several sites other than the WTC and the Pentagon (such as the Sears Tower in Chicago and the Parliament Building in Ottawa), it also had no reference to 2001. The only dates on the note were 2007 and 2009. The note has been made available by From the Wilderness Publications (www.fromthewilderness. com/free/ww3/01_28_02_vreeland.jpg).

45) Chossudovsky, *War and Globalisation*, 145, 62.

제6장 정부관계자들이 9·11 이전에 조사를 방해했는가?

1) *New York Times*, September 18, 2002, cited in Thompson, "Timeline," December 4, 1998.

2) "Timeline," January 25, 2001.

3) This man's name is also sometimes spelled Massood, Massoud, Masoud, and Masud. I have followed Chossudovsky's spelling, Masood.

4) ABC News, February 18, 2002, cited in "Timeline,"2001 (this item is placed at the beginning of the items for 2001).

5) *Jane's Intelligence Review*, October 5, 2001, quoted in "Timeline," March 7, 2001.

6) Richard Labeviere, "CIA Agent Allegedly Met Bin Laden in July," *Le Figaro*, October 31; Anthony Sampson, "CIA Agent Alleged to Have Met bin Laden in July," *Guardian*, November 1; Adam Sage, "Ailing bin Laden 'Treated for Kidney Disease'," *London Times*, November 1; Agence France-Presse, November 1; Radio France International, November 1; and Reuters, November 10, 2001; cited in "Timeline," July 414 and July 12, 2001, and in Ahmed, 20709.

7) "Timeline," July 414, 2001.

8) This statement (quoted in Ahmed, 209) occurs in Chossudovsky's Introduction

to Labeviere's *Le Figaro* article (see note 6), which is on the website of the Centre for Research on Globalisation (www.globalresearch.ca/ articles/RIC111B. html), November 2, 2001.

9) See the evidence in the section entitled "Bush and Bin Laden Family Ties" in Ahmed, 17987.

10) See the section entitled "Osama: Not a Black Sheep," in Ahmed, 17879.

11) See the sections entitled "Osama and the Saudis: A Covert Alliance," "The USSaudi Alliance," and "Osamagate?" in Ahmed, 187202.

12) Patrick E. Tyler, "Fearing Harm, Bin Laden Kin Fled from US," *New York Times*, September 30, 2001, and Jane Mayer, "The House of Bin Laden: A Family's, and a Nation's, Divided Loyalties," *New Yorker*, November 12, 2001. (Michael Moore reports that it was reading these stories that first made him suspicious about the official account of 9/11; see *Dude, Where's My Country* [New York: Warner Books, 2003], 35.)

13) *New Yorker*, January 14, 2002, cited in "Timeline,"August 22, 2001 (B).

14) CNN, January 8, 2002, and Lara Marlowe, "US Efforts to Make Peace Summed Up by Oil," *Irish Times*, November 19, 2001, cited in "Timeline," Mid-July 2001, and Ahmed, 206.

15) Ahmed, 19192, quoting Tariq Ali, "The Real Muslim Extremists," *New Statesman*, October 1, 2001. A "Wahhabi" is a follower of Wahhabism, the extreme form of Muslim "fundamentalism" dominant in, and promoted by, Saudi Arabia.

16) On Posner's general perspective about 9/11, see note 31 of the Introduction, above.

17) Gerald Posner, *Why America Slept: The Failure to Prevent 9/11* (New York: Random House, 2003), 18188. Posner's case for the credibility of this account is that, besides the fact that it was provided independently by two informants within the US government, he also had independent confirmation of the described interrogation techniques from a member of the Defense Intelligence Agency (180n.).

18) Ibid., 18893.

19) Ibid., 193.

20) Gregory Palast and David Pallister, "FBI Claims Bin Laden Inquiry Was Frustrated," *Guardian*, November 7, 2001, quoted in Ahmed, 111.

21) "Above the Law: Bush's Radical Coup d'Etat and Intelligence Shutdown," *Green Press*, February 14, 2000 (www.greenpress.org), quoted in Ahmed, 186.

22) Palast and Pallister, "FBI Claims Bin Laden Inquiry Was Frustrated," quoted in Ahmed, 111.

23) "Excerpts from Report on Intelligence Actions and the September 11

Attacks," *New York Times*, July 25, 2003.

24) *New York Times*, May 19 and 20, *Fortune*, May 22, and *Los Angeles Times*, May 26, 2002, cited in "Timeline," July 10 and December, 2001.

25) *New York Times*, February 8, 2002, quoted in "Timeline," August 1315, 2001.

26) This warning was reported in Jean-Charles Brisard and Guillaume Dasqui, *Forbidden Truth: USTaliban Secret Oil Diplomacy and the Failed Hunt for Bin Laden* (New York: Thunder's Mouth Press/Nation Books, 2002), 5355. Brisard is a former agent of the French secret service. Wayne Madsen, in his introduction to the book, says that when the book was first published in France in November of 2001, "skeptics inside and outside the US government scoffed at the authors' contention that French intelligence had warned the FBI about the terrorist connections and ongoing flight training in the United States of Zacarias Moussaoui," but that they were then confronted with "incontrovertible validation of this information" when Coleen Rowley's memo became public (xv).

27) *Time*, August 4, 2002, quoted in "Timeline," August 15 and August 22, 2001.

28) *Newsweek*, May 20, 2002, quoted in "Timeline," August 2327, 2001.

29) *Time*, May 21 and May 27, and *New York Times*, August 27, 2002, quoted in "Timeline," August 2327, 2001.

30) Senate Intelligence Committee, October 17, 2002, and *Time*, May 21, 2002, cited in "Timeline," August 2429, 2001.

31) Senate Intelligence Committee, October 17, 2002, cited in "Timeline," August 28, 2001 (B).

32) *Time*, July 21 and 27, 2002, and *Sydney Morning Herald*, July 28, 2002, cited in "Timeline," August 2327 and August 28, 2001.

33) *Time*, May 21 and 27, and *Sydney Morning Herald*, May 28, 2002, cited in "Timeline," August 2327 and August 28, 2001.

34) *Washington Post*, June 6, 2002, quoted in "Timeline," June 3, 2002.

35) *New York Times*, December 22, 2001, quoted in Ahmed, 95.

36) Senate Intelligence Committee, September 18, *Time*, May 21, and *New York Times*, May 30, 2002, cited in "Timeline," May 8, 2002.

37) Ian Bruce, "FBI 'Super Flying Squad' to Combat Terror," *Herald*, May 16, 2002, quoted in Ahmed, 112, who also refers to Brian Blomquist, "FBI Man's Chilling 9/11 Prediction," *New York Post*, May 9, 2002 (www.nypost.com).

38) *Time*, May 27, 2002, quoted in "Timeline," May 21, 2001 (A).

39) *New York Times*, May 30, 2002, quoted in "Timeline," May 21, 2001 (A).

40) United Press International, May 30, 2002, quoted in "Timeline," June 9, 2001.

41) *LA Weekly*, August 2, 2002, quoted in "Timeline," May 30, 2002.

42) ABC News, November 26 and December 19, 2002, quoted in "Timeline," October, 1998.

43) Congressional Intelligence Committee, September 20, 2002, and *New York Times*, September 21, 2002, quoted in "Timeline," August 28, 2001 (A).

44) *Washington Post*, May 19, Cox News, August 14, and Associated Press, October 18, 2002, cited in "Timeline," March 22, 2002.

45) Alex Jones Show, October 10; *World Net Daily*, October 21; "David Schippers Goes Public: The FBI Was Warned," *Indianapolis Star*, October 13; and "Active FBI Special Agent Files Complaint Concerning Obstructed FBI Anti-Terrorist Investigations," *Judicial Watch*, November 14, 2001; cited in Ahmed, 10709, and "Timeline," late July 2001 (B).

46) William Norman Grigg, "Did We Know What Was Coming?", *New American* 18/5: March 11, 2002 (www.thenewamerican.com), cited in Ahmed, 11011.

47) "Catastrophic Intelligence Failure,"Accuracy In Media (www.aim.org), September 24, 2001, quoted in Ahmed, 9597.

48) *New York Times*, September 21, *Telegraph*, September 23, 2001, and BBC, August 1, 2002, cited in "Timeline," September 1623, 2001.

49) Meyssan, *9/11: The Big Lie*, 54.

50) *London Times*, September 20, 2001.

51) Associated Press, November 3, 2002.

52) "Timeline," September 1623, 2001. One more intriguing bit of information that Thompson gives involves the reported telephone call from Amy Sweeney, a flight attendant on Flight 11, to American Airlines ground manager Michael Woodward, which began shortly after the plane was hijacked and continued until the plane hit the WTC. According to reports, she identified four hijackers, but they were *not* the four said to be on the plane (Thompson [8:21 am], citing *Boston Globe*, November 23, 2001, and ABC News, July 18, 2002). Thompson adds that the *Boston Globe* says that it has a transcript of the call.

53) "Timeline," May 2001 [C]), citing *San Francisco Chronicle*, October 4, and *Newsweek*, October 15, 2001.

54) "Timeline," September 11, 2001 (J), citing Associated Press, October 5, 2001, *Boston Globe*, September 18, and *Independent*, September 29, 2001, along with *New Yorker*, October 1, 2001.

55) ABC News, September 12 and 16, and Associated Press, September 16,

2001, cited in "Timeline," September 12, 2001.

56) *Guardian*, March 19, 2002.

57) *9/11: The Big Lie*, 56.

58) Ahmed, 132, 11011, quoting Dennis Shipman, "The Spook Who Sat Behind the Door: A Modern Day Tale," *IndyMedia*, May 20, 2002 (http://portland.indymedia.org), and William Norman Grigg, "Did We Know What Was Coming?" *New American* 18/5: March 11, 2002 (www.thenewamerican.com).

제7장 미국 정부관계자들이 9·11을 용인할 이유가 있었는가?

1) These sources include Jean-Charles Brisard and Guillaume Dasqui, *Forbidden Truth: USTaliban Secret Oil Diplomacy and the Failed Hunt for Bin Laden* (New York: Thunder's Mouth Press/Nation Books,2002), and Ahmed Rashid, *Taliban: Militant Islam, Oil and Fundamentalism in Central Asia* (New Haven: Yale University Press, 2000).

2) Ahmed, 55.

3) Quoted in Phyllis Bennis, *Before and After: US Foreign Policy and the September 11th Crisis* (Northampton, Mass.: Olive Branch Press, 2003), 129. This quotation occurs in a section of her book headed "Oil, Oil Everywhere."

4) Ahmed, 4648, and Thompson, "Timeline," 1994 (B), citing *Times of India*, March 7, 2001, *Asia Times*, November 15, 2001, and CNN, October 5, 1996, and February 27, 2002.

5) Rashid, *Taliban*, as quoted in Ted Rall, "It's All about Oil," *San Francisco Chronicle*, November 2, 2001.

6) *Telegraph*, October 11, 1996, quoted in "Timeline," September 27, 1996.

7) P. Stobdan, "The Afghan Conflict and Regional Security," *Strategic Analysis* 23/5 (August 1999): 71947, cited in Ahmed, 50.

8) "Timeline," August 9, 1998, quoting *New York Times*, December 8, 2001.

9) "Timeline," quoting *Telegraph*, August 13, 1998.

10) Ahmed, 5051.

11) Julio Godoy, "US Taliban Policy Influenced by Oil," Inter Press Service, November 16, 2001, quoted in Ahmed, 5859.

12) Jonathan Steele, et al., "Threat of US Strikes Passed to Taliban Weeks Before NY Attack," *Guardian*, September 22, 2001, quoted in Brisard and Dasqui, *Forbidden Truth*, 43, and Ahmed, 60.

13) George Arney, "US 'Planned Attack on Taleban'," BBC News, September 18, 2001, quoted in Ahmed, 6061. ("Taleban" is a spelling used by some British writers.)

14) "Timeline," October 7, 2001 (B).

15) Michael C. Ruppert, "A Timeline Surrounding September 11th," From the Wilderness Publications (www.fromthewilderness.com), item 94, citing the account as published on the Common Dreams website (www.commondreams.org/ views02/0614-02.htm).

16) George Arney, "US 'Planned Attack on Taleban'," BBC News, September 18, 2001, quoted in Ahmed, 6061.

17) This statement from the Israeli newspaper *Ma'ariv* was quoted in the *Chicago Tribune*, February 18, 2002, which is in turn quoted in "Timeline," February 14, 2002.

18) "Timeline," December 22, 2001, and January 1, 2002, and Ahmed, 260.

19) Ahmed, 227, citing *Frontier Post*, October 10, 2001.

20) Ahmed, 6061.

21) White House, March 13, quoted in "Timeline," March 13, 2002.

22) In 1992, Wolfowitz and Libby were reportedly the principal authors of a draft of the Defense Planning Guidance document that, having been leaked to the *New York Times*, caused a furor because of its overtly imperialistic language. Although this draft was withdrawn, its main ideas reappeared in the Project for the New American Century's 2000 publication, *Rebuilding America's Defenses: Strategy, Forces and Resources for a New Century*(available at www.newamericancentury. org). On this episode, see Andrew Bacevich, *American Empire: The Realities and Consequences of US Diplomacy* (Cambridge: Harvard University Press, 2002), 4346 (although Bacevich, referring to this document as the "Wolfowitz Indiscretion," does not mention Libby's participation).

23) "Timeline," September 2000, citing *Scotland Sunday Herald*, September 7, 2002, which was quoting *Rebuilding America's Defenses* (see previous note).

24) Edward Herman, "The Manufactured and Real Iraq Crisis," *ZNet Commentary*, February 3, 2003.

25) This letter, dated January 26, 1998, is available at the website for the Project for the New American Century (www.newamericancentury.org).

26) Thompson, "September 11" (2:40 pm), quoting CBS News, September 4, 2002.

27) John Pilger, *New Statesman*, December 12, 2002, citing Bob Woodward, *Bush at War* (New York: Simon & Schuster, 2002), 49. Woodward adds: "Before the attacks, the Pentagon had been working for months on developing a military option for Iraq" and "Rumsfeld was raising the possibility that they could take advantage of the opportunity offered by the terrorist attacks to go after Saddam immediately." Woodward also points out that Rumsfeld was thereby echoing the position of his deputy, Paul Wolfowitz.

28) Porritt's statement is quoted in James Kirkup, "US, UK Waged War on Iraq Because of Oil, Blair Adviser Says," May 1, 2003 (http://quote.bloomberg.com), which is reprinted on Michael Ruppert's website, From the Wilderness Publications (www.fromthewilderness.com or www.copvcia.com). Paul O'Neill's charge is contained in a book by former *Wall Street Journal* reporter Ron Susskind, *The Price of Loyalty: George W. Bush, the White House, and the Education of Paul O'Neill* (New York: Simon & Schuster, 2004), and in an interview on CBS's "60 Minutes" on January 11, 2004. According to O'Neill, who was a member of the National Security Council, the main topic within days of the inauguration was going after Saddam, with the issue being not "Why Saddam?" or "Why Now?" but merely "finding a way to do it." Susskind, whose book is primarily based on interviews with O'Neill and other officials, says that already in January and February of 2001 the Bush administration was discussing an occupation of Iraq and the question of how to divide up Iraq's oil (see story at www.cbsnews.com/stories/2004/01/09/60minutes/main592330.html).

29) Stephen Gowans, "Regime Change in Iraq: A New Government by and for US Capital," *ZNet*, April 20, 2003, quoting Robert Fisk, *Independent*, April 14, 2003.

30) Thompson, "Timeline," 59, August 11, 2002, citing *Newsweek*, August 11, 2002.

31) John Pilger, *New Statesman*, December 12, 2002. Although Perle talks in public about using war to bring democracy to the world, he knows that it has other uses. Shortly before the recent war in Iraq, he gave a talk to clients of Goldman Sachs about moneymaking opportunities that would arise from the imminent invasion. His "total war" vision was suggested by the title of the talk, which was: "Implications of an Imminent War: Iraq Now. North Korea Next?" See Maureen Dowd, "Perle's Plunder Blunder," *New York Times*, March 23, 2003, and Stephen Gowans, "Regime Change in Iraq: A New Government by and for US Capital," *ZNet*, April 20, 2003.

32) Meyssan, *9/11: The Big Lie*, 130.

33) Richard Falk, *The Great Terror War* (Northampton, Mass.: Olive Branch Press, 2002), 108, 5.

34) Bennis, *Before and After*, 163.

35) Zbigniew Brzezinski, *The Grand Chessboard: American Primacy and Its Geostrategic Imperatives* (New York: Basic Books, 1997), 3536.

36) Ibid., 212, quoted in Ahmed, 7377, and Thompson, "Timeline," 1997.

37) Ibid., 2425, quoted in Ahmed, 77.

38) John Pilger, *New Statesman*, December 12, 2002, quoting the Project for the

New American Century, *Rebuilding America's Defenses*, 51. The heading of Pilger's article reads: "Two years ago a project set up by the men who now surround George W. Bush said what America needed was 'a new Pearl Harbor.' Its published aims have, alarmingly, come true."

39) Ibid.

40) This document is available at www.spacecom.af.mil/usspace. It is discussed in Jack Hitt, "The Next Battlefield May Be in Outer Space," *New York Times Magazine*, August 5, 2001, and Karl Grossman, *Weapons in Space* (New York: Seven Stories, 2001).

41) This figure is reported in the *Global Network Space Newsletter #14* (Fall, 2003), which is posted on the website of the Global Network Against Weapons and Nuclear Power in Space (www.space4peace.org).

42) Falk, *The Great Terror War*, xxvii. Falk continues: "If this project aiming at global domination is consummated, or nearly so, it threatens the entire world with a kind of subjugation, and risks encouraging frightening new cycles of megaterrorism as the only available and credible strategy of resistance."

43) The developments achieved already by 1998 are described in George Friedman and Meredith Friedman, *The Future of War: Power, Technology and American World Dominance in the 21st Century* (New York: St. Martin's, 1998).

44) Jack Hitt, "The Next Battlefield May Be in Outer Space."

45) Ibid. For a brief overview of this project, see Karl Grossman's *Weapons in Space*.

46) The Project for the New American Century, *Rebuilding America's Defenses*, 54; quoted in Mahajan, *Full Spectrum Dominance: US Power in Iraq and Beyond* (New York: Seven Stories Press, 2003), 5354.

47) *The National Security Strategy of the United States of America*(Washington: September 2002), 6. As John Pilger concluded (see note 38, above), most of the suggestions made in the Project for the New American Century's document were enacted by the Bush administration. This is not surprising, of course, given the overlap in personnel.

48) *Report of the Commission to Assess US National Security Space Management and Organization* (www.defenselink.mil/cgi-bin/dlprint.cgi).

49) Ibid., quoted in *9/11: The Big Lie*, 15152.

50) Department of Defense News Briefing on Pentagon Attack (www.defenselink. mil/cgi-bin/dlprint.cgi), quoted in *9/11: The Big Lie*, 152.

51) *9/11: The Big Lie*, 154.

52) "A Program of Covert Operations Against the Castro Regime," April 16, 1961 (declassified CIA document), quoted in *9/11: The Big Lie*, 140.

53) This plan has come to be somewhat widely known through James Bamford's

310

discussion of it in his *Body of Secrets*.

54) This memorandum is printed in *9/11: The Big Lie*, 198.

55) This memorandum is printed in *9/11: The Big Lie*, 199205. The passages quoted here are on page 199.

56) Ibid., 202203.

57) Ibid., 204.

58) Ibid., 202.

59) Idem. The extent to which another precedent was provided by the original Pearl Harbor is a question for another occassion.

60) See Richard Van Alstyne, *The Rising American Empire* (1960; New York: Norton, 1974), 17779.

61) John Pilger points to evidence that President George W. Bush has adopted a plan somewhat reminiscent of Operation Northwoods. Describing a secret army set up by Secretary of Defense Rumsfeld ("similar to those run by Richard Nixon and Henry Kissinger and which Congress outlawed"), Pilger reports that according to a classified document, this secret army, known as "the Proactive Preemptive Operations Group," will provoke terrorist attacks that would then require "counter-attack" by the United States on countries "harbouring the terrorists" (Pilger, *New Statesman*, December 12, 2002, citing a report by military analyst William Arkin, "The Secret War," *Los Angeles Times*, October 27, 2002).

62) Chossudovsky, *War and Globalisation*, 62.

제8장 미국의 정부관계자들이 9·11 이후에 생포와 수사를 막았는가?

1) Thompson, "Timeline," early November 2001 (A), quoting *London Times*, July 22, 2002.

2) Knight-Ridder, October 20, 2002, quoted in "Timeline," Early November (B).

3) *Sydney Morning Herald*, November 14, 2001, *Christian Science Monitor*, March 4, 2002, and Knight-Ridder, November 20, 2002, cited in "Timeline," November 10, 2001.

4) *Newsweek*, August 11, 2002, cited in "Timeline,"November 16, 2001 (B).

5) *Christian Science Monitor*, March 4, 2002, and *Telegraph*, February 23, 2002, cited in "Timeline," early December 2001.

6) "Timeline," November 28, 2001, citing *Fayetteville Observer*, August 2, and *Newsweek*, August 11, 2002.

7) "Timeline," November 28, 2001, citing *Independent*, August 2, 2002.

8) BBC, December 30, 2001, cited in "Timeline," December 30, 2001.

9) "Timeline,"March 13, 2002, quoting the White House, March 13, and the Department of Defense, April 6, 2002.

10) Ahmed, 78, quoting *Daily Mirror*, November 16, 2001.

11) George Monbiot, "The Need for Dissent," *Guardian*, September 18, 2001, quoted in Ahmed, 29596.

12) Chossudovsky, *War and Globalisation*, 60.

13) Ibid., 61.

14) Ibid., 2223; "Timeline," March 1985, citing *Washington Post*, July 19, 1992, and Rashid, *Taliban: Militant Islam, Oil and Fundamentalism in Central Asia* (New Haven: Yale University Press, 2000).

15) Ahmed, 17778, quoting John K. Cooley, *Unholy Wars: Afghanistan, America and International Terrorism* (London: Pluto, 1999), 120, 226. Another thing that the CIA, the ISI, and bin Laden had in common, Thompson reports, is that they all had accounts in the now notorious Bank of Credit and Commerce International (BCCI), which was based in Pakistan ("Timeline" July 5, 1991, citing *Detroit News*, September 30, 2001, and *Washington Post*, February 17, 2002).

16) *Newsweek*, October 1, 2001, quoted in "Timeline," March 1985.

17) *Times of India*, March 7, 2001, and CNN, February 27, 2002, quoted in "Timeline," March 1994 (B).

18) *Time*, May 6, 2002, quoted in "Timeline," 1984; *New Yorker*, October 29, 2001, quoted in "Timeline," October 7, 2001.

19) Chossudovsky, *War and Globalisation*, 38.

20) Ahmed, 216, quoting Selig Harrison, "Creating the Taliban: 'CIA Made a Historic Mistake'," *Rationalist International Bulletin* No. 68: March 19, 2001 (http://rationalist international.net).

21) Ahmed, 189.

22) Gerald Posner, *Why America Slept: The Failure to Prevent 9/11* (New York: Random House, 2003), 193.

23) ABC News, September 30, and *Wall Street Journal*, October 10, 2001, cited in "Timeline," May 2000.

24) Agence France-Presse, October 10, 2001, cited in Chossudovsky, *War and Globalisation*, 58.

25) "Timeline," October 12, 1999, citing the *News*, September 10, 2001.

26) Chossudovsky, *War and Globalisation*, 5254, 60.

27) PBS's *Frontline*, October 3, 2002, quoted in "Timeline," August 23, 2001.

28) Chossudovsky, *War and Globalisation*, 15658.

29) Ibid., 5859, quoting Brian Ross on ABC's "This Week," September 30, 2001.

30) "Timeline," October 7, 2001.

31) "Timeline," September 811, 2001 (C), citing *Guardian*, October 1, and CNN, October 6, 2001. Thompson adds that a|though earlier the media had "sometimes made the obvious connection that the paymaster was the British man Saeed Sheikh, a financial expert who studied at the London School of Economics" (see "Timeline," June 1993October 1994), after October 8, when the story that ISI Director Ahmad ordered Saeed to give Mohamed Atta $100,000 began to break, "References to the 9/11 paymaster being the British Saeed Sheikh···suddenly disappear from the Western media (with one exception [CNN, 10/28/01])." Thompson then documents the fact that the Western media began referring to this individual, under numerous names, as Egyptian or Saudi Arabian, rather than Pakistani. One of the results of this confusion was that, conveniently, the paymaster came to be identified as "Sheikh Saiid," said to be an alias for Sa'd al-Sharif, one of bin Laden's brothers-in-law. For details about the massive confusion in the press about the name of the paymaster, see "Timeline," October 1, October 16, November 11, December 11, 2001, January 23, June 4, June 18, September 4, and December 26, 2002. See also two articles by Chaim Kupferberg (who prefers to call the paymaster Omar Saeed), "Daniel Pearl and the Paymaster of 9/11: 9/11 and the Smoking Gun that Turned on its Teacher," and "There's Something about Omar." These two articles were posted September 21, 2002, and October 21, 2003, respectively, on the website of the Centre for Research on Globalisation (www.globalresearch.ca).

32) "Timeline," September 811, 2001 (C), citing *New York Times*, July 10, 2002, and *Financial Times*, November 30, 2001.

33) "Timeline," September 811, 2001 (C), citing *Guardian* on the relationship between Saeed Sheikh and bin Laden.

34) Chossudovsky, *War and Globalisation*, 146.

35) Ibid., 62.

36) Ahmed, 218, 226, citing Jared Israel, "Did 'Our' Allies, Pakistani Intelligence, Fund the WTC Attackers?" The Emperor's New Clothes (www.emperors-clothes.com), October 15, 2001.

37) *Pittsburgh Tribune-Review*, March 3, 2002, quoted in Thompson, "Timeline," 1999 (J).

38) Ahmed, 21819, citing Manoj Joshi, "India Helped FBI Trace ISI-Terrorist Links," *Times of India*, October 9, 2001.

39) Ibid., 224, 225.

40) Chossudovsky, *War and Globalisation*, 62.

41) *New York Times*, November 4, and Associated Press, August 24, 2002, cited in "Timeline," 1999 (K).

42) UPI (United Press International), September 30, 2002, cited in "Timeline," June 4, 2002; see also early 1994January 1995, and December 24, 2001 January 23, 2002.

43) *Telegraph*, November 11, 2001, cited in "Timeline," November 10, 2001.

44) "Timeline," January 6 and January 23, 2002, quoting *Washington Post*, February 23, 2002, and citing *Boston Globe*, January 6, *Pittsburgh Tribune-Review*, March 3, and *Vanity Fair*, August, 2002.

45) "Timeline," January 28, 2002, citing *London Times*, April 21, and *Guardian*, July 16, 2002.

46) "Timeline," January 28, 2002, citing UPI, January 29, 2002.

47) "Timeline," February 12, 2002, citing *Boston Globe*, February 7, *Observer*, February 24, 2002, *Newsweek*, March 11, and *Vanity Fair*, August, 2002.

48) "Timeline," February 6, 2002.

49) UPI, September 30, 2002; *Vanity Fair*, February, 2002, and Baer, *See No Evil: The True Story of a Ground Soldier in the CIA's War on Terrorism* (New York: Crown Pub, 2002), 27071, cited in "Timeline," December 1997.

50) CNN, January 30, 2003, cited in "Timeline," December 22, 2001 (B).

51) *Time*, January 26, and CNN, January 30, 2003, cited in "Timeline," January 23, 2002.

52) UPI, September 30, 2002, cited in "Timeline," June 4, 2002.

53) John J. Lumpkin, "New Theory on Pearl Slaying: 9/11 Mastermind Believed to Have Killed Wall Street Journal Reporter," APAP, October 21, 2003.

54) "Timeline," February 18, 2002 (B), citing *News*, February 18, *London Times*, April 21, and *Guardian*, July 16, 2002.

55) "Timeline," March 1, 2002, citing "There's Much More To Daniel Pearl's Murder Than Meets the Eye," *Washington Post*, March 10, 2002.

56) "Timeline," March 3, 2002.

57) "Timeline," July 19, 2002 (B), citing *Time*, February 25, 2002, and "Timeline," December 26, 2002, citing *India Express*, July 19, 2002.

58) "Timeline," March 3, 2002, citing *Dawn*, March 3, 2002, and *Guardian*, April 5, 2002.

59) "Timeline," March 14, 2002, citing CNN, March 14, and *Los Angeles Times*, March 15, 2002.

60) WPBF Channel 25, August 5, 2002, Cox News, August 2, 2002, and *Palm Beach Post*, October 17, 2002, cited in "Timeline," July 14, 1999.

61) *Palm Beach Post*, March 20, 2003 (see also *South Florida Sun-Sentinel*, March 20, 2003), quoted in "Timeline," June 2002.

62) *Newsweek*, September 15, *New York Times*, September 15, and *Washington Post*, September 16, 2001, cited in "Timeline," September 1517, 2001.

63) Gannett News Service and *Pensacola News Journal*, both September 17, 2001, cited in "Timeline," September 15-17, 2001.

64) *Washington Post*, September 16, 2001, quoted in Ahmed, 97.

65) Daniel Hopsicker, "Did Terrorists Train at U.S. Military Schools?" *Online Journal*, October 30, 2002, quoted in Ahmed, 9899. (Hopsicker, who has produced television business shows, including "Inside Wall Street," is also the author of *Barry and the Boys:The CIA, the Mob, and America's Secret History* [Madcow Press, 2001].)

66) Hopsicker, "Did Terrorists?" quoted in Ahmed, 98, 99.

67) Steve Fainaru and James V. Grimaldi, "FBI Knew Terrorists Were Using Flight Schools," *Washington Post*, September 23, 2001, quoted in Ahmed, 99.

68) Hopsicker, "Did Terrorists?", quoted in Ahmed, 99.

69) Hopsicker, "What Are They Hiding Down in Venice, Florida?" *Online Journal*, November 7, 2001, quoted in Ahmed, 100. An interesting footnote to this story is provided by the fact that Arne Kruithof and Rudi Dekkers, each of whom owned one of these flight schools, each narrowly escaped dying in a small plane crash. On Kruithof's crash, which occurred on July 26, 2002, see Hopsicker, "Magic Dutch Boy Escapes Fiery Crash," *Mad Cow Morning News*, July 4, 2002 (www.madcowprod.com/index27.html); on Dekkers' crash, which occurred on January 24, 2003, see Hopsicker, "Dekkers'Helicopter Crashed on Way to Showdown over Huffman Aviation," *Mad Cow Morning News*, January 28, 2003 (www.madcowprod.com/index43.html).

70) "Timeline," November 1999, citing *Sunday Mercury*, October 21, 2001, *Washington Post*, December 29, 2001, and *Newsweek*, September 24, 2002.

71) James Risen, "Informant for F.B.I. Had Contacts with Two 9/11 Hijackers," *New York Times*, July 25, 2003.

72) "Timeline," September 21 or 22, 2001, citing *Los Angeles Times* and *Newsweek*, both November 24, 2002.

73) *Boston Globe*, October 27, 2001, cited in "Timeline," October 24, 2001.

74) *Washington Post*, September 19, and the BBC, June 21, 2002, cited in "Timeline," August 2002 (B). Bamford, as we saw earlier, wrote *Body of Secrets: Anatomy of the Ultra-Secret National Security Agency* (2001; New York: Anchor Books, 2002).

75) Michael Ruppert, "A Timeline Surrounding September 11th," From the Wilderness Publications (www.fromthewilderness.com), item 96, citing *Washington*

Post, July 3, 2002.

76) Seymour Hersh, *New Yorker*, September 30, 2002, quoted in "Timeline," September 30, 2002.

77) Larry Margasak, "Feds Reject Moussaoui Witness," Associated Press, July 14, 2003.

78) Thompson, "Timeline," October 17, 2002, citing *Washington Post*, September 18, 2002.

79) "Timeline," December 4, 2002, quoting *Star Tribune*, December 22, 2002.

80) "Timeline," December 4, 2002, quoting *Time*, December 30, 2002.

제9장 미국 정부관계자의 공모가 9·11에 대한 최선의 설명인가?

1) Ahmed, 290.

2) Ibid., 290, citing Patrick Martin, "Was the US Government Alerted to September 11 Attack? Part 4: The Refusal to Investigate," World Socialist Web Site (www.wsws.org), January 24, 2002.

3) Bob Woodward and Dan Balz, "Saturday, September 15, at Camp David, Advise and Dissent," *Washington Post*, January 31, 2002.

4) Meyssan, *9/11: The Big Lie*, 153.

5) Phyllis Bennis, *Before and After: US Foreign Policy and the September 11th Crisis* (Northampton, Mass.: Olive Branch Press, 2003), 83.

6) This fact is included in a document called "Missile Defense Milestones," which is on the website of the Missile Defense Agency (acq.osd.mil/bmdo).

7) Ahmed, 23638.

8) Ibid., 240, 262.

9) Henry Kissinger, "Destroy the Network," *Washington Post*, September 11, 2001 (http://washingtonpost.com), quoted in *9/11: The Big Lie*, 65.

10) Richard Perle, "State Sponsors of Terrorism Should Be Wiped Out Too," *Daily Telegraph*, September 18, 2001, quoted in *9/11: The Big Lie*, 169.

11) Bennis, *Before and After*, 82.

12) *9/11: The Big Lie*, 129.

13) John Pilger, *New Statesman*, December 12, 2002.

14) Bob Woodward, *Bush at War* (New York: Simon & Schuster, 2002), 32.

15) "Secretary Rumsfeld Interview," *New York Times*, October 12, 2001; quoted in Andrew Bacevich, *American Empire: The Realities and Consequences of US Diplomacy* (Cambridge: Harvard University Press, 2002), 227.

16) Rice's statement was reported by Nicholas Lemann in the April 2002 issue of the *New Yorker*.

17) *The National Security Strategy of the United States of America*, September 2002 (www.whitehouse.gov./nssc), 28. At about the same time, Tony Blair, the prime minister of America's junior partner, said to the liaison committee of the British House of Commons: "To be truthful about it, there was no way we could have got the public consent to have suddenly launched a campaign on Afghanistan but for what happened on September 11" (*London Times*, July 17, 2002).

18) Thomas Omestand, "New World Order," *US News and World Report*, December 31, 2001, quoted in Ahmed, 262.

19) Walden Bello, "The American Way of War," *Focus on Trade*, No. 72: December 2001, quoted in Ahmed, 27980.

20) Karen Talbot, "Afghanistan is Key to Oil Profits," Centre for Research on Globalisation, November 7, 2001 (globalresearch.ca), quoted in Ahmed, 280.

21) William Pfaff, "Will the New World Order Rest Solely on American Might?" *International Herald Tribune*, December 29, 2001, quoted in Ahmed, 274.

22) Ahmed, 279, quoting John McMurtry's statement in *Economic Reform*, October, 2001.

23) Ibid., 29093.

24) Ibid., 291.

25) Gore Vidal, *Dreaming War: Blood for Oil and the Cheney-Bush Junta* (New York: Thunder's Mouth/Nation Books, 2002), 72.

26) *9/11: The Big Lie*, 10, 25.

27) See Emperor's Clothes (http://emperors-clothes.com/indict/911page.htm) or The Emperor's New Clothes (http://www.tenc.net).

28) *9/11: The Big Lie*, 10.

29) Ahmed, 29192.

제10장 전면적 조사의 필요

1) *Washington Post*, August 2, 2002, cited in Thompson, "Timeline," August 2, 2002.

2) *Washington Post*, August 3 and 24, and Associated Press, August 29, 2002, cited in "Timeline," August 2, 2002.

3) "Bush asks Daschle to Limit September 11 Probes," CNN, January 29, 2002, quoted in Ahmed, 133.

4) *Newsweek*, September 22, 2002.

5) Associated Press, January 27, 2003, cited in "Timeline," January 27, 2003.

6) *Time*, March 26, 2003, quoted in "Timeline,"March 26, 2003.

7) *Seattle Times*, March 12, 2003, quoted in "Timeline," March 12, 2003.

8) Philip Shenon, "9/11 Commission Could Subpoena Oval Office Files," *New York Times*, October 26, 2003.

9) UPI, February 6, 2003.

10) David Corn, "Probing 9/11," *Nation*, 277/1 (July 7: 2003): 1418, at 15.

11) CNN, November 30, *Pittsburgh Post-Gazette*, December 3, *Washington Post*, December 1, and *Chicago Sun-Times*, December 13, 2002, cited in "Timeline," November 27, 2002.

12) *New York Times*, November 29, 2002, cited in "Timeline," November 27, 2002.

13) *Newsweek*, December 15, 2002, cited in "Timeline," December 13, 2002.

14) *Washington Post*, October 5, 1998, and Salon.com, December 3, 2002, cited in "Timeline," December 13, 2002.

15) *New York Times*, December 12, MSNBC, December 13, and *Seattle Times*, December 14, 2002, cited in "Timeline," December 13, 2002.

16) *Multinational Monitor*, November 1997, and Associated Press, January 20, 2003. On Hess-Delta, see *Boston Herald*, December 11, 2001, cited in "Timeline," December 16, 2002.

17) CBS, March 5, 2003, and Associated Press, December 12, 2002, January 1, 2003, February 14, 2003, and March 27, 2003, cited in "Timeline," December 13, 2002.

18) Associated Press, December 27, 2003; The 9/11 Independent Commission (www.9-11commision.gov), March, 2003; Corn, "Probing 9/11," 16.

19) Corn, "Probing 9/11," 16.

20) This call, made earlier, was implicitly repeated in the Family Steering Committee's press release of December 1, 2003, involving conflicts of interest (see the website at www.911independentcommission.org). This committee's concern about Zelikow was discussed in Philip Shenon, "Terrorism Panel Issues Subpeona to City for Tapes," *New York Times*, November 21, 2003.

21) Timothy J. Roemer, a former congressman from Indiana, quoted in Shenon, "9/11 Commission Could Subpoena Oval Office Files."

22) "White House Accused of Stalling 9-11 Panel," Associated Press, October 26, 2003.

23) Shenon, "9/11 Commission Could Subpoena Oval Office Files."

24) Ibid.

25) Philip Shenon, "Deal on 9/11 Briefings Lets White House Edit Papers," *New York Times*, November 14, 2003; Tim Harper, "Did Bush Know Before 9/11? Briefing Notes May Hold Key to Crucial Question," *Toronto Star*, November

14, 2003. According to later stories (Philip Shenon, "Terrorism Panel Issues Subpeona to City for Tapes" Eric Lichtblau and James Risen, "Two on 9/11 Panel are Questioned on Earlier Security roles," *New York Times*, January 15, 2004), the only commission officials to have access to highly classified White House documents would be Zelikow and Jamie Gorelick, who was a top member of the Justice Department during the Clinton administration.

26) Eric Boehlert, "The President Ought to be Ashamed: Interview with Max Cleland," Salon.com, November 13, 2003.

27) In the same interview, Cleland also, after saying that "the Warren Commission blew it," added: "I'm not going to be part of that. I'm not going to be part of looking at information only partially. I'm not going to be part of just coming to quick conclusions. I'm not going to be part of political pressure to do this or not do that. I'm not going to be part of that." Less than a month later, it was announced that Cleland was going to resign from the commission to accept a position on the board of the Export-Import Bank. Philip Shenon of the *New York Times* wrote:

Mr. Cleland's intention to resign from the 10-member commission has been known since last summer, when Senate Democrats announced that they had recommended him for a Democratic slot on the board of the Export-Import Bank. But the timing of his departure became clear only last week, when the White House formally sent the nomination to the Senate.

His imminent departure from the panel has created concern among victims' family groups, because Mr. Cleland has been one of the commission's most outspoken members and has joined with advocates for the families in their criticism of the Bush administration. (Philip Shenon, "Ex-Senator Will Soon Leave 9/11 Panel," *New York Times*, December 5, 2003.)

Suspicious minds might, of course, speculate that the White House speeded up the nomination process because it would rather have the outspoken Cleland on the board of the Export-Import Bank than on the commission investigating 9/11. In any case, a few days later it was announced that Tom Daschle, the leader of the Senate's Democrats, had selected Bob Kerrey, the former Democratic senator from Nebraska (who had been vice chairman of the Senate Intelligence Committee), to replace Cleland (Philip Shenon, "Ex-Senator Kerrey Is Named to Federal 9/11 Commission," *New York Times*, December 9, 2003).

28) Shenon, "Deal on 9/11 Briefings Lets White House Edit Papers."

29) In saying that "everyone" should favor this, I mean, of course, everyone innocent of complicity in the attacks of 9/11.

30) The suspicious attitude toward the 9/11 Independent Commission held by many of those who have studied the evidence for official complicity is

illustrated by an article that refers to it as "the 9-11 Coverup Commission." With regard to Kean himself, this article predicted: "To ensure that the 9-11 Coverup Commission projects an image of at least 'trying,' the commission's chairman Thomas H. Kean⋯publicly stated that the presence of so-called agency 'minders' (or coaches) was the same as 'intimidation' of witnesses called before the Commission⋯. Rest assured, however, Thomas Kean will do the Bush Cabal's bidding and keep it all covered up" (Conspiracy Planet, "9-11 Commission Covers Up Bush Family Ties," www.conspiracyplanet.com/channel. cfm?ChannelID=75). Kean's agreement, after threatening to subpoena the White House, to allow it to edit the presidential briefs could be seen as a fulfillment of this prediction, so this agreement probably increased the suspicion.

31) Michael Meacher, "This War on Terrorism is Bogus," *Guardian*, September 5, 2003.

32) In response, one debunker, Jon Ungoed-Thomas, wrote: "However, logs compiled by the North American Aerospace Defense Command record that it learnt of a possible hijacking at 8.40 am. F-15 fighters were alerted immediately, were scrambled at 8.46 am and were airborne by 8.52 am" (Conspiracy Theories about 9/11 are Growing and Getting More Bizarre, *Sunday Times*, September 14, 2003). This conflict of opinion reflects the fact, of which most people still seem unaware, that there have been two versions of the official account on this matter. Meacher cited the first account (whether because it was the account he accepted or the only one he knew), then Ungoed-Thomas "refuted" him by citing the second (perhaps because it was the only one *he* knew). That issue aside, there are several other problems with Ungoed-Thomas' attempt to defend the official account. First, in citing NORAD'S logs, he is relying on an account provided by one of the agencies that, according to most conspiracy theories, would have been party to the conspiracy. Second, he repeats NORAD's claim that it was not notified until 8:40 without mentioning the fact that this would mean that the FAA would have flagrantly violated regulations by not notifying NORAD until 26 minutes after Flight 11's radio and transponder went off. Third, he evidently sees no tension between claiming that NORAD responded "immediately" and pointing out that it was 12 minutes until any planes were airborne. Fourth, he does not even mention the fact that NORAD, according to this second version of the official account, gave the scramble order to Otis rather than to the much nearer McGuire Air Force Base. Fifth, he seems not to realize that even planes coming the 170 miles from Otis should have reached New York City in plenty of time he simply repeats the standard line that it "was already too late to stop the hijackers flying into the World Trade Center." This article illustrates

a widespread tendency of debunkers to regard 9/11 "conspiracy theorists" with such disdain (Ungoed-Thomas speaks of their "bizarre" theories and "grotesque distortions") that they can be easily refuted even by someone largely ignorant of the facts. Then, having provided this refutation, at least to his own satisfaction, Ungoed-Thomas asks: "Why do so many people cleave to these theories when there are such discrepancies and perfectly reasonable explanations?" He answers this question by citing a psychologist who explains that adherents of conspiracy theories "are driven by a thirst for certainty in an uncertain world." We can ignore 9/11 conspiracy theories, in other words, because they are simply products of pathetic minds not of minds that have noticed conflicts between the official account and the facts.

33) Michael Meacher, "This War on Terrorism is Bogus," *Guardian*, September 5, 2003.

34) Ewen MacAskill, "Fury Over Meacher Claims," *Guardian*, September 6, 2003.

35) This statement is in the article by Jon Ungoed-Thomas quoted in note 32, above.

36) The letters all appeared in the *Guardian* on September 8, 2003; they were accompanied by many letters denouncing Meacher.

37) Michael Meacher, "Cock-Up Not Conspiracy," *Guardian*, September 13, 2003.

38) That this was a natural interpretation of his article is suggested by the fact that Ian Johnson, whose *Wall Street Journal* article is discussed next, said that Meacher had written "a blistering attack···implying that Washington was involved in the attacks to justify a more interventionist foreign policy."

39) Ian Johnson, "Conspiracy Theories About September 11 Get Hearing in Germany," *Wall Street Journal*, September 29, 2003.

40) The English translation of the title of Andreas von Blow's book would be "The CIA and the 11th of September: International Terror and the Role of the Secret Services" (Munich: Piper Verlag, 2003). In Chapter 1, I quoted a 2002 statement by von Blow.

41) Paul Donovan, "Why Isn't the Truth Out There?" *Observer*, October 5, 2003 (http://observer.guardian.co.uk/comment/story/0,6903,1054495,00.html).

42) Michael Moore, *Dude, Where's My Country?* (New York: Warner Books, 2003), 15.

43) William Bunch, "Why Don't We Have Answers to These 9/11 Questions?" *Philadelphia Daily News* online posting, September 11, 2003.

44) "Diane Rehm Show," National Public Radio, December 1, 2003, quoted in Charles Krauthammer, "The Delusional Dean," *Washington Post*, December 5, 2003.

45) Krauthammer, "The Delusional Dean."

46) This story, written by Kathleen Parker, appeared in the *Orlando Sentinel* on April 17, 2002; it is available at www.osamaskidneys.com/mckinney.html.

47) This story, written by Lynette Clemetson, appeared in the *New York Times* on August 21, 2002. For Greg Palast's criticism, see his "The Screwing of Cynthia McKinney," AlterNet, June 13, 2003 (www.alternet.org/story. html?StoryID= 16172). Palast quotes Clemetson as saying, in response to his question as to where McKinney said this: "I've heard that statement it was all over the place."

48) On Pacifica radio on March 25, 2002, McKinney read a prepared statement, after which she was interviewed (the transcript is available at www.freerepublic. com/focus/news/665750/posts). In her prepared statement, after saying that the US government had received numerous warnings prior to 9/11, she asked: "What did this Administration know, and when did it know it, about the events of September 11? Who else knew and why did they not warn the innocent people of New York who were needlessly murdered?" She also said, in a different paragraph, that "persons close to this Administration are poised to make huge profits off America's new war." These statements contain three distinct elements: (1) the question of what the Bush administration knew which referred back to her statement that "[w]e know there were numerous warnings of the events to come on September 11. Vladimir Putin, President of Russia, delivered one such warning" (2) the suggestion that *some people* had foreknowledge of the attacks of 9/11 and failed to issue a warning which referred to her earlier statement that "[t]hose engaged in unusual stock trades immediately before September 11 knew enough to make millions of dollars from United and American airlines, certain insurance and brokerage firms' stocks"; and (3) her assertion that some persons close to the Bush administration would profit financially from the US war on terrorism. However, as her statements were repeated in the mainline press (after they were publicized by an April 12 story in the *Washington Post* under the headline "Democrat Implies September 11 Administration Plot"), these three elements became conflated. The conflation made by Kathleen Parker of the *Orlando Sentinel* on April 17 was quoted in the text. On June 16, a show on NPR (National Public Radio) claimed that McKinney "suggested the Bush Administration may have known in advance about the September 11 attacks and allowed them to happen in order for people close to the President to profit." To back up this claim, NPR played these words from the Pacifica broadcast: "What did this administration know, and when did it know it, about the events of September 11th? Who else knew, and why did they not warn the innocent people of New York who were needlessly murdered?···What do they have to hide?" The problem here is that the final question, "What do

they have to hide?", came later in the program, during the interview, while McKinney was discussing the requests by both the president and the vice president to Tom Daschle that he not have a Senate investigation. By quoting that statement out of context, NPR made it appear that the "they" in the prior sentence the "they" who had specific knowledge about the events in advance referred to members of the Bush administration. NPR then played another statement made during the interview "And so we get this presidency… requesting a nearly unprecedented amount of money to go into a defense budget for defense spending that will directly benefit his father." By conflating this statement with the earlier one, NPR made it sound as if McKinney was charging that this was the president's motive for allowing the attacks to proceed. For Palast's analysis of this conflation, see his "Re-Lynching Cynthia McKinney," July 21, 2003 (www.gregpalast.com/detail.cfm?artid=232&row=0). Palast's analysis is supported by John Sugg. Having said that the most infamous assault against McKinney "was the claim that she had questioned whether Dubya had knowledge of 9-11 before it happened, and that he didn't act because his dad and cronies were going to make bundles off the war machine," Sugg adds: "The truth was that McKinney quite accurately predicted months before it broke in the press that Bush had extensive intelligence on likely terrorist attacks and failed to act. And McKinney was equally accurate in saying that Bush insiders would reap windfalls from slaughter. However, nowhere did McKinney ever link the two statements" (John Sugg, "Truth in Exile: US Reporter Breaks Bush Blockbusterson English TV," Creative Loafing, April 9, 2003 [http://atlanta.creativeloafing.com/suggreport.html]).

49) Palast, "Re-Lynching Cynthia McKinney." Palast agrees, incidentally, that McKinney's statement is sufficiently ambiguous to be read in more than one way, but he argues that this fact provides no excuse for the way it was used: "Can you read an evil accusation into McKinney's statement Bush planned September 11 attacks to enrich his daddy? Oh, yes, if that's what you want to read. But reporters are not supposed to play 'Gotcha!' with such serious matters. If a statement can be read two ways one devastating then journalists have an obligation to ask and probe, and certainly not spread an 'interpretation' as a quotation."

50) Cynthia McKinney at Project Censored! October 4, 2003, available at www.oilempire.us/cynthiamckinney.html.

51) John Sugg, "Truth in Exile." Sugg, whose Creative Loafing is one of the five largest weekly newspapers in the nation, has added, in personal correspondence, "With no big GOP race [that year], I'd guess the cross-over tally approached

McKinney's estimate" (e-mail message of December 22, 2003).

52) "Poll Shocker: Nearly Half Support McKinney's 9/11 Conspiracy Theory," Newsmax, Wednesday, April 17, 2002 (www.newsmax.com/showinside.shtml?a =2002/4/17/144136).

53) One big difference is the fact that in discussing motive, Mariani's Complaint speaks of political (as well as financial) reasons.

54) Berg's press release was reported at Scoop Media (http://www.scoop.co.nz/ mason/stories/WO0311/S00261.htm). I have learned from sources in Philadelphia that Berg, formerly Deputy Attorney General of Pennsylvania, is a highly respected lawyer. He has established a website for this case at www.911forthetruth.com.

55) This Complaint is available at http://nancho.net/911/mariani.html (as well as www.911forthetruth.com).

56) This is actually an "Amended Complaint." The initial one, which was noted in a brief story in the *Philadelphia Inquirer* on September 23, 2003, had been filed on September 12. The Amended Complaint of November provides, it says, "newly discovered substantial additional facts." While being interviewed on Pacifica Radio on December 14, Mariani and Berg announced that due to still more facts and potential witnesses that had been brought to their attention, they would be filing yet another version of the Complaint.

57) Mariani's letter is available at Scoop Media (www.scoop.co.nz/mason/stories/ WO0311/S00262.htm) as well as www.911forthetruth.com.

58) See note 30.

59) See note 27.

60) Eric Lichtblau and James Risen, "Two on 9/11 Panel Are Questioned on Earlier Security Roles," *New York Times*, January 15.

61) Dan Eggen, "9/11 Panel Unlikely to Get Later Deadline," *Washington Post*, January 19, 2004.

62) Joe Conason, "What's Bush Hiding From 9/11 Commission?" *The New York Observer*, January 21, 2004.

63) Timothy J. Burger, "Condi and the 9/11 Commission," *New York Times*, December 20, 2003; Dan Eggen, "9/11 Panel Unlikely to Get Later Deadline" Philip Shenon, "9/11 Commission Says It Needs More Time," *New York Times*, January 28, 2004.

64) Dan Eggen, "9/11 Panel Unlikely to Get Later Deadline."

65) John Buchanan, "Speech to Manchester Support Group, 1/7/04" (johnbuchanan. org/news/newsitem.php?section=INF&id=1154&showcat=4). Information about this campaign is available at http://johnbuchanan.org and buchanan@nancho.net.

맨해튼의 진주만
부시행정부와 9·11에 대한 심각한 의문들

ⓒ 양준희, 2004

지은이 ｜ 데이비드 레이 그리핀
옮긴이 ｜ 양준희
펴낸이 ｜ 김종수
펴낸곳 ｜ 도서출판 한울

편집책임 ｜ 안광은

초판 1쇄 인쇄 ｜ 2005년 1월 3일
초판 1쇄 발행 ｜ 2005년 1월 10일

주소 ｜ 413-832 파주시 교하읍 문발리 507-2(본사)
　　　121-801 서울시 마포구 공덕동 105-90 서울빌딩 3층(서울 사무소)
전화 ｜ 영업 02-326-0095, 편집 02-336-6183
팩스 ｜ 02-333-7543
홈페이지 ｜ www.hanulbooks.co.kr
등록 ｜ 1980년 3월 13일, 제406-2003-051호

Printed in Korea.
ISBN 89-460-3334-7 03340

* 가격은 겉표지에 표시되어 있습니다.